JN074126

インド洋を翔けた人類史

激動の海へ挑んだ人々

The Ocean of Churn:
How the Indian Ocean Shaped Human History

インド政府主席経済顧問
サンジーブ・サンヤル 著
中西仁美 訳

芙蓉書房出版

インド洋を翔けた人類史　目次

日本語版刊行に寄せて

日本が第二次世界大戦において果たした役割を他国が何と考えようとも、多くのインド人は、脱イギリス統治を目指していたインド自由闘争中、日本が行ってくれた援助に感謝しています。１９１５年、ラス・ビハリ・ボースを筆頭に、大勢のガダル派革命家達が続々と日本へ避難しました。第二次世界大戦中、日本はネタジ・スバス・ボースとインド国民軍を支援していたのです。私の大伯父サチンドラ・ナス・サンヤルはイギリスに反旗を翻してインドの武装蜂起に加わり、１９３０年代後半に日本の当局と接触していました。

サンジーブ・サンヤル

大帝国や強靭な王ですら
やがては喰らい尽くす
闇に包まれた時の女神に捧げる

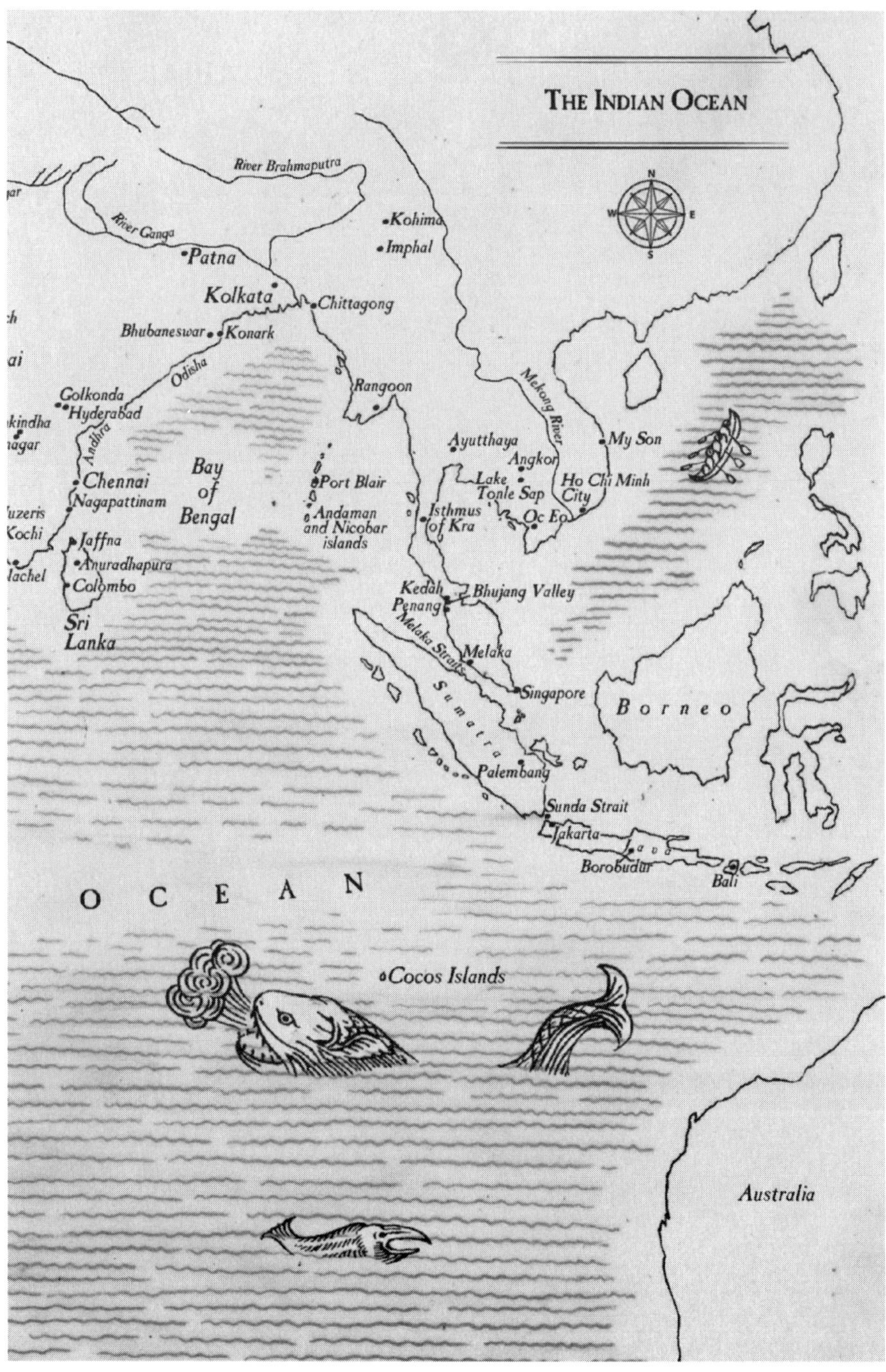
THE INDIAN OCEAN
N
W
E
S
River Brahmaputra
River Ganga
Kohima
Imphal
Patna
Kolkata
Chittagong
Bhubaneswar
Konark
Odisha
Golkonda
Hyderabad
Andhra
Bay of Bengal
Chennai
Nagapattinam
Kochi
Jaffna
Anuradhapura
Colombo
Sri Lanka
Rangoon
Port Blair
Andaman and Nicobar islands
Ayutthaya
Angkor
Lake Tonle Sap
Mekong River
My Son
Ho Chi Minh City
Oc Eo
Isthmus of Kra
Kedah
Penang
Bhujang Valley
Melaka Strait
Melaka
Singapore
Sumatra
Borneo
Palembang
Sunda Strait
Jakarta
Java
Borobudur
Bali
OCEAN
Cocos Islands
Australia

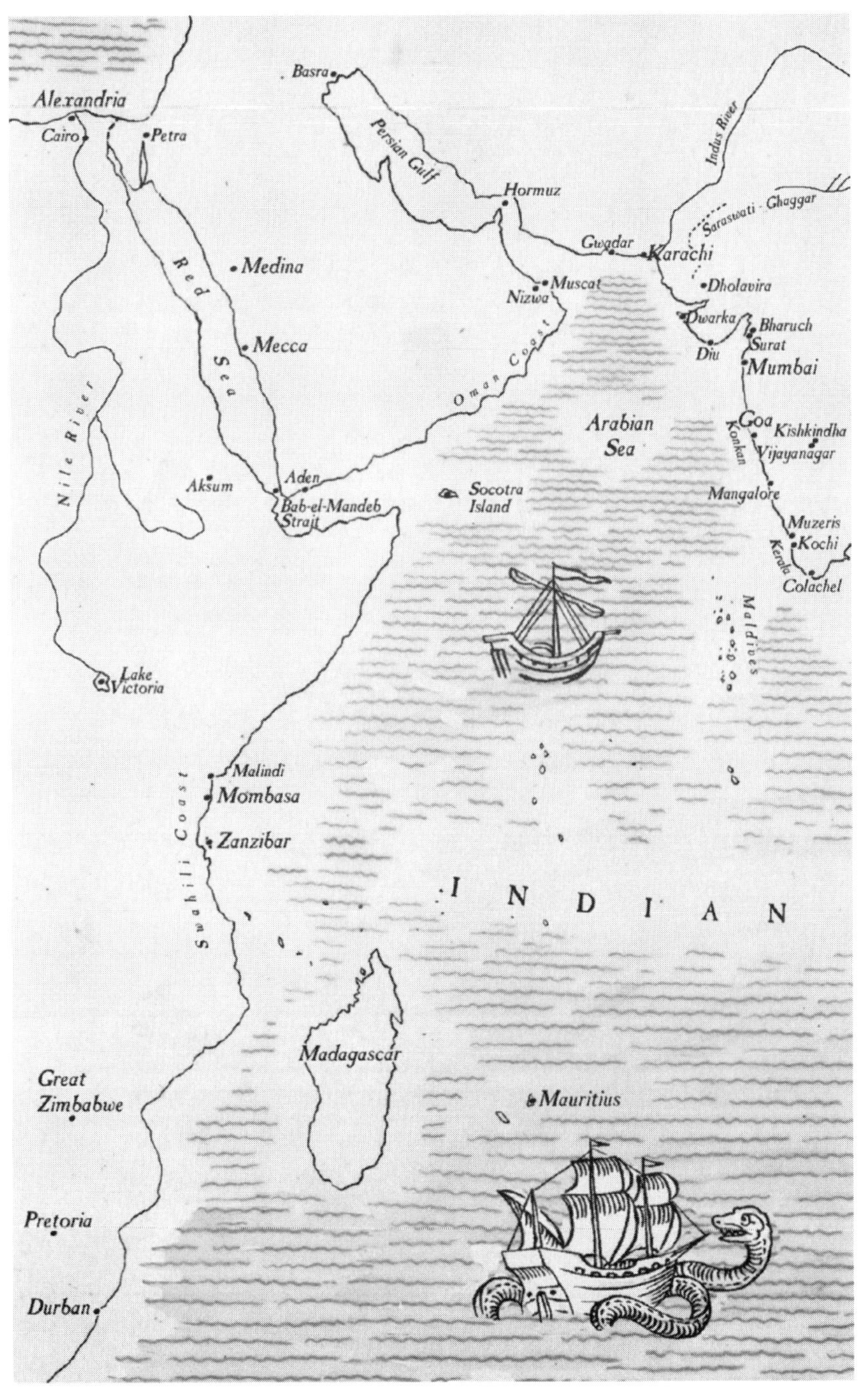
Alexandria
Cairo
Petra
Basra
Persian Gulf
Hormuz
Indus River
Sarasvati · Ghaggar
Gwadar
Karachi
Dholavira
Muscat
Nizwa
Dwarka
Bharuch
Surat
Diu
Mumbai
Red Sea
Medina
Mecca
Oman Coast
Nile River
Arabian Sea
Goa
Kishkindha
Konkan
Vijayanagar
Aden
Aksum
Bab-el-Mandeb Strait
Socotra Island
Mangalore
Muzeris
Kochi
Kerala
Colachel
Maldives
Lake Victoria
Malindi
Mombasa
Zanzibar
Swahili Coast
I N D I A N
Madagascar
Mauritius
Great Zimbabwe
Pretoria
Durban

はじめに

私は人生のほとんどをインド洋沿岸部で過ごしてきました。コルカッタに生まれ、大人になってからはムンバイやシンガポールなどの都市で過ごしました。こうした町や周りに広がる田舎町を散策するうちに、私はインド洋に暮らす人々の歴史や文化が、何千年もの間深い関わり合いをもってきたことに気づいていきました。ひとたび意識してみれば、ザンジバルの狭い路地、乳香の香り漂うマスカットのバザール、南インドの古代寺院、アンコールの遺跡など、実に至るところに気づきがあるのです。ある時期から私はこうした情報を収集するようになりました。すると、ある青写真が鮮明かつ色彩やかに浮かび上がってきたのです。それはこの地域に関する今までの本が言わんとするものとは全く違うものでした。

インド洋に関する既存の書籍は、ほとんどが2種類に分けられます。ひとつは、この地域の歴史を西洋の視点から構成して書かれた本で、これが未だに大多数を占めています。これではインド洋の歴史はポルトガルの登場とともにはじまり、植民地政府の撤退とともに実質止まってしまったかのような印象を受けてしまうでしょう。古代インドの船乗り、アラブ商人、インドネシアの海洋帝国などは、単に省略されるか、冒頭の章で背景材料にされる程度です。しかもこうしたインド洋史には中世ヨーロッパへ香辛料を供給していたことぐらいしか書かれてはいませんし、インド洋の人々は供給網の一部に過ぎず、まるで独立した生活様式を持っていなかったかのように書かれています。

ふたつ目は愛する母国の歴史を追求し始めた、現地の学者によって書かれた本です。考古学などの分野から新しい事実が分かってきたため、このグループの本や論文が近年たくさん出るようになりました。これで現地の視点が歴史に盛り込まれ、ある程度バランスがとれるようになりました。しかし、このアプローチの大きな欠点は、インド洋という広い視野で見るのではなく、ある特定の国や地域という狭い範囲に焦点が絞られていることです。これではこの地域の歴史的な相互関係を十分に理解することができず、誤解を招いてしまう恐れがあります。本書は上記のアプローチ双方に対し、欠点の改善を試みるものです。

作家なら誰もが言うことだと思いますが、出版はチーム・スポーツと同じです。この本は多くの方のご支援がなければ、世に出ることはありませんでした。まずはじめに、グルチャラン・ダスに感謝したいと思います。私は10年以上、インド洋に関する資料を集めてきましたが、彼の激励があったからこそ、私はパソコンのキーを打ち始めたのです。貴重な情報を提供してくださった学者の方々にも感謝の意を表したいと思います。パトリシア・グローブス、デブ・ラージ・プラダン、サラディンドゥ・ムケルジ、ラルジ・シン、サカヤ・トゥオン・ヴァン・モン、P．J．チェリアン。またサウラブ・サンヤル、ラナジット・サンヤル、私の親族には、イギリスの植民地支配に対して戦ったインドの革命家について、あまり世に知られていない事実の整理を手伝っていただきました。

私の本を読まれた方は、すぐお気づきになられたかと思いますが、私はだいたい、執筆する場所を訪れることにしています。実際に重大事件が起きた場所を訪れてみない限り、真にその歴史を理解することはできないと私は固く信じているのです。悲しいかな、作家の多くがこうした実地調査をしないために、基本的な誤りが本から本へと引用され続けています。だからこそ、旅の間親切におもてなしくださり、時には旅に同行してくださった方々に感謝申し上げたいと思います。ラメシュとマドヴィ・キムジ、ムリナリニ とプラヴィーン・レンガラージ、ヴィヴェーカナンダ・ケンドラ（カンニャクマリ）、オーロビンド・アシュラム（プドゥチェリー）、ニルマラ・ラージャ、スジャータとニテッシュ・シェッティ、ミーナとヒマンシュ・シェカール・モハパトラ、アカシュ・モハパトラ、パヤル・アディカリ、スミタ・パント、ルカス・デンゲル、ビカシュ・パトナイク、海洋歴史協会（ムンバイ）、モハン・ナーラヤン、オダッカル・ジョンソン。また、初期の原稿を読んで貴重な意見をくださったアメヤ・ナガラジャンとピーター・ルプレヒトにも御礼申し上げます。

さらに、ペンギン・ブックスの編集者の方々にも感謝申し上げます。陽気で熱意に満ちたウダヤン・ミトラ、細かな気配りをしてくださったリチャ・バーマンとパロマ・デュッタ。大変お世話になりました。また、地図製作と美術を担当してくださったジット・チョードリーにも感謝いたします。最後に、私の研究旅行に何度も同行し、各章初稿の音読を辛抱強く聞いてくれた妻のスミタに感謝します。滑稽な話ですが、いろんな原稿を妻に読み聞かせたものの、妻は私の最終稿はどれも一切読んだことがないのです。

サンジーブ・サンヤル

第1章
導入

西暦731年、南インドに栄華を誇るパッラヴァ朝は、存亡の危機に瀕していました。パッラヴァ朝の王、パラメーシュヴァラ・ヴァルマン2世が直系の世継ぎなく急死したのでした。彼の在位は3年と短く、チャールキヤ朝の皇太子、ヴィクラマーディティアの侵略によって殺されたと考えられています*1。王国に深刻な危機が迫りつつありました。近隣諸国は対立する王位継承者たちを支援し、その後の内乱に乗じてパッラヴァ朝の領土を手に入れようとしていました。

パッラヴァ朝は6世紀から7世紀にかけて、現在のタミル・ナードゥ州、アンドラ・プラデーシュ州、カルナータカ州南部にあたる地域に、広大な王国を築いていました。インド史に登場する他の大帝国ほどの広さはありませんでしたが、王国の規模が劣るが故に交易が栄え、活気ある文化を創り上げていました。首都はカーンチープラムにあり、現在のチェンナイから70km西に位置していました。この町を美しく彩る数々の寺院には、畏敬の念を抱かざるをえません。主要港はマハーバリプラム（マーマッラプラムとも呼ばれ、現在のチェンナイから60km南に位置しています）にあり、インド各地、東南アジア、そしてはるか中国やアラビアからやってきた隊商船で賑わっていました。しかし731年、王国は滅亡の瀬戸際にありました。一流の学者、宰相、要人を中心に会議が開かれ、カーンチープラムの問題が審議されました。議論は数日に及びました。そしてついに、遠方にいた傍系の王族を迎え入れるのが最善策であるとの結論に達したのです。遡ること5代前の祖先に、ビーマという若い王子がいました。パッラヴァ朝の名君、シンハ・ヴィシュヌの弟です。彼は遠国へ赴き、現地の王女と結婚して支配者となっていたのです。そこで大集会の面々は、ビーマの子孫のうち誰かをパッラヴァ朝に迎え入れ、戴冠してもらうことにしました。

バラモンの学者による代表団はモンスーンの風向きが変わるまでに準備を整え、マハーバリプラムへ急ぎ向かわなければなりませんでした。代表団は長く厳しい旅に出たと伝えられています。ビーマの子孫、ヒランヤ・ヴァルマンの王宮にたどり着くまでには、川やジャングル、山、そして深い海が待ち受けていました。たどり着いた代表団は、自分たちの案を進言しました。たまたまですが、ヒランヤ・ヴァルマンには4人の息子がいました。それぞれ順番に、王位を継承したいかどうか尋ねられました。上の3人は断りました。おそらく危険な旅や、遥か遠国での先の見えない未来におじけづいたのでしょう。しかし、一番年若い王子がこの申し出を受けました。この王子はわずか12歳でした。

こうして代表団はカンチープラムへ急ぎました。カーンチープラムでは対立するスカンダという男が王位継承権を主張し、即位を狙っていました。この簒奪者は敗れ、年若い王子がナンディ・ヴァルマン・パッラヴァマラ（ナンディ・ヴァルマン2世）として即位しました。彼の王位継承権を疑問視する人々は大勢いたと考えられます。それは後年、彼の碑文に「正統な」パッラヴァ朝の家系が強調されていることから説明ができます。そのうえ彼は王位を狙う者、特にチャールキヤ朝など外敵の脅威にさらされ、国外へ亡命していた時期もあったようです。それでもナンディ・ヴァルマン2世はついに王国を取り戻し、南インド史上最も偉大な名君の一人となりました。この時、名将ウダヤチャンドラが彼を支えました。おそらくウダヤチャンドラは生まれ故郷から同行してきた幼なじみだと考えられます。ナンディ・ヴァルマン2世は西暦796年まで王国を治め、経済や文化を繁栄へと導きました。

南インドの一国へ外国の王子が招聘され、国を治めたという話は異例でした。この話の経緯については、ナンディ・ヴァルマン2世自身がカーンチープラムのヴィクンタ・ペルマール寺院に残る碑文や浅浮き彫りのレリーフに記しています。これによって私たちも当時の様子を伺い知ることができます。町の大通りから少し離れた場所にあるこの寺院を、私は思い立って訪ねて行きました。風の強い1月の午後でした。この寺院はその日の午後は閉まっていましたが、私が壁の彫刻を見にはるばるやってきたのだと説明すると、親切な僧侶が二人、私を中へ入れてくれました。私はレリーフが語る物語を一人読み解きながら数時間を過ごしました。

一番印象深かったのは、そこに彫刻された大勢の人々が、まぎれもなく東洋的な顔立ちをしていたことでした。例えば、彫刻の中で目を引くのは中国人の旅人です。寺の僧侶たちはこれが中国の高僧、玄奘だと信じていました。これはかなり高い確率で正しいと言えるでしょう。なぜなら、玄奘の手記から寺院が建立される数十年前に彼がカーンチープラムを訪れていたことが分かっているからです。しかし文献によれば国際貿易や交流はパッラヴァ港を通じて行われていたので、他の中国人旅行者だという可能性もあります。いずれにせよさらに興味を惹かれたのは、このレリーフが明らかにクメール美術に類似していることでした。

パッラヴァ朝とカンボジアの関係が深かったことは有名です。クメール文字はパッラヴァ文字に直接の起源を持っているのです。パッラヴァ朝と他の東南アジア地域との関連性を示す根拠もたくさんあります。

例えばナンディ・ヴァルマン2世の碑文は、タイとマレーシアの国境付近でも見つかっています。そこはヒンドゥー・仏教王国カダラムの一部で、現在のマレーシア、ケダ州にあたります。通常、歴史家たちは東南アジアとパッラヴァ朝の関係は貿易や文化に限られると考えてきましたが、もしかするとナンディ・ヴァルマン2世自身が東南アジア出身なのではないでしょうか。ナンディ・ヴァルマン2世だけでなく、パッラヴァ朝自体の起源がこの地域にあるとする根拠がいくつか見つかったのです。

学者たちはパッラヴァ朝の起源について長らく議論してきました。地方に起源を持つと考える者もいれば、北インドやパルティアの系統だと考える者もいました。建国神話はいくつかありますが、全て海を越えてやってきたナーガ族、つまり蛇族の王女と婚姻を結び、王朝が始まったとしています。パッラヴァ朝の碑文には、この同盟から正統な王位継承権を得たとはっきり記されています*2。学者たちが王朝の父系的起源を推測しようと労力を費やす一方で、パッラヴァ朝自体はナーガ王家との母系的な繋がりを非常に重視していたようなのです。

さて、このナーガ族の王女は一体どこからやって来たのでしょうか？　ほとんどの歴史家は、女性の家系について深くは考えていませんし、スリランカ付近の小王国からやって来たのだろうとぐらいに考えていました*3。しかし、もし王女が東南アジアからやって来たのだとしたら？　ナーガという言葉は蛇を意味しています。これから見ていくように、ナーガはこの地域の人々と深く結びついているのです。具体的には、カンボジア王家の紋章は古代から多頭コブラであり、現在に至るまで使われ続けてきました。また、先のナンディ・ヴァルマン2世の碑文が、マレーシアのカダラム遺跡と非常に近い点も重要です。この遺跡はブジャン渓谷にあります*4。ブジャンという言葉は、サンスクリット語でナーガの類義語です。これは、この地域が文字通り、蛇の渓谷と呼ばれていたことを意味しています。

ナーガ王女の正体がカンボジア人であれマレー人であれ、これはパッラヴァ朝がナーガ王族と婚姻を繰り返していたことを示しています。つまりナンディ・ヴァルマンの祖先であるビーマは、見知らぬ地ではなく、パッラヴァ朝が既に親しい家族関係を築いていた国へやって来たのでした。これはナンディ・ヴァルマン2世が父系からも母系からも、パッラヴァ朝の「正統な」継承者だと主張できたことを物語っています。彼はパッラヴァ朝の王子ビーマの子孫であっただけでなく、由緒ある王朝の本流、ナーガ王女の息子だったからです。

ヴィクンタ・ペルマール寺院の敷地内には大きな樹があり、その下には蛇の神を祀る色鮮やかな神社があって、観光客で賑わっています。これはインドでは特に珍しいことではありませんが、ナンディ・ヴァルマン2世が建立したという背景から見ると特別な意味合いを帯びます。

ナンディ・ヴァルマン2世の物語には様々な点で心を惹かれます。一つは、12歳の王子が辿った数奇な運命です。彼は思いがけず遥か遠国を治めるべく招かれ、困難に打ち勝っていきました。もう一つは環インド洋地域を舞台に、人やモノ、思想が入り乱れ、早い段階から人類史を決定づけてきたことです。

東南アジアがインド文明に影響を受けてきたことは、この地域を訪れる誰もがはっきりと感じることですし、これについては次第に記録もされていきました。一方で東南アジアがインド文化、歴史的事件に与えた影響は正しく理解されていません。しかし東南アジア、インドの双方が影響を受け与え合ってきたという根拠が残っているのです。これにはたくさんの例が挙げられますが、ビハール州のナーランダにある有名大学もその一つです。この大学は環インド洋の各地から学生を受け入れ、中国、中央アジアでも同様に人気を博しています。この大学が一部スマトラのシュリーヴィジャヤ王によって建てられたことを知っている人は少ないでしょう。

西インド洋でも同じように、相互の交流や影響によって、何千年もの歴史が決定づけられてきました。何世紀もの間、インドの港はアラブ、ペルシャ、ローマ、ギリシャそしてユダヤの商人たちを迎え入れてきました。ちょうどその頃、インド商人は中東を横断しアフリカへ至る航路を発見しました。このように、ペルシャ湾沿岸諸国、東アフリカ、東南アジアで見かける巨大なインド・コミュニティは非常に長い歴史を持っているのです。逆に、世界最古の現存するユダヤ人コミュニティはインドのケララ州で見つかりました。しかし近年はイスラエルへの移住によりその数は減少しつつあります。このように人間は絶えず動き続けているのです。

インドは地理学的な位置や、文化的、経済的な重要性から、インド洋世界の基軸となりました。しかし、東西インド洋の相互作用と交流は必ずしも、インドやインド人を含むわけではないことにご注意ください。例えば、インドネシア人はアウトリガー船で海を横断しました。6世紀から9世紀の間に、マダガスカルを初めて植民地化した人類は彼らだったのです。その子孫は今もマダガスカルに住み、マダガスカル語を話しています。マダガスカル語とはマダガスカルの公用語で、ボルネオ方言から派生しているのです。

ヴァスコ・ダ・ガマがポルトガル船団を率いてインド洋にやって来たのは、１４９７年から１４９８年のことでした。この時、既に長い時間をかけて、深い相互関係にある人類の生態系が存在していました。この生態系に直接属していなかった中国とヨーロッパ双方が、インド洋へ到達すべく尽力していたことから、その経済的重要性がうかがえます。実は、コロンブスのアメリカ大陸発見は、インド洋へ至る交易路を発見したいという欲求から偶然生じたものだったのです。歴史はこうした偶然の結果で溢れているのです。

16世紀から18世紀、ヨーロッパ人は徐々にインド洋を支配下に置いていきました。それは決して順風満帆なものではありませんでした。現地の住民は決死の抵抗をすることが多く、そして大抵、ヨーロッパ人同士で激しい争いが起きました。一方、アメリカ大陸の発見に伴い、大西洋は新しい経済的・戦略的重要性を帯びていき、それと同時に地中海はさびれていきました。それでもインド洋は依然として世界情勢の要所でした。これはオランダがラン島を手に入れた時、これをオランダ側の勝利と考えていたことから推測することができます。オランダは１６６７年、現在のインドネシアにある、ナツメグ覆い茂る東インド諸島の小さな島、ラン島をイギリスから手に入れました。北アメリカの海岸にある、さらに大きなある島と交換したのでした。その大きな島というのは、マンハッタン島だったのです。

19世紀初頭には、大西洋はインド洋に匹敵するものとなっていました。この時代、インド洋は依然として重要な活動拠点であり、イギリスの統治下において未だかつてないほどの人とモノの動きを経験していました。１８６９年にスエズ運河が開通し蒸気船が配備されると、急速にグローバル化が進みました。ですがこの19世紀末に舞台中央を占めていたのは大西洋だったと言うべきでしょう。

そして20世紀の後半には、環太平洋地域の重要性は増大しました。カリフォルニア、日本、そして中国の経済が成長し始めたためです。多くの船舶がスエズ運河やマラッカ海峡間を航行していましたが、かつてとは違い、ほとんどが別の場所へと向かっていきました。インド洋の生態系に属す人々は、歴史の中でもこの時ばかりは、主役ではなく脇役に甘んじていました。

ロバート・カプランのような有名作家の多くは、振り子が揺れ戻りつつあるのを感じています。カプランは「インド洋圏が、世界を動かす：モンスーンが結ぶ躍進国家群はどこへ向かうのか」という有名な著書の中で、21世紀の地政学はインド洋沿岸部で発生する事態によって決定されると論じています*5。インド、インドネシアなどの人口、中東、東アフリカやオーストラリア西部（そう、忘れがちですがオーストラリアもまたインド洋諸国です）の天然資源、この地域の複雑な政治・文化の融合を考えてみると、ありえない話ではありません。

この本はもちろん、未来について記したものではなく、どちらかと言えばここまでの経緯について記したものです。本書は環インド洋地域の折衷的な歴史の概要であり、政治、経済、社会文化、科学技術、そして忘れてはならない自然などの、様々な影響力が私たちを取り巻く世界を形成してきたことについて記しています。私は執筆時に、広い視野でこれら全般について書こうとは思いませんでした。そうすると、読みにくく、しかも書きにくいものになってしまうからです。その代わり、多彩で常に変化していくインド洋世界や、この世界が人類史に与えた影響を読者の皆さんに感じていただけるように努めています。

なお本書は、モナコの国際水路学機関が定義する「インド洋」の地理学的定義に厳密には従っていないこともご了承いただきたいと思います。このような定義はもちろん任意であり、歴史の流れに影響を及ぼすものではありません。そのため、アラビア湾、紅海、ベンガル湾のような入り江、マラッカ海峡、カンボジアやイランのような通常の地図がインド洋世界として含めない場所も、本書では必要に応じてインド洋世界の一部としています。この話を進めるうえで、こうした場所も広範なインド洋の経済、文化、政治的な生態系の一部としてインド洋世界に含める必要があったのです。

海からの視点

本書でご紹介したいテーマの一つは、歴史の視点を内陸部から沿岸部に移した際に見られる、変化の様子です。アジアの歴史家の多くは、インドのマウリア朝やムガル帝国、中央アジアのモンゴル、中国の唐など、大陸に存在した大帝国の視点で話を進める傾向にあります。海洋史はヨーロッパ人の到達によって、多少注目を集めた程度でした。しかしながら、これでは有名なヴァスコ・ダ・ガマの航海以前の、豊富な海洋史を完全に無視しています。そしてインドのチョーラ朝、インドネシアのマジャパヒト王国、オマーンは大概、脚注にとどまっています。これではヨーロッパの歴史を、アテネやヴェニス、ヴァイキングなしに語るに等しいのです。

面白いことに視点を変えると、歴史的事件も個人の認識も、どちらも変化します。マウリア朝のアショーカ王を例にとってみましょう。従来の歴史によれば、彼は概ね名君であり平和主義者であるとされています。しかし、沿岸部のオディシャ州から見ると、アショーカ王は全く寛容ではなかったようです。同じことが18世紀後半にマイソールを支配したティプー・スルタンにも言えるでしょう。インドでは、イギリスの植民地拡大に対し抵抗したことで有名です。彼はケララ州沿岸部から見ると、冷酷な略奪者と見えるのです。

視点の変化に伴い、例えばマウリア朝を滅ぼしたオディシャ州のカーラヴェーラ、オランダを倒しインド植民地化の野望を打ち砕いた、トラヴァンコール王国のマルタンダ・ヴァルマなどの、傑出した偉人の重要性が代わりに浮上してきました。さらに、大陸史と比べ海洋史は君主や王朝ではなく、探検家、冒険家、商人、さらには海賊など多様な登場人物が現れます。イギリス東インド会社のナサニエル・コートホープのように、インドネシアの孤島ラン島に派遣され、過酷な状況下で果敢にもオランダに立ち向かった人物もいました。

前述しましたように、本書のため研究をしていて特に気になったのは、インド洋や香辛料の航路に関する従来の歴史は、もっぱら西洋人の視点で書かれ、ヨーロッパ人が入植した後の発展に焦点が当てられているということです。それ以前の歴史が書かれていたとしても、背景材料としてか、もしくは中世ヨーロッパ人が憧れたアジア香辛料のことぐらいしか書かれていません。ヨーロッパ人が現れて歴史がクライマックスを迎えるまで、インド洋の人々は輸出用の香辛料を漫然と栽培してきたかのように書いてあるのです。そのうえ、そんな歴史は20世紀半ばにヨーロッパ人が去ると終わりを迎え、以後の歴史はこの地域の住民にとって、あたかも時が止まってしまったかのように書いてあるのです。

植民地時代を取り上げる際にも、植民地国家の行為に専ら焦点があてられていることに気づかされました。この地域の住民については、植民地の拡大を何らかの形で脅かす場合にのみ触れられていました。実際、この地域の人々は展開していく事態に合わせて様々に対応してきました。ゾロアスター教徒のアヘン商人、ジャムシェトジー・ジージーブホイやアフリカ人の奴隷商人ティプー・ティップのように、新たな好機をつかみ巨万の富を得た者もいました。極貧のインド人や中国人労働者が大勢、植民地時代のネットワークを利用し、遠く離れた島国モーリシャスやシンガポールへと果敢に旅立っていきました。ブギス族の海賊は東南アジアの海域で悪名をはせていましたし、20世紀初頭、バリ島の住民はオランダの侵略に対し勇敢に立ち向かい、徹底的に抵抗しました。

もう一つ、既存の文献には全体的な偏りが見られます。それは、インド洋世界外の著者や資料が優遇されていることです。現地の文献、碑文、伝承は通常重要視されません。外国からの訪問者や旅人が残した信用性の高い証言に比べ、何かしら劣っているとされたのです。私は、外国人の手記を使うべきではないと言っているのではありません。私自身も本書で多用しています。しかし、このような情報源は先入観や偏見をかなり含んでいるため、鵜呑みにすべきではないと指摘したいのです。これは植民地時代の先入観や偏見に限ったことではありません。植民地時代の先入観に限らず、高い評価を受けている植民地時代以前の資料でもそうなのです。有名な14世紀のモロッコ人旅行者、イブン・バットゥータを例にとってみましょう。彼はビルギのスルタンが開催する晩餐会で、ユダヤ人の老医師を追い出したと得意げに語っています。老医師には追い出される理由など、宗教の他には何もありませんでした。イブン・バットゥータは平素から素行が悪かったわけではありません。これは当時の一般的な偏見を反映していたに過ぎないのかもしれませんが、現代の歴史家はイブン・バットゥータを取り上げる際には、こうした偏見に留意する必要があります*6。中国の学僧、玄奘三蔵の記録にも同様の偏りがあります。玄奘は仏教の観点からしか世界を見ていませんでした。玄奘が持ち物全てを奪われてしまい、カシミールのバラモンたちに新しい服と食糧をもらって助けられたという話が伝わっています。ところが玄奘はそれをもらって喜ぶどころか、彼らの「間違った教義」について説教をしたといいます*7。

数世紀後に、ヨーロッパ人訪問者が残した話からも当時を垣間見ることができます。繰り返しになりますが、ヨーロッパ人の記述をそのまま使用するには注意が必要です。顕著な例外を除き、ヨーロッパ人が出会ったヒンドゥー教やイスラム教の文化は体系的に偏っていることが多いのです。18世紀末になると、さらに人種差別も含まれるようになりました。こうして、19世紀にヨーロッパ人入植者が南アフリカのグレート・ジンバブエ遺跡を発見した時、単純にアフリカ人にはこのようなものを建設する能力などないと考えたのです。そのためこの遺跡は、古代に白人入植者が南アフリカを征服した跡だと解釈され、ソロモン王やシバの女王と結び付けられてきました。

歴史家のジョン・リーダーは、「このアフリカ史の観点は、アフリカ黒人の素晴らしいものは何でも、どこかからやって来た肌の白い人々、そして（暗に）より知的な人々によって導入されたという一般的な考えをさらに悪化させた。この考えは植民地政府によってさらに強化され、独立後、エリートたち自身がありとあらゆる機会を利用してこの考えを残し続けてきたのである。」＊8と表現しました。

インド人の読者方はおそらく、アーリア人侵略理論との類似点にお気づきになったことでしょう。インド文明は肌の白い部外者がもたらした賜物である、と植民地時代の歴史家たちは決めつけていました。アーリア人は現地人を文明化するという（気高い）使命を持っていて、これはイギリスの植民地支配者を、その後釜として描く手段の一つに過ぎなかったのです。文献や考古学的な裏付けがなく、遺伝的根拠が豊富にあったにもかかわらず、アーリア人侵略理論は特にエリート層の間に今も残り続けています。

とはいえ現地の資料も、無批判に受け入れるべきではないということははっきりさせておきたいところです。これから見ていくように、有名なアショーカ王の勅令ですら一部は政治的プロパガンダで、そのまま受け入れることはできないのです。新聞欄、テレビ番組やソーシャルメディアで繰り広げられる辛辣な議論からは、時事問題の解釈が容易ではないことが分かります。ですから、当然ながら時の荒波を乗り越えてきた歴史の断片から逃れようとするのは、至難の業なのです。だからこそ、どの歴史物語も哲学的な構想に基づいて、出来事の流れを記しているのです。こうすることで、歴史家たちは歴史理解を深めることができるのです。

歴史哲学

この本は学術的な本ではありません。一般の読者方が退屈に感じてしまう恐れがあったので、私は歴史哲学の節を書くことにためらいがありました。しかし私の執筆の根底に流れる世界観を説明するのに役立つと考え、とうとう、数行ほど入れることにしました。

昔から歴史的事件の流れ、そしてその原因や影響は様々に説明されてきました。前近代には、特に事態が急展開を迎えると、神々や唯一神による、聖なる介入がものごとの重要な推進力であるとされてきました。決定論的な世界観を持つ人々なら、運命や宿命のせいにするのかもしれません。歴史を説明するもう一つの方法は、英雄的な（あるいは悪魔的な）個人で、その考え方や行動が歴史の流れに大きな影響を与えた者に焦点を当てる方法です。このグレートマン理論は19世紀初頭にトーマス・カーライルらによって確立されたようですが、この考え方は前近代史の随所に織り込まれ、今日に至るまで深く影響を及ぼしてきました。歴史書の多くは、自身の重要性を強調したがる「偉人」が、直接あるいは間接的に資金を融通して作られていたので、これは当然のことではあります。

グレートマン理論の反発からか、19世紀後半には、社会、経済の大いなる力を強調する哲学が台頭していきました。このアプローチでは個人の役割は重視せず、さらに大きな機械の一部と考えています。マルクス主義の歴史はこの考え方の産物です。巨大で逃れようのない社会的・経済的な力によって事態が展開していくのです。マルクス主義の考え方では、ヴィクトリア朝の蒸気機関がニュートンの法則に従って動くように、歴史物語はあらかじめ定められた軌道に乗って動いていきます。このように歴史の枠組みを作ったことにより、マルクス主義は歴史の終焉を予言できたと言えます。エリック・ホブズボームの言うように、「共産主義という歴史的な結果は、歴史的な発展の上で避けられない結果であったのだと、マルクスは演繹的に証明したかったのです。しかし、これが科学的な歴史分析によって示しうるかどうかは決して明白ではないのです」*9。

マルクス主義的歴史学は非共産圏の国も含め、20世紀の学術界に多大な影響を与えました。しかし共産主義が崩壊し、またこの枠組みでは多くの出来事を説明できなかったことから、21世紀には急減していきました。これによって新しい哲学構造の分野が開かれていきました。

私は経済から都市計画に至るまで様々なテーマで執筆していますが、これは私が世界を「複雑適応系」と捉えていることに深く影響を受けています。つまり、これは様々な要因と独立した主体間の、絶え間ない、そしてしばしば予測不可能な相互作用により、出来事の流れが影響を受けるという、混沌としたシステムなのです。複雑適応系の例として、生態系、金融市場、経済、英語、都市、気象システム、コモン・ロー・システムと、まず間違いなくヒンドゥー教が挙げられます。こうした絶えず変化していく複雑な適応系と、ニュートンの法則に従い、乱れの無い一方で柔軟性に乏しい、機械システムの構造を比べてみてください。このような複雑適応系の観点から見ると、歴史の流れは、技術革新、地理、自然、社会と経済の大いなる力、偉人の行動だけでなく、ただの一個人、文化、イデオロギー、純粋な偶然、そして時に我々の知りえない神の介入など、様々な要因から絶え間ない相互作用を受けるのです。

言い換えると、歴史は運命に定められるものではなく、複雑な相互作用の結果であり、歴史上のあらゆる時点で様々な道へ導かれうるものなのです。だからと言って、歴史が完全に無秩序だというわけではありません。歴史のなかには他より起こりうる可能性の高い結果があり、全く同じことの繰り返しではないにしろ、歴史の流れにはいくつかの傾向が現れるのです。マーク・トウェインが言ったとされているように、「歴史は同じようには繰り返さないが、韻を踏んでいる」のです*10。

この一般構造を利用して、他にも多くの思想家が歴史を分析しました。ニーアル・ファーガソンのような歴史家は面白い提唱をしました。この一派は、反事例や「もしも」の歴史を調査しました。もしもアメリカ独立戦争がなかったら?もしもケネディが暗殺計画で殺されていなかったら?反事例の歴史は、歴史の偶発的な本質に着目する上では有意義で非常に興味深いものですが、私は個人的には疑問を感じています。なぜなら、蝶の羽ばたきですら未来の世界に影響を与えうるこの世界の中で、代用のシナリオなど再現することはできないからです。もしケネディが暗殺されていなかったら、他の多くのこともまた起こらなかったのでしょう。歴史がどんな道をたどっていたかなど、誰にもわかりません。

複雑適応系の影響の一つとして、いったんある道を辿りだすと、後の出来事は全てその影響を受けると考えられています（これを経路依存性と呼びます）。この特定の道は到底ありえないようなことであっても構わないのです。ひとたびその道が選択されたならば、それは歴史の中に組み込まれ、その後の出来事は全てその道に由縁することになるのです。その他の道は、たとえ事前にどれだけ高い可能性があったとしても、全て閉ざされてしまいます。このような考え方の結果が「意図せざる結果」の法則です。歴史は意図せざる結果で溢れています。偉人たちがこれに気づき、自分たちが歴史の流れに影響を及ぼしているという自負を手放してくれるよう祈るばかりです。同様に、歴史はたくさんの一般男性、女性の行動に影響を受けています。そのため本書では、ポルトガル占領下にあったオマーンで、娘を助けるためにマスカット奪還を援助した商人ナルッタムや、１９４６年、ボンベイで起きたインド海軍の大反乱に参加したオダッカル・モハマドの話などをいくつか入れてみました。

インド兵士

インド洋の長い歴史には様々な紆余曲折がありましたが、その一方で、人間の絶え間ない移住から何百年も語り継がれてきた物語に至るまでの中に、脈々と受け継がれてきたものがいくつかあったのです。その一つは、古代から遠方の地に存在していたインド人兵士や傭兵たちでした。

インド兵士の世界的な重要性は、歴史家たちの間でもあまり研究されてきませんでした。おそらく、インド帝国はいくつかの例外を除き、インド亜大陸外で軍事行動を行うことがほとんどなかったためでしょう。これとは対照的に、インド兵士や傭兵たちは、ヨーロッパから中国に至る地域で幾度も戦いを繰り広げてきました。彼らに注目してみると、歴史的記録のあちこちに登場しているようなのです。古代には、彼らはペルシャ側につき、ギリシャと戦っていましたし、その少し後には、戦象に跨がり、マケドニアの将軍セレウコスに加勢して、中東の敵と戦っていました。中世には、インド傭兵はスリランカでシンハラ人支配者のため戦い、カルバラーではシーア派の大義のため命を捧げ、東南アジアではタミル人民営ギルドの商業権益を守っていました。さらにその後、中国ではアヘン戦争、南アフリカではボーア戦争、そして世界大戦でもイギリスのために世界各地で彼らは戦うことになるのです。

この伝統は今もインド亜大陸に残っています。ネパールのグルカ兵は一般に世界最高の白兵とされ、イギリスからブルネイに至るまで様々な国の軍隊で活躍しています。同様に、インドも1950年以降、世界中で国連平和維持活動に参加してきました*11。その貢献は著しいものでした。またインド亜大陸にある他の国々も多大な貢献をしてきました。これは本書で紹介する歴史的遺産の、そのほんの一例に過ぎないのです。

女性の家系

本書第二のテーマは、環インド洋地域の歴史において、母系制の慣習が担ってきた役割です。初めにお断りさせていただきますが、「母系制」と「母権制」は同じものではありません。「母権制」は、慣例的に女性が統治者または指導者となる社会制度のことですが、実際には世界の中に純粋な母権政社会はほとんど存在しません。一方、母系制社会とは、母親や女性の祖先の血統に基づく社会制度です。このような社会では主権は男性にありますが、一般に女性の地位は純粋な家父長制度や父系制度の社会よりも高い傾向にあります。なお母系制社会の慣習には様々な形態があり、父系制社会制度と共存していることもあります。そのため、このような社会をすべて同様に描写することはできないので注意が必要です。

環インド洋地域には母系制社会の例が複数あります。インド南西部沿岸のケララ州にはナーヤル族、カルナータカ州にはブント族がいます。インドの北東部にはメガラヤ州のガロ族、カシ族、ジャインティア族がいます。そしてミャンマーのカレン族、西スマトラ島のミナンカバウ族、ベトナムのチャム族もいます。これから見ていくように、様々な母系制の慣習があることでインド洋史は多くの影響を受け、そしてこれが時に偉大な女性指導者の出現にもつながったのです。

注目していただきたいのは、インド洋西部沿岸のグループを除き、その他の母系制グループは東南アジアとその周辺部に集中していることです。彼らはみな母系制の慣習を新石器時代の共通ルーツから受け継いでいるようなのです。さらに、この伝統は非常に深く浸透していたため、社会文化の大きな変化にも耐えて残ってきました。このため、スマトラ島のミナンカバウ族はイスラム教を受け入れ、イスラム正統派の聖職者から弾圧があったにもかかわらず、今日まで母系制の構造を保ってきました*12。

母系制はただの奇習にとどまらず、実際にインド洋の政治史へ多くの影響を与えました。例えば多くの地域で、王家の正統性は女性の家系に基づいていました。カンボジアでは、アンコール帝国の実質的な創始者、ジャヤーヴァルマン2世がインドネシアのジャワ島出身であり、婚姻を通じて王位を獲得した可能性が高いのです。877年には、ジャヤーヴァルマンの王妃の甥にあたる、インドラヴァルマン1世が王位を継承しました*13。古代カンボジアではバラモンの地位も同様に、母方の家系に沿っておじから甥へと受け継がれていきました*14。女系の重要性を考えれば、この地域にある王家の碑文の中で、女性の家系が特に重視されたのも当然なのです。

母系制度を選んだ社会と選ばなかった社会のいきさつを比べると、なかなか面白いものです。例えば、インドの南西部沿岸でこの習慣が発展したのは、長距離に及ぶ海上交易のためでした。それは男性の人口が常に変動していた一方で、女性はより地域に根ざした生活をしていたことを意味します。そのため、ケララ海岸のムスリム・コミュニティは、前イスラム時代にここにやって来たアラブ商人にちなんで、未だにマッピラ、つまり「義理の息子」と呼ばれています。面白いことに、インドの東海岸は東南アジアの母系制社会と同じように積極的に海上交易を行っていましたが、同じような慣習は発展しませんでした。この違いはおそらく、歴史が定められた道を辿るのではなく、同じ状況でも異なる結果を招きうるという例を示しているに過ぎないのでしょう。

なぜ私がこの本をナンディ・ヴァルマン2世から始めたのかに戻ります。彼の物語には、この本で触れる多くの要素が集約されているのです。インド洋の交易や文化の深い関係、人間の往来、女性の家系の重要性、また歴史の断片的な根拠をつなぎ合わせる難しさなどです。それ以上に、ナンディ・ヴァルマン2世の物語は歴史の偶発的な本質を描いています。遠い国にいた12歳の少年が、未知の世界へ飛びこむ決意をしたからこそ、南インドの歴史は確かにその流れを変えたのです。もし彼が兄弟たちとともに国に残ると決めていたら、パッラヴァ朝は一体どうなっていたのでしょうか？　それは誰にも分からないことなのです。

第2章 遺伝子と氷

２００４年12月26日、現地時間午前７時58分、スマトラ島北西部の海底が振動し、海底地震が発生しました。マグニチュード９・１の地震は津波を引き起こし、推定22万８０００人の人々が犠牲となり被害総額は推定数百億ドル相当にも上りました。被害は近隣のスマトラ島やタイにとどまらず、インド、スリランカ、そして東アフリカなどインド洋全域に及びました。インド洋は単なる地理学的な用語ではなく、人間と自然の力の相互関係からなる生態系なのだと私たちは思い知らされたのでした。

このような津波は過去に何度も起きていたようで、この地域に住む原住民の伝承にも伝えられてきました。オンゲ族とジャラワ族の生存者を捜索するため救助隊がアンダマン・ニコバル諸島に到着した時、震源から非常に近いところにいたにもかかわらず、その部族達からはほとんど犠牲者が出なかったことが判明しました。どうやら彼らは、大地が揺れたら直ちに内陸の高台へ避難すべしという古い伝承に従ったようです*1。この部族たちは、３万年以上前に古代人類の移動の一環としてこの島々にたどり着いたと言われています。そのためこのような大津波を歴史の中で何度も経験してきたに違いありません。一方、近隣に住むニコバル族はこの地へたどり着いてから６００年に満たなかったため、こうした伝承がなく何百人もの犠牲者を出してしまいました。またカー・ニコバル島のインド軍基地も甚大な被害を受けました。このように、インド洋を理解するには原点に立ち帰る必要があるのです。

インド洋の形成

本章の目的は、先史時代に環インド洋地域を取り巻いていた地理的な環境や、人類の生活環境が形成されていった様子について、読者の方々に広くその概要を知っていただくことです。私の前作、「Land of the Seven Rivers」を読まれた方は、ここに挙げた特にインドに関する話をよくご存知だとは思いますが、私がもっと広い地域の話をするまでお待ちいただけますと幸いです。

１００年前までは、大陸と海の相対的な位置関係は不動であると考えられていました。地質変動は垂直方向に起きると考えられ、水平方向には起きないとされていたのです。この説は１９１２年にアルフレッド・ウェゲナーによって根本的に覆され、１９１５年に発行された「大陸と海洋の起源」という本でさらに詳しく説明されました。ウェゲナーは、今日の大陸はかつて存在した巨大な超大陸の一部で、のちに氷山のように動き離れていったと論じました。この仮説は、16世紀からオルテリウスのような地図製作者達を悩ませてきた観測結果―大陸、特に大西洋の反対側は、ジグソーパズルのピースのようにぴたりと一致するという事実―を答えへと導きました。

今ではウェグナーが正しく、地球の地質学的な歴史が大陸塊の周期的な収束と離散によって織りなされてきたことが分かっています。約２億７０００万年前、大陸塊が集まりパンゲアと呼ばれる巨大な超大陸を形成しました。パンゲアの地図はインド、オーストラリア、マダガスカル、南極が、現在のアフリカ東海岸に沿ってくっついていたことを示しています。つまり、インド洋はまだ存在していなかったのです。

恐竜が２億３０００万年前に現れたのもパンゲア大陸でした。この超大陸は１億７５００万年前まで一つだったようですが、一連の亀裂に沿って分裂を始めました。はじめに、二つの大きな大陸塊に分かれました。北のローラシア大陸（北アメリカ、ヨーロッパ、アジアを含む）と、南のゴンドワナ大陸（南アメリカ、アフリカ、オーストラリア、インド、南極を含む）です。ちなみに、ゴンドワナという名前はインド中部のゴンド族に由来しています。

次に、ゴンドワナ大陸自体が分裂し始めました。地質学研究によると、インドはマダガスカルとともに、約１億５８００万年～１億６０００万年前にアフリカから離れていき、その後約１億３０００万年に南極・オーストラリア大陸と分離したと考えられています。さらに約９０００万年前、インドはマダガスカルから離れ、北へ移動していきました。インドが北へ向かう際、インド・クラトンは長期噴火地帯であるレユニオン・ホットスポットを過ぎ、激しい火山活動を経てインド半島のデカントラップを形成しました。この火山活動が（鳥類に進化した恐竜を除く）恐竜の絶滅につながったのではないかと科学者たちは推測しています。

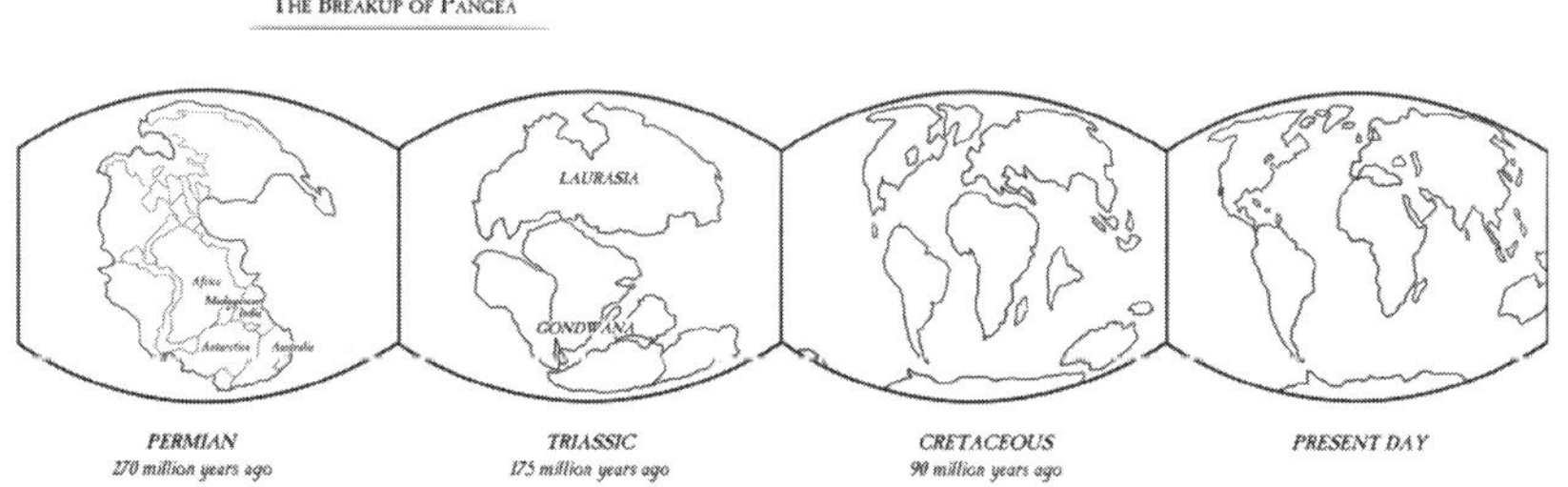

パンゲア大陸の分裂

（左からペルム紀、三畳紀、白亜紀、現在）

北方へ移動していった正確な軌道については諸説ありますが、約５５００万年前にインドはユーラシア・プレートと衝突しました。この衝突で地盤が持ち上げられ、ヒマラヤ山脈が形成されました。その結果、インドとアジアの間にあった海底が空高く押し上げられました。海洋生物の化石がヒマラヤ山脈で発見されるのはこのためなのです[*2]。インド・プレートは今もアジア大陸を押さえ込み続けていて、ヒマラヤ山脈は毎年５㎜ずつ高くなっています。そのためヒマラヤ山脈は地震学的に非常に活発で、地震が頻発しています。

一方で、オーストラリアと南極は８５００万年から４５００万年前に、ファスナーが開くように分かれていきました。分離した後、オーストラリア・プレートは北上し、インド・プレートと融合して、インド・オーストラリア・プレートが誕生しました。これはインド洋誕生までの地殻変動をかなり簡易化した説明ですし、この過程はまだ完了してはいません。紅海はアラビアとアフリカのプレートの亀裂が拡大した結果として誕生しました。東アフリカは他の大陸から離れ、私たち人類発祥の地、東アフリカ大地溝帯が形成されました。もしかしたら、これから新たに亀裂が発生するかもしれないのです。インドネシアのスマトラ島西海岸は、インド・オーストラリア・プレートとスンダ・プレート（東南アジア全域に分布）の境界にあります。そのため、この地域は地震と津波が頻発しています。これが２００４年12月26日の大津波の元凶です。あまり知られてはいませんが、２０１２年4月にスマトラ島沿岸で巨大な海底地震が2回発生しました。この2回の地震は主断層から離れたところで発生し、地震学者はこれをインドとオーストラリアのプレートが離れていく前兆と見ています。新たな亀裂が生じた原因は、オーストラリアがいまだに速い速度で移動しているのに対し、インド・プレートがアジア大陸と衝突して移動速度が遅くなったためです[*3]。その結果として生じる圧力が今度は、インド・オーストラリア・プレートを別々に分離させようとしているのです。この過程でおそらく地震が頻発し、将来的に大津波を引き起こす可能性もあります。インド洋の地形は地質変動以外にも、自然、環境など様々な要因によって常に形を変えていきました。例えば、地球の周期的な温暖化、あるいは寒冷化によって海面が変動し、海岸線はその姿を変えていきました。１万８０００年から2万年前、氷河期のピーク以降、氷床が溶けて海面は１２０ｍも上昇しました。この過程で海岸は水没し、後述するように古代人類史に大きな影響を与えました。海面は７０００年前（つまり紀元前５０００年）に安定し始め、西暦元年から１８００年までほとんど変化はありませんでしたが、19世紀以降徐々に再上昇し始めました*4。

他にも、潮流や川が砂や泥を移動させたり、そしてもちろん人間が介入したりと、様々な要因がインド洋の地形に影響を与えてきました。こうした要因が複雑に絡み合うことで、地形は絶えず活発に変化していくのです。つい最近まで、歴史の中で地形は不変であるかのように書かれてきましたが、地形変化の影響について、執筆に取り入れる研究者は徐々に増えてきました。

人間の大きさ

現生人類は約20万年前、東アフリカの地溝帯に出現しました。反証が山ほどあるのですが、たいそう謙虚にも私たちは自分たちをホモ・サピエンス、つまり「賢い人」と命名しました。その頃他にもヒト科の人類は数種類いました。ホモ・サピエンスが将来、ヒト科で唯一生き残る人種になるとは、この段階では全く分からなかったのです。ネアンデルタール人は主にヨーロッパや中東に定住していました。そして近縁種のデニソワ人は、アジア各地を移住しながら暮らしていました。デニソワ人の存在は偶然にも、２０

10年に古代指骨の遺伝子配列から発見されたのです。

また、それより前に隔離状態で暮らしていた人類の集団がいたという痕跡も発見されています。インドネシアの小さなフローレス島では、そんなある集団が矮小化の過程をたどりました。古代人類がどのようにこの島にたどり着いたのかは不明ですが、海面が低く、大陸から簡単に行き来ができた時代にやって来た可能性が高いでしょう。海面が上昇すると、この集団は限られた資源しかないこの島に閉じ込められました。欠乏への対処として生存者は体の大きさを小さくし、最大身長1m、体重25kgのホモ・フローレシエンシスという種に進化しました。それでも彼らは石器を作り続け、島の矮小化した象を狩っていました。この矮小人種はつい最近の1万2000年前まで生存していた可能性を示す痕跡が残っています*5。

そのころ、古代のホモ・サピエンスは本来の生息地である地溝帯から拡散し始めました。そのため、初めて外洋を見た人類の瞳には、インド洋の波が東アフリカの海岸へと打ち寄せる光景が映っていたことでしょう。そして少なくとも1つのグループが北方へ移動しました。イスラエルのスクール、カフゼー洞窟で見つかった考古学遺跡は、ホモ・サピエンスがレバントへ約12万年前に到達していたことを示しています。しかし、このアフリカからの初進出はうまくいかなかったようで、この集団は絶滅したか、あるいはアフリカ大陸へ撤退したと見られています。おそらく気候が寒冷化し、より寒さに適していたネアンデルタール人がこの地域に再び定住したのでしょう。

古代のホモ・サピエンスとは何者だったのでしょうか？　遺伝子調査によると、アフリカ南西部のコイサン人は最も遺伝的多様性が高いことから、現存する最古の人類とされています*6。なお、コイサン人というのは、カラハリ砂漠で「ブッシュマン」と呼ばれる狩猟採集民のサン人と、近親関係にある遊牧民のコイ人の複合語です。初めにお断りさせていただきますが、コイサン人は「生きた化石」ではありません。彼らは現代のホモ・サピエンスで、偶然にも我々の祖先から受け継いだ幅広い遺伝子を持っているのです。

遠路オーストラリア

6万5000年から7万年前、おそらくごく少数の一団が、アフリカから現在のアラビア半島イエメン付近へ渡って行きました。これは現在、ほとんどの痕跡から分かっていることです。アフリカ人以外の人類は皆、表面的な違いはあるにしても、この小数部族の子孫であると言われています*7。なぜ彼らがアフリカを離れたのかは分かりませんが、マラウイ湖の水が95%減少していたという調査結果があるため、大干ばつが原因だったのかもしれません*8。この人類が旅した地形は、今とは全く違うものだったことでしょう。地球は今よりずっと涼しく、海面もかなり低く、海岸線は現在の位置からさらに50kmから100km も離れていました。そのため、現在のジブチからバブ・エル・マンデブ海峡を横断しイエメンへ渡る行程は、おそらく短い旅で済んだのでしょう。海峡が干上がっていて彼らが短期間で横断したのでなければ、古代のホモ・サピエンスは既にいかだのようなものを作る能力があったことになります。

移民が到達したイエメンからオマーンの海岸はおそらく現在よりも湿潤で、インド洋のモンスーンがこの地域に雨を降らせていたと考えられます。今でも、オマーンの一部ではモンスーンにより雨が降ります。私たちの祖先はさらに北上し、現在のペルシャ湾に到達したようです。しかし、当時はペルシャ湾全域が海面よりも上にあり、水に恵まれた平原となっていました。ジェフリー・ローズのような研究者が言うように、ペルシャ湾は「かつては低地の氾濫原でした。メソポタミアのチグリス・ユーフラテス川の合流地点に始まり、カラン川がイラン高原の水を排出し、ワジ・バティン川がアラビア北部を流れていたのです。これらの水系はウルシャット渓谷で合流していました。さらに下流では、ウルシャットはザクロス山脈、さらにアラビア東部から地表の雨水を受けていました。ウルシャットの集水帯は湖水盆地（10万平方キロ以上）で終点を迎えます。それは現在の海抜から140m低い湾の中央に位置していました」*9。

つまり「ペルシャ湾のオアシス」はまさにエデンの園で、そこでおそらく人口が爆発的に増加したのでしょう。まもなく彼らはマクラン海岸に沿って移動し、インドへ広がっていきました*10。今では乾燥し人もまばらなバルチスタンの砂漠は、まるでインド亜大陸と中東世界の障壁のようです。しかし6万年前、この海岸はもっと湿潤で、古代人類が移住する際に草原や低木地の広がる重要な回廊となっていました。海岸線もずっと遠く、今日のグジャラート州サウラーシュトラ半島は半島ではなく、ひと続きの海岸になっていました。このように、ペルシャ湾からインド北西部にかけての一帯は、先史時代を通じて遺伝的・文化的に繋がっていたのです。

この時、人類史は意外な展開を迎えました。既に指摘しましたが、ホモ・サピエンスがアフリカを離れてやって来た頃、この辺りには他の人類がいました。彼らはやがて絶滅しました。例えばネアンデルタール人は西ヨーロッパへ着々と撤退していき、約2万4000年前にジブラルタルで最後の一人が死に絶滅しました*11。なぜ絶滅したのか、正確な理由はわかりません。気候の変化もあったのかもしれませんが、ホモ・サピエンスの到来が重要な要因であったという結論は避けがたいでしょう。ネアンデルタール人は新入りが来たことで最良の狩り場を失ったのかもしれませんし、あるいは私たちの祖先が致命的な病気をアフリカから運んできたのかもしれません。それにもかかわらず、学者たちは、ホモ・サピエンスと他の人類との間に何らかの交配があったのではないかと推測しています。

ライプツィヒにあるマックス・プランク研究所のスヴァンテ・ペーボと研究チームは、ついにこの謎を解き明かしました。非アフリカ人のＤＮＡのうち約１～４％がネアンデルタール人に由来することを発見したのです。さらに、この交配はホモ・サピエンスが中東にたどり着いて間もなく起きたようです。馬とロバの交配で生まれるラバのように、このような交配で生まれた子の多くはおそらく不妊でしたが、ごく少数の者が後世へ遺伝子を伝えることに成功したのです。つまり、ネアンデルタール人は完全に滅んだのではなく、私たちの内に生き続けているということになります。もちろん、この発見は長らく疑われてきたことを証明しただけに過ぎないのです。デリーの道路を運転したことのある方なら誰もがデリー流の運転をご存知でしょうが、ネアンデルタール人というものはまるでその運転さばきのように放埒です。

スヴァンテ・ペーボがこの発見をするまでの道のり自体、読み応えがありそうです。興味を持たれた方は、２０１４年にベーシック・ブックスから出版された彼の自伝『ネアンデルタール人は私たちと交配した』を手に取ってみられるといいでしょう。

さらに２０１４年に発表された研究論文で、生き残ったネアンデルタール人のＤＮＡは、主に髪や皮膚に関係していることが明かされました*12。これが何を意味するのかは分かりませんが、ネアンデルタール人は寒冷な気候で暮らしていたため、肌色や髪色が明るかったようです。それとは対照的に、古代のホモ・サピエンスは南国に起源を持つため、皆一様に濃い肌色、髪色だったと考えられます。現代人が様々な気候帯に定着するにつれ、ビタミンＤの不足や太陽から肌を保護するメラニンなどの要因によって、ネアンデルタール人は肌の色に多様性を取り入れ、それが後に自然選択によって顕著になっていったのではないかと考えられています。

５万～５万５０００年前、冒険的な小グループがペルシャ湾からインド洋にかけての一帯を離れ、東へ向かったとみられます。彼らはおそらくインド洋沿岸を徒歩で移動し、現在の東南アジアへたどり着くまで歩み続けました。彼らがインド亜大陸を通過した道筋には遺伝子がわずかにしか残っていないため、ほぼ全ての部族が移動を続けたと考えられています。この集団が東南アジアに到着した当時、海面は現在よりもかなり低く、この地域の島の多くはアジアと陸続きだったはずです。そのため、この一行は徒歩で瞬く間に拡散できたのでしょう。その子孫が現在パプアニューギニア、フィジー、インドネシア東部に住んでいるメラネシア人です。

初めに古代のメラネシア人は、既に他の人類が住んでいた地域を通過していきました。彼らは少なくてもそのような集団の一つ、デニソワ人と交配した痕跡が残っています。遺伝子研究によると、デニソワ人はメラネシア人のＤＮＡに、最大で６％寄与している事が分かっています。このような混血を考えると、純血の人種などもう忘れてしまってください。私たちのほとんどは純粋なホモ・サピエンスですらないようです。

そして約４万５０００年前、このメラネシア人の一派がオーストラリアへ到着しました。海面の低下や海岸線の拡張があったことを考慮しても、これにはかなりの水域を航行する能力が必要だったことでしょう。これはアジア、オーストラリアが非常に近くにありながら、動植物相が分離していることからも明らかです。インドネシアのバリ島とロンボク島の間には、ウォレス線という架空の線があり、この生態系を二分しています。二つの島はたったの35㎞しか離れていません。しかし、動物（トラなど）がその間の水道を通ってアジア大陸からバリ島へ渡って行けたとしても、海水面の最低時でさえ、ロンボク島へは渡っていけませんでした。

しかし、オーストラリアのアボリジニの祖先は、他の人類には不可能だった、海を渡るいかだ作りの能力を持っていたのでしょう。人類のオーストラリア到達は大変な出来事でした。これまでホモ・サピエンスは他にヒト科の人類が既にいた土地を旅してきましたが、ついに未開の地へ足を踏み入れたのです。このオーストラリアへの到達は、オーストラリア大陸の動植物相に大きな影響を与えました。

オーストラリアは他の大陸から長い間離れていたので、長期にわたって独自の進化を遂げてきた動植物の宝庫でした。体重２００kg、身長２ｍのカンガルー、ティラコレオ、ジャイアント・コアラ、ダチョウの２倍もの大きさの飛べない鳥が生息していました。また重さが２・５ｔもある、大きなウォンバットに似たディプロトドンが森を闊歩していました*13。この巨大生物の多くは有袋類で、小さく未熟な子を産み、お腹の袋の中で育てていました。小型の生き物も変わっていました。例えばカモノハシは卵を産む哺乳類で、水かきとくちばしがありました。

人間が入ってきたことにより、この生態系は壊滅的な打撃を受けました。わずか数千年のうちにほとんどの大型動物相が姿を消しました。50kg以上ある24種類の動物のうち、23種が絶滅したのです。気候変動など自然の周期がこのような大量絶滅を引き起こしたとは考えにくいとされています。この生物たちは既に何周期もの変動を乗り越えて生きてきたからです。食糧を得るための狩りは、人間が生物を絶滅へ追いやった原因の一つに過ぎません。オーストラリアのアボリジニの祖先はおそらく他にも複数の理由で、生態系のバランスを根底から崩してしまったのでしょう。例えば火を使って景観を整え、管理した可能性もあります。これはある特定の動物には利益をもたらしましたが、他の動物を犠牲にすることになりました（一般的な認識と違い、狩猟採集民の多くは積極的に土地を管理しました）。ユーカリは４万５０００年前までほとんど化石に残っていませんでしたが、突如、他の植物を犠牲にして、ごく普通に見られるようになりました。やがて食物連鎖全体が狂うことになってしまったのでしょう。これは、マダガスカルやニュージーランドのような未開の生態系へ人間が入るたびに、歴史上何度も繰り返されてきたパターンに一致しています。

古代人類の冒険的集団を構成した人物について、名前や世界観、お互いの関係など、私たちは事実上何も知りません。しかし、インドネシアのスラウェシ島の洞窟には、彼らの絵や手形が残されているのです。1950年代に発見され、初めは1万年前のものと考えられていましたが、最近になって約4万年前のものとされ、世界最古の部類に入るものだということが分かりました*14。手形は大人と子供両方のものがあり、時という霧の中から私たちに手を差し伸べているようで、非常に心を惹かれます。彼らは鉱物の黄土を口に含み、伸ばした手に向かって吹きかけて手の輪郭を残していました。その出来栄えは、今でもオーストラリアのアボリジニが岩肌に残している手形と非常によく似ています。

環インド洋への移住

上述のように、現生人類の小集団は約6万5000年前にアフリカを脱出し、約4万5000年前にインド洋の反対側にあるオーストラリアへ到達しました。ペルシャ湾から北インドの一帯には相当数の集団が残り、その他の集団は次々と移住していきました。

約4万年前、別の集団がインドを越えて東南アジアへ進出しました。4万2000年前の石器が最近インドの西ベンガル州プルリアで発見されたのです。確証はありませんが、これはこの移住の痕跡である可能性が高いでしょう*15。この人々が東南アジアへとたどり着いたとき、私たちが今日見ているものとは全く違う地形が広がっていたと考えられます。既に書きましたように、海面はずっと低く、海岸線ははるか遠くまで広がっていました。スマトラ島やジャワ島のような島々はスンダランドと呼ばれていました。しかし、この新しい集団はメラネシア人よりもはるかに北のルートを通り、現在のラオス、タイ、ベトナム、中国南部の一部に定住し、現在は水没している地域の周辺まで足を延ばしていたようです。

遺伝学協会が発表した最近の研究結果によると、この狩猟採集民の集団は通常Y染色体ハプログループO‐M１７５に属し、現在の東アジアや東南アジアに住む、中国人、日本人、ベトナム人、タイ人、チベット人、ビルマ人、マレー人、フィリピン人、そして大半のインドネシア人の祖先となりました*16。太平洋に散在するポリネシア人もインド東部に住む様々な民族と同様に、この集団が起源です。しかし、この段階でお話ししているのは近縁関係にある小集団についてです。この移住から派生した別集団がインド洋東海岸を植民地化し、マダガスカルへ到達した様子は後ほど説明します。

そうしている間に、ペルシャ湾、北インドの一帯から続々と新たな集団が流出していきました。ヨーロッパに向かった者もいれば、極寒のシベリアに立ち向かう者、アフリカに戻る決断をした者もいました。およそ３万年～３万５０００年前にある特定の集団がインド南部に移住しました。海岸線がはるか彼方まで続いていただけではなく、スリランカとインドはつながっていて、現在のタミル・ナードゥ州沖には広大な乾燥地帯が広がっていました。事実、地球が新氷河期に入ると海水面が下がり続けたので、新たな移民はさらに広大な大地を目の当たりにしたことでしょう。この集団は遺伝学者が「南インド人の祖先」と呼ぶものへと進化しました。これはほとんどのインド人の共通祖先となる二大集団のうちの一つです*17。別の集団はアンダマン・ニコバル諸島へ向かったようです（オンゲ族の祖先）。

中東からインド北西部地域に暮らす住民が、時折外部へ移住するのを除き定住していたと思ってはいけません。この地域の住民もまた絶え間ない変化や騒乱を経験してきたのです。遺伝学者たちがＲ１と呼んでいる男性の系統を例に説明しましょう。この系統は、最後の氷河期以前に、ペルシャ湾から北インド一帯のどこか、おそらくはイランに出現しました。約2万5000年前のある時点で、西側はR1b、東側はR1aに分岐しました*18。前者はやがて西ヨーロッパへ流れ着きました。西ヨーロッパでは、今日でもR1bが最も一般的な系統です。反対に、R1a（特にサブグループR1a1a）は後に科学者が「北インド人の祖先」と呼ぶ遺伝子カクテルの重要な構成要素となりました。ほとんどのインド人の祖先にあたる二大集団の二つ目にあたります。

インドの方はここで、南インド人の祖先（ASI）をドラヴィダ人、北インド人の祖先（ANI）をアーリア人だと考えたくなるかもしれません。それ自体には何の反論もありませんが、19世紀の間違った人種理論でよく使われる言葉なので、使うときには注意が必要です。ANIとASIは単に遺伝子カクテルが違うだけであって、「純血の」人種ではありません。しかも、私たちが取り上げているのは石器時代の集団であって、アーリア人とドラヴィダ人の対立の一部とされてきた馬引き戦車、都市、鉄製武器についてではないのです。

これは、環インド洋地域に現生人類が住み着いていった様子を、非常に簡易化、様式化した説明です。実際には行ったり来たりし、行きづまったり、絶滅しそうになったりしたことでしょう。そしてまた遺伝的、考古学的根拠がまだ出現し続けており、この歴史物語が確立したわけではないことや、それでもこの新しい情報が言語学に基づいた信憑性の低い理論よりもずっとましだということに留意してください。

ここでさらなる注意が必要となります。私たちはまだ石器時代狩猟採集民の小集団しか取り扱っていないのです。誰が死に、誰が生き残って繁栄を勝ち取るのかは、様々な要因で決まっていきます。入手できる食糧、気候変動、病気、部族紛争、指導者の決断、そして単純に偶然などです。この時のわずかな境遇の差は、後代の人口分布に大きな違いとなって現われるのです。そのため、古代人類の遺伝子データを人種的、文化的優越性というご大層な理論の根拠に用いると、的外れなものとなってしまいます。

氷河期

文明の出現に関する従来の説はほとんど、次のような流れで説明されてきました。農業は中東のどこかで「発見」され、新石器時代の移民らによってその後急速に広まっていきました。移民のこの新技術に、現地住民は驚愕しました。農業のすばらしさに魅せられ、狩猟採集民たちは続々と伝統的な生活様式から離れ、小麦や大麦の栽培に取り掛かりました。この農業への転換は、生活の質を劇的に改善し、その結果人口が安定的に増加していったと考えられています。ある時点になると、人が賑わい、町が建設され文明が出現するほどになりました。素晴らしい話ですが、これは真実ではありません。一連の出来事を理解する鍵は、最後の氷河期にあります。氷河期はおよそ3万年前から始まり、1万8000年から2万年前、氷河期がピークを向かえるまで気温は下がり続けました。氷河期のピークには、地球上の陸地の3分の1（現在は8分の1以下）、海の半分が氷で覆われていました*19。大量の水が氷となって固まってしまったため、海面は劇的に低下し、3万年前には現在の海面よりも50ｍ、ピーク時には130ｍも下がりました。

海面が低下したということは、広大な陸地が露呈したことを意味します。東南アジアでは現在のタイランド湾の大部分にあたるところにスンダランドがあり、南シナ海にまで広がっていました。南インド人の祖先は、インド洋、特に南東に広がる広大な大地を目にしていたことでしょう。北インド人の祖先は新たに一つのグループに統合されはじめました。彼らは今日のグジャラート海岸から150㎞以上も海側へ歩

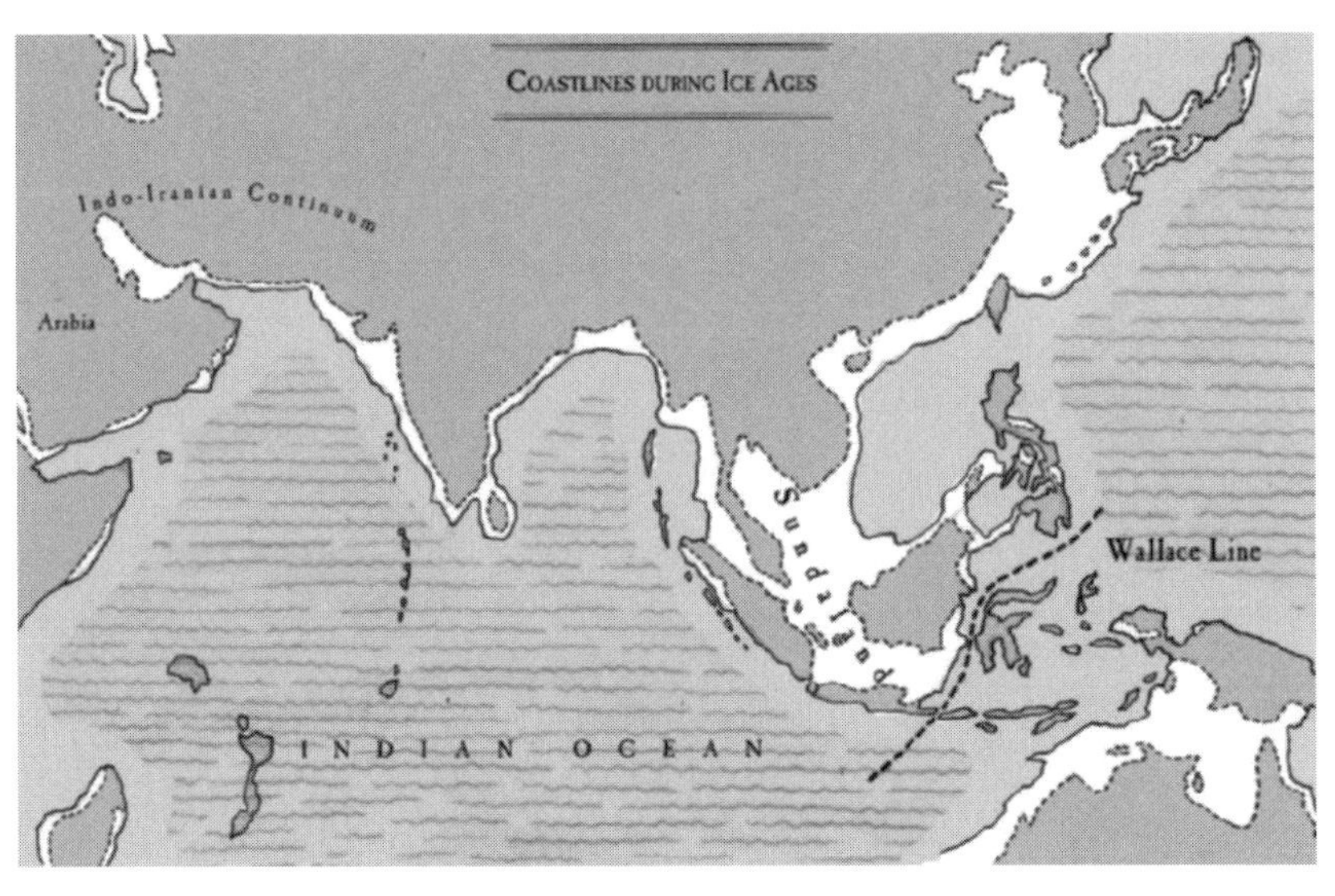

氷河期の海岸線（点線部:ウォレス線）

いていくことができたようです。

しかし、海の縮小は私たちの祖先の生活を楽にはしてくれませんでした。ただでさえ極度に寒冷化した地域が多かったのに加えて、温暖な気候の緯度でも乾燥するようになり、多くの川や湖が干上がりました。中央アジアは非常に寒い乾燥した砂漠になり、動物も人間もほとんど住めない場所となってしまいました。さらに南では、モンスーンはまだ活発ではあったものの、現在よりずっと勢力が弱まっていました。ヒマラヤ山脈は氷で覆われ、インド亜大陸の北西部にはステップ状の温暖な草原地帯が広がっていたようです。氷河期のピーク時にはベンガルのような場所でさえ比較的乾燥していたという痕跡が残っています。アフリカではサハラ砂漠の南端が５００㎞も拡大し、その一方でヴィクトリア湖はほぼ完全に干上がりました。ピーク時には、カラハリ砂漠の砂が中央アフリカのザイール川平原にまで広がっていました。

ご想像のように、急激な乾燥化の進行は大混乱を引き起こしました。そのため各地で人々は昔の狩場を捨て、残された川の近くへ移住せざるを得なくなりました。サハラ砂漠のサバンナはこれまで多くの人々の生活を支えてきましたが、砂漠化によって多くの人がナイル川へ移動するはめになりました。この乾燥化のため、ナイル川は前後の時代のような広い川ではなく、適度に入り組んだ網状の水路となり、地中海にも達していなかったことを心に留めておいてください*20。

砂漠に囲いこまれたナイル川の「オアシス」周辺に住む人たちは徐々に定住を始めました。スーダンからカイロまで広がる「オアシス」は８００kmにも及びましたが、幅は数kmしかありませんでした。おそらく現地での出生と、さらなる移住の両方が引き金となり、時とともに着々と人口が増えていった痕跡が残されています。これは当時の社会秩序をさらに圧迫したに違いありません。二つの集団の間には、最古の戦闘跡さえ残っているのです。１万５０００年前の緊迫した状況の中、ナイル川氾濫原で組織的な食糧生産の兆候が見られるようになりました。遊牧する狩猟採集民とははっきりと異なり、農場というほどではなくても、積極的にほど広い生態系を管理していました。ナイルの人々はナマズや、原生ハマスゲなどの塊茎を収穫していた痕跡が残っています。

世界各地の人々も非常によく似た経験を経て、何らかの形で農業を試みたようです。研究者たちは最近、イスラエルのガリラヤ湖付近にある2万3０００年前の農村跡を発見しました*21。農業は新石器時代の発明だとする従来の見解よりも、ずっと古いもののようです。環インド洋地域にも、新石器時代以前の農業集落があった可能性が高いのです。

エジプト文明はナイル川流域のオアシスから発展したと思われがちですが、実際の過程はもっと複雑です。１万８０００年前、氷河期のピークを過ぎると、世界は再び温暖化し始めました。海面の上昇によって海岸線は浸水しはじめ、降水量の増加によって以前まで乾燥していた地域が復活を遂げました。１万２

500年前には、ヴィクトリア湖には水が満ちてサハラ砂漠は再び人の住めるサバンナに戻りました。氷が溶け雨が増えたことで、再び川に水が流れるようになりました。一方、ナイル川の流れが勢いを取り戻したことで、「オアシス」時代に手を加えられていた生態系は押し流されてしまい、その一方で人々はサハラ砂漠へと招き寄せられていきました。こうして、世界初の「農民」はいつの間にか狩猟採集民に逆戻りしてしまったのです。サハラ砂漠の真ん中の、今では人が住めないような場所にサバンナの動物を描いた洞窟壁画があるのはこのためなのです。

インド洋沿岸部も同様に変化を遂げました。スンダランドやインドの海岸は浸水し、1万2500年前にはペルシャ湾へ海水が流入し始めました。しかし同時に、それまで乾燥していた地域は湿潤になり、より住みやすい地域となりました。サハラ砂漠と同様に、アラビアからインド西部に広がる砂漠地帯も湿度が上がって、狩猟採集民が住むようになりました*22。北半球でも同じように、氷河が溶けるにつれて気候が温暖になり、南アジアではモンスーンの勢力が増大しました。海岸線の浸水、陸地の温暖化・湿潤化の双方から、それまで人が住むことのできなかった地域へ向けて人間の大移動が始まりました。

都市から農村へ

海水面が上昇し移動するさなか、狩猟採集民はある特別なことをしていました。巨大な記念碑のような構造物を建設していたのです。1995年、考古学者がトルコ南東部に位置するギョベクリ・テペという遺跡を発掘し、驚異的な発見をしました。発掘の際、凝った彫刻の施された、記念碑のような柱状の構造物を発見したのです。石柱はそれぞれ高さ5～6m、重さ7tでした。採石場の近くでは、重さ50tの未完成の石柱も見つかっています。これはどの点から見ても重大な発見でしたが、１万１５００年前（つまりストーンヘンジより６０００年前）のものであることが判明すると、真に特別な発見となりました。つまり、これらの建造物は狩猟採集民、もしくは新石器時代以前の農耕集団によって建てられていたのです。この人々がどんな人たちで、なぜギョベクリ・テペを建設したのかは分かっていません。もしかしたら重要な儀式や宗教の中心地だったのかもしれませんし、あるいは交易の中心地だったのかもしれません。

このような場所が世界中で見つかるにつれ、話はさらに複雑になっていきました。巨大な階段状ピラミッドがインドネシアのジャワ島にあるグヌンパダンで発見されたのです。各層は異なる時代に建設されていましたが、最も古い層は少なくてもギョベクリ・テペと同じくらい古い年代のものでした。そしてここもまた、誰が何のために建設したのかは分からないのです。

そして２００１年に、インドの国立海洋技術研究所のチームが、グジャラート沖のカンバート湾で海底調査を行い、２つの大きな集落の跡を発見しました*[23]。水深が深く十分に調査ができませんでしたが、この場所が７５００年以上前に浸水した場所にあったことは注目に値します。よって、この集落はそれよりずっと前に建設されたということになります。他にも未発見の場所や、今も海底に眠る場所がまだまだあるようなのです。理由が何であれ、建設には大勢の人手が必要であり、狩猟採集民の社会は建築を支援し、この計画を援助する必要があったことについては疑いの余地がありません。ユヴァル・ノア・ハラリのような研究者は、この集落で働く労働者やそこに住む人々を養うため、農業が発明されたのではないかと考えています。つまり、都市の中心へ食糧を供給するために農業が開発されたのではないでしょうか？そこで栽培されていた原種の小麦がギョベクリ・テペからほんの数マイルしか離れていないところに自生していたのは、ただの偶然でしょうか？

私たちはその答えを知っているわけではありませんが、この新しい発見は、人類史の流れや文明の起源について確立していた仮説の多くに挑みかけています。少なくても、歴史を旧石器時代から新石器時代へ、そして青銅器時代から鉄器時代へと、直線的にスムーズに移行したものだと考えるのはやめる必要がありそうです。歴史の道のりはもう少し複雑で、色々な人々が様々な時代にあらゆる技術を採り入れ、時には時代の段階を飛ばしたり、時に引き返したりもするのです。また、よく使われる「新石器時代」のような言葉が何を意味するのか、再考する必要があるかもしれません。このような用語は、ある特定技術の使用を超えた社会的、経済的構造に関する仮定を伴っていることが多いのです。私は便宜上、本書の中でこのような用語を使用していますが、読者の方々は用語の意味が流動的であることを念頭に置いておいてください。

かつては農業発祥の地は中東に限定され、移民たちがその知識を各地へ伝えたと考えられてきました。しかし今では、既に世界各地で作物の栽培と動物の家畜化が行われていたことが分かっています。ニューギニアのメラネシア人はサトウキビを栽培していました。また彼らはバナナも栽培していたようです。しかし、インドや東南アジアで独自に別種のバナナが栽培されていた可能性もあります。米や豚は中国で生産されていました。やがて稲作は東南アジアやインドへ急速に広まっていきました。ゴマと綿はインドで初めて栽培されたようです。西アフリカではモロコシやシコクビエの耕作をするようになりました。牛はインドと中東でそれぞれ別々に家畜化されていたようです（それぞれコブがある品種とコブがない品種です）。アメリカ大陸で独自に栽培されていた様々な穀物についてはここでは取り上げないことにします。

狩猟採集民は植物や動物について非常に詳しかったはずなので、人間が農耕をするようになったのも不思議ではありません。不可解なのは、なぜ農耕への転換を厭わなかったのかということです。どう考えてみても、農耕は人々の生活を向上させたとは思えないのです。それは事前の投資と多大な努力を必要とする危険な仕事でした。なおかつ、雨が降ったり、野生動物に作物を荒らされたり、近隣の部族に作物を盗まれたりと、収穫は不安定でした。さらに、狩猟採集民が手に入れることのできた食物と比較すると、農耕で得られる食物の種類は限られていました。最も重大だったのは、動物に近く、密集した村に住むと、病気が蔓延する可能性が高くなることです。新石器時代の農地から出土した人骨を分析すると、狩猟採集民の祖先に比べて健康状態が悪く、寿命も短かったことが分かっています。これはナイル川オアシスの人々が、気候が許すなりただちにサハラ砂漠の草原へ狩りに戻っていった理由を説明しているのかもしれません。

人が農作をするようになった当初の理由が何であれ、一つ長所がありました。単位面積当たりの熱量生産が高くなったことです。定住型の生活様式は出産の間隔を狭めたとも考えられます。そのため、個人の生活水準が低下したにもかかわらず、人口は急激に増加しました。今日の中国の人口は13億人を超えていますが、男性の40％は新石器時代に生きた、たった３人の「スーパー・グランドファーザー」に遺伝子の起源を持っているのです*24。

大洪水の後

その間も気候は温暖化し続け、海岸線は浸水し続けました。約７０００年前（紀元前５０００年）、最後の洪水の発生によりペルシャ湾は完全に浸水し、ほぼ現在と同じ姿になりました。インドでは海岸線が変化し、グジャラート州のサウラーシュトラ地方は半島（一時は島でした）に変わりました。スリランカはタミル海岸から離れて島になりました。スンダランドは既に大半が消滅していて、代わりにジャワ島、スマトラ島、ボルネオ島が形成され、私たちになじみのある形となりました。

古代文明の多くには、大洪水にまつわる神話があります。聖書には、有名なノアの箱舟伝説があります。シュメール人はギルガメシュ叙事詩の中で大洪水について記していました。そしてインドには、ヴィシュヌ神に洪水の発生を警告されたマヌの伝説があるのです。マヌは大きな船を造り、賢者、植物の種、動物たちを船いっぱいに乗せました。ヴィシュヌ神は魚の姿となり、マヌの船を安全な場所へ導いたのです。生き残った者たちはヒマラヤの麓に文明を再建したと言われています。ノアの物語と酷似していることに注目してください。実際、世界中の多くの文化には大洪水の物語があり、この時期に気候変動や海岸が浸水したことの記憶なのではないかと考える人もいます。

洪水によりさらなる移住が始まったようです。言語学モデルによれば、現在の東南アジアの人口は台湾から来た移民の子孫だと考えられてきました。しかし、遺伝学モデルによると、彼らは既にスンダランドの北部に住んでいて、おそらく洪水が原因で離散したと確認されています。このグループで興味を惹かれるのは、母系制の傾向が強く見られることです。なぜなのかは分かりませんが、農業へ移行する段階で、男性が狩人または遊牧民として移動する一方、女性は定住し作物を育てていたからなのかもしれません。特に稲作をする地域では、稲の水管理に手間暇がかかるため、その傾向が強かったと思われます。女性の家系は男性の家系よりも安定していたため、社会の中で錨のような役割を担っていたのでしょう。中国人の氏族名でも、初期青銅器時代までは母系制だったことを示す痕跡が残っています。

思い出してみてください。洪水のみならず、気候帯の変化も新石器時代の人々に影響を及ぼしていました。サハラは７５００年前（紀元前５５００年）まで人の住むことができる場所でしたが、その後千年以上に渡って着々と乾燥化が進んでいきました。アラビア全土でも同様の砂漠化が起きました。後に書いていきますが、砂漠化の過程は次第に東へ進み、インド西部にまで広がることになります。

こうした変化を考えると、インド・イラン連続帯内外で移住があったと考えられます。おそらく、洪水と砂漠化に辟易していたいくつかの集団が、温暖な気候に惹かれて北へ向かったのではないでしょうか。そしてＲ１ａ１ａ遺伝子を持つ集団の１つが中央アジアを通り、最終的に東ヨーロッパに定住するようになったのでしょう。そのためイラン人、パキスタン人、北インド人は、Ｒ１ｂ遺伝子を持つ西ヨーロッパ人よりも、さらに早い時点で分離していったリトアニアやポーランドのような東ヨーロッパ人と近縁にあたります*25。ヨーロッパとインドが古代から文化的・言語的につながっていたこともここから説明できます。

ただし、その近縁関係というのは新石器時代、または初期青銅器時代のことで、鉄器時代にはありませんでした。そして移動の流れは南から北に向かい、その他にないことにも注意が必要です*26。つまり、これは鉄器時代のイラン人、インド人らがステップから「侵入」したわけではなかったのです。遺伝学者のピーター・アンダーヒルらによる論文を引用すると、「東ヨーロッパからアジアへの父系系統の大流入は、少なくとも完新世中期以降に排除された」のです*27。イラン人の遺伝子に関する独自の研究も同様の結論に辿り着いています。「ユーラシア西部から南アジアへ渡り、インド・ヨーロッパ語族拡散の要因となった父系遺伝子の流れは、確認されているどの系統にも存在しない」のです*28。

アフガニスタン人の遺伝子構成を分析すると、同じような結論となりました。ウズベク人とハザラ人（中世にやって来たことが分かっています）を除く、ほとんどのアフガニスタン人グループが新石器時代からこの全域に住んでいたのです。さらに、彼らは北インド人と近縁にあたり、青銅器時代、インド北西部のハラッパー文明と同時に別の部族に進化していったことが分かりました。ここでも鉄器時代に中央アジアからの侵略や移住が起きた痕跡はありません。実際に、2012年のマーク・ハーバーらによる研究では特に、「これまで考えられていたように、R1a1a-M17グループがポントス・ステップから進出し、インド・ヨーロッパ語族が中央アジアやインドに広まっていったとは言えない」と断言しています*29。

こうした発見はみな、2015年に発表された別の研究によってさらに確実性が高まりました。この研究では6600人の男性の遺伝子を分析し、R1aハプログループ最古の血統は約1万5500年前のインド亜大陸にあったことを発見しました。それに比べ東ヨーロッパは約1万2500年前、北ヨーロッパは約6900年前でした。これも、氷河期以降に起きた南から北への移住と一致しています*30。

そして、彼らが近縁にあたるのなら、なぜ今日のリトアニア人やポーランド人は現代のインド人やイラン人と外見が異なるのでしょうか。まず、「純血」の人種などは存在せず、その後の数千年にわたって、それぞれ異なる系統の人間と混血を繰り返してきたことを忘れないでください。次に、その違いというのは主に肌や毛髪の色であり、これはごく最近進化していったものだということも分かっています。ヨーロッパの狩猟採集民の遺体から抽出されたDNAの分析では、ヨーロッパ人の肌が白くなっていったのは紀元前5000年と最近（つまり移住後）のことではないかと言われています。しかし北ヨーロッパ先住民の中には、もっと早い時点で肌が白くなった人がいたのではないかと私は考えています*31。

紀元前4500年頃には洪水と砂漠化によって、エジプトのナイル川とメソポタミアのチグリス・ユーフラテス川沿いに人口が集中するようになりました。インド亜大陸はまだ比較的湿潤でしたが、インダス川、サラスヴァティ川のほとりにも集落が出現しました。人類史の上で、文明という大きな一歩を踏み出す舞台が整ったのです。

第3章 メルッハの商人

従来の見解では、農業は中東で興り世界各地へ伝播していったとされてきました。これはヨーロッパの場合は、概ね正しいと言えます。氷河期の後に、南や東から再移住が起きた痕跡があったからです。しかし、この一方向的な移動は他の地域には該当しないので、これは文明が中東で始まったとする聖書的な世界観の名残りと見るべきでしょう。農業は世界各地で独自に興り、環インド洋には様々な集団があったことが今では明らかになっています。このように環インド洋史は、この集団の進化、長距離にわたる相互作用によってごく早い段階から織りなされてきたのです。

インドの古代農民

インド亜大陸最北西部で最古の農耕跡が見つかると、考古学では当初、公平に見た上で従来の説が支持されました。現在のパキスタンにあるバルチスタンで行われた初期の発掘調査で、この地がインド亜大陸初の農耕集落があった場所とされたのです。ボーラーン渓谷のメヘルガル遺跡は最も記録に残っており、紀元前6千年以前（つまり8000年前）に人が居んでいたと見られています。ここで狩りから動物の家畜化へ、大きな変化が起きました。古い地層では主に、ガゼル、アクシスジカ、サンバー、ブラックバック、ニルガイ、アフリカノロバなど野生動物の骨が出土しました。ゾウまでいたようです。現在のバルチスタンの乾燥した気候条件では、野生下で生息できない動物がいたことは注目に値します。新しい層で出土する骨は次第に牛、山羊、羊へと変わっています*1。

大麦はこの地域で作られていた最古の作物でした。その頃バルチスタンは、原生大麦の自然生息域だったと考えられています。そのため、ここで少なくても一種類の大麦が栽培されていた可能性が高いのです*2。その少し後、メヘルガルの住人も小麦を栽培し始めたことが分かっています。バルチスタンはインド・イラン連続体にあり、人が行き交い、貿易による往来があったことを思い出してください。そのため、早い段階で中東から小麦を入手していた可能性が高いのです。

しかし新しい考古学的発見によると、インド北部に散在する無数の集団内では、多少の差はあれ、農業はほぼ同時期に出現していたのです。例えば、新石器時代の農村集落は、現代のイラーハバードのすぐ南に位置する、インド中部のヴィンディヤ山麓で発見されています。そこでバルチスタンと同時期の遺跡が40も確認されたのです。面白いことに、インド中部に住む人々は原生の米も農作で収穫した米も、両方食べていました。現在、米は中国で栽培されるようになったと考えられているので、東南アジアを経由してインドに伝わってきたようです。しかし、原生米の方は今でも広範な地域に自生しているので、インドでも独自に米が栽培されていた、とも考えられます。

また、インド中部の遺跡でも動物の骨が発見されています。牛、鹿、山羊、イノシシ、そしてなんと馬までいたのです*3。これは気候が変化したことや、さらに南のマディヤ・プラデーシュ州にある、石器時代のビームベートカー遺跡で、岩に描かれた馬の絵が発見されたことと一致しています。つまり、馬は中央アジアで家畜化され、鉄器時代にインドにやってきたという一般的な考えに反し、インド人はかなり昔から馬に親しんできたようなのです。新石器時代の遺跡は今も続々と発見され、発掘され続けているので、この時期についてはっきりとした事はまだ分かっていません。前章で指摘しましたように、さらに古い時代の集落が沿岸部、特にグジャラート沖の海底に今も眠っているかもしれません。

面白いことに、農業が南インドへ広まった時期はかなり遅かったようです。この背景には何があったのでしょうか。これまで見てきたように、狩猟採集民は必ずしも農耕に感銘を受けたわけではありませんでした。南の気候風土では、それまでの生活様式を維持することができたからなのかもしれません。農業集落が出現した際の分布はこれと同じくらい注目に値します。クリシュナ川とその支流のトゥンガバトラー川付近に集落が集中していたことが分かります。対照的に、南東部の沿岸地域（タミル・ナードゥ州とアンドラ・プラデーシュ州）に古代農業集落の痕跡はほとんど残っていません。不可解なことに、この地域にはもっと古い時代から人間が活動していた痕跡があるのです*4。おそらく、新石器時代の遺跡は付近の川に流され泥に埋もれてしまったのでしょう。海岸線の変動によってタミル海岸沖の広大な土地は浸食され、海岸付近にあった集落は水没したと考えられます。私自身の考えでは、漁という大きな賭けに出るか、それとも野菜の成長を見守るかという選択に直面して、若者たちはきっと当然の決断をしたのではないでしょうか。

サハラとアラビアを覆うサバンナの草原は、比較的穏やかな気候を数千年経て、紀元前4500年頃から再び乾燥し始めました。砂漠が浸食を始めると、そこに住んでいた人々はエジプトのナイル川とメソポタミアのチグリス・ユーフラテス川沿いに集まり始めました。どちらの川でも農耕社会が既に成立していました。人の流入により人口は急増しましたが、氷河時代の乾燥期と異なり主要河川はそのまま流れ続けていました。インド亜大陸北西部でも、農業が盛んになる一方で乾燥化が進んでいきました。

困窮していく土地を管理する必要があったからこそ、この地域全般に複雑な政治、並びに社会、文化の制度が出現していったのでしょう*5。言い換えれば、こうした河川文明の中心は逆境から誕生し、初の王国、国家建設に至ったのです。メソポタミアでは、シュメール人の都市国家が台頭しました。紀元前3100年ごろには、上下エジプトはメンフィスを首都として統一王国になりました。

一方、インド亜大陸では、二大河川と支流沿いに集落が形成されていきました。一つはインダス川で、もう一つは今では涸河床となってしまったガッガル川です。衛星写真や地上調査により、ガッガル川はかつて、現代のヒマラヤ山脈のチャンディーガル付近から始まり、ハリヤーナー州、ラジャスターン州、シンド州を流れ、グジャラート州のカッチ湿地を通り海に流れ込む大河だったことが確認されています。サトレジ川とヤムナー川を支流とし、当初はインダス川と同じくらいの水量を誇っていたようです。

何十年もの議論の末、慎重派の学者も概ねガッガル川がヒンドゥー教の古典でサラスヴァティ川と呼ばれていた川と同じであると認めています*6。サラスヴァティ川流域には、インダス川流域よりもはるかに多くの集落群があったことから、この川の重要性が窺えます。そのため、この文明は現在インダス渓谷文明ではなく、インダス・サラスヴァティ文明と呼ばれています。最大の都市の一つ、ハラッパーにちなんでハラッパー文明とも呼ばれています。

ハラッパー文明には３つの段階がありました。発見されている中で最古のハラッパー遺跡はハリヤーナー州ビーラナに位置し、サラスヴァティ・ガッガル川の土手にあります。これは放射性炭素年代測定によって紀元前７０００年前のものと特定されています*7。これは亜大陸最古とされてきたバルチスタンと、少なくても同じくらい古いことになります。この地域の集落が古代にたどった進化というのはまだ分析中で、完全には解明されていませんが、最も古い段階はモンスーンの雨が増加した時期と一致しています。しかし、紀元前５０００年頃から、モンスーンは次第に弱まっていきました（とはいえ、現在よりはずっと強かったのです）*8。そしてエジプトやメソポタミアと同じように、この川沿いに集落が密集するようになりました。紀元前３２００年、エジプト統一と同じ頃には、サラスヴァティ、インダス川両盆地にはハラッパーの集落がたくさんあったことが分かっています。この「初期」段階は紀元前２６００年頃まで続きました。

次の段階はよく「ハラッパー成熟期」と呼ばれ、紀元前２６００年から紀元前２０００年まで続きました。この時期には、モヘンジョダロ、ハラッパー、ドーラヴィーラ、カーリバンガンなどの人都市が台頭しました。この集落の中には既に前段階で存在していたものもありましたが、この時桁違いに拡大しました。最近の発掘調査によれば、中でもハリヤーナー州ラキガリーは最大で、ここもサラスヴァティ・ガッガル盆地にありました。しかし、考古学的根拠から、紀元前２０００年以降には確実に衰退していたということが分かっています。都市は放棄され、市政は悪化し、経済的ストレスの兆候が見られるなど、衰退の一途をたどっていきました。中には奮闘した集落もありましたが、「後期」ハラッパー時代は紀元前１

400年頃滅亡しました。これは簡易的な年表であり、それぞれの遺跡で多少異なる過程をたどりました。ハラッパーの人々は、ピラミッドのような巨大建造物は建設しませんでしたが、人口の規模、都市の洗練度、文明の地理的範囲の広さにおいては、同時代のエジプト人やシュメール人らを凌駕していました。最盛期には、北はパンジャーブから南はグジャラート、西はバルチスタンから東は現在のウッタル・プラデーシュにかけてハラッパーの集落がありました。アフガニスタン・タジキスタン国境にあるショールトゥガイや、パキスタンとイランの国境近く、現在のグワーダルからそう遠くない場所に位置するソトカーゲンドールのような小さな町も見つかっています。

海の中心地ドーラヴィーラ

本書の海洋的な指向を考慮して、ここではインドのグジャラート州にあるハラッパー遺跡を見ていきます。この地域で膨大な考古学的発見があった背景を理解するために、まずはハラッパーの人々が集落を築いた際の状況から見ていきましょう。まず、インド西部は今よりずっと湿潤でした。モンスーンによる雨の勢力が強かっただけでなく、カッチ湿地はサラスヴァティ川とインダス川両方から清流を受けていました。インダス川の河口は今よりずっと東にあり、大きな支流の一つがカッチ湿地に流入していました。実際につい最近の植民地時代、1819年の大地震で川の流れが変わるまで、インダス川はかつてカッチ湿地に流れ込んでいました。半ば放棄されたラクパトの要塞都市は今も、かつてインダス川がアラビア海に流れ込んでいた水路を守り続けています。次に、ハラッパー時代の海抜は現在よりも数メートル高く、サウラーシュトラ半島は島でした。そのため、現在のカッチ湿地の干潟や沼地は船でゆうゆうと航行ができ、カンバート湾へ向かうことができました*9。

ドーラヴィーラは今日、内陸にあり海から遠すぎて港として機能するようには見えないかもしれませんが、地図に示したように、紀元前3000年には戦略的要衝だった島に建っていたのです。西のアラビア海からも、南のカンバート湾からも同じように小舟で航行することができました。ドーラヴィーラから来た小舟もまた、インダス川を上っていくことができたと思われます。少なくともはじめのうちは、サラスヴァティ川を上って川岸にできた都市へ航行することができたと考えられます。つまり、ドーラヴィーラは非常に重要な商業の中心地として、そしておそらく軍事拠点として機能していたのです。

紀元前2600年頃からはサラスヴァティ川が枯渇し始めた痕跡が残っています。正確な原因は未だに不明ですが、インド北部の地殻変動により、シュトレジ川がインダス川

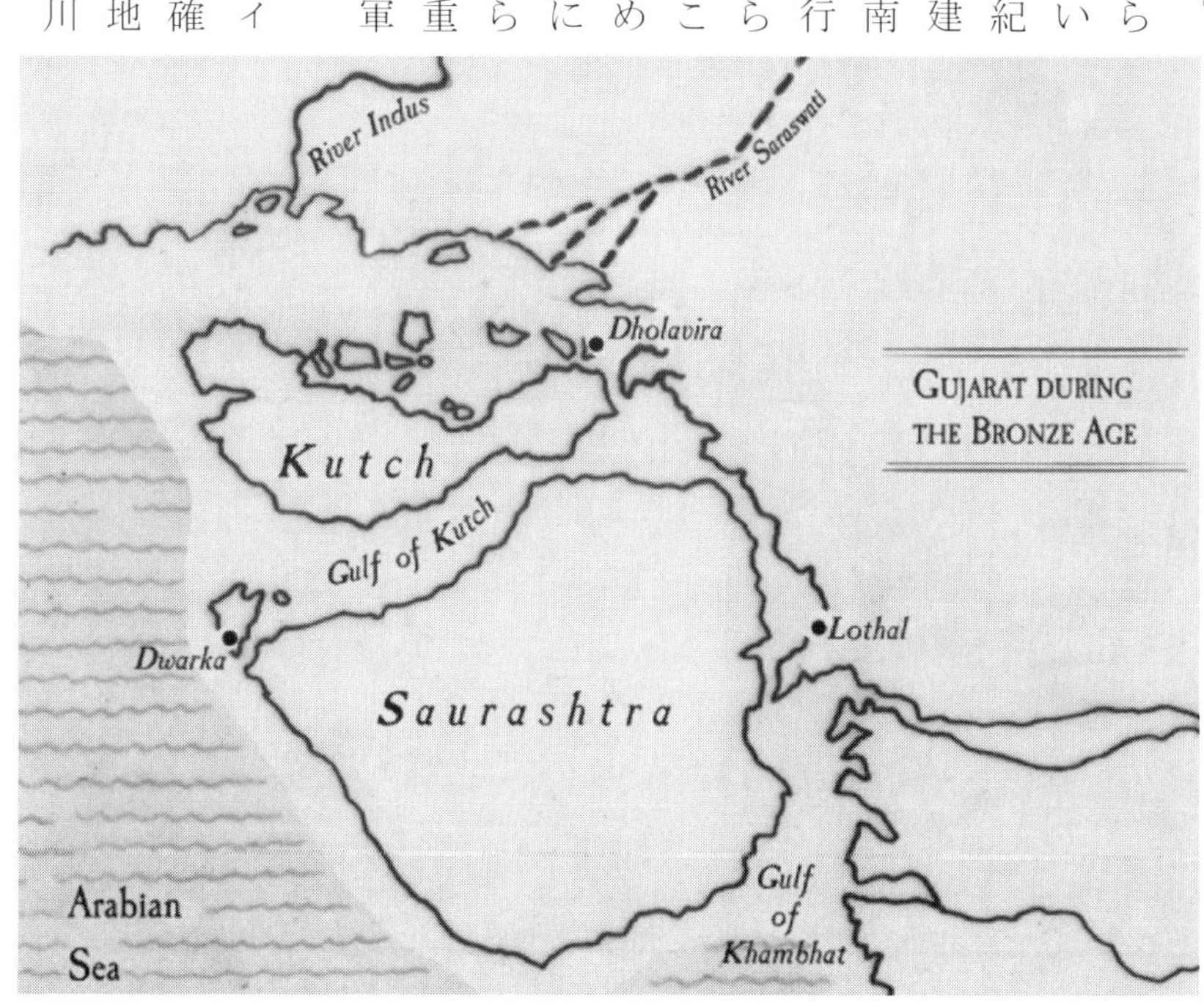

青銅器時代のグジャラート

へ、ヤムナー川がガッガル川へ遷移したためだと考えられています。二つの支流の遷移がいつ起きたのか正確な時期については議論がありますが、成熟期の大都市建設よりもずっと前に起きたということはまず確かだと言えます。これはサラスヴァティ川から、氷河の水が絶えず流れていた重要な水源二つを奪ったのでしょう。それでも当初は雨量が非常に多かったのです。雨水を受けていたサラスヴァティ川に雨が降り注がなくなると、サラスヴァティ川は依然として重要な河川ではあったものの、時を経るとともにドーラヴィーラまでの航行はできなくなってしまいました。

面白いことに、ハラッパー文明の成熟期は、サラスヴァティ川が既に衰退し始めていたと思われる時期に始まったようなのです。この時期、インダス川、サラスヴァティ川の両岸に沿って、村や高度な都市群が急増したことが分かっています。ハラッパーの人々がなぜ、干上がっていく川沿いにこれほどの都市を建設し、投資したのかは不明です。現在の川を適切に管理しなければ、もしかすると未来の考古学者が21世紀の都市遺跡を発掘し、同じようなことを疑問に思うのかもしれないのです。

一方、ドーラヴィーラの都市群は大幅に拡大しました。この遺跡には要塞化されたアクロポリスと「下町」がありました。ある時期には、人口増加に伴い町が拡大し、旧下町は「ミドル・タウン」になり、拡大した地域が新しく下町となりました。ある城門の近くでは木製の看板が発見されています。文字が解読されていないので何と書いてあるのかは分かりませんが、私の推測では「牛車は牛舎に停めてください」のような、何かありふれたことが書いてあったのではないかと思います。

成熟期のグジャラートでは集落の急増が起き、サウラーシュトラ島、カッチ湿地でも同じようなことが起きました。中でも、ロータル遺跡は最も有名な遺跡の一つで、水門と用水路を使って水位の調節ができる大きな造船所が発見されました。造船所の隣の遺構には、倉庫と思われる建物と、レンガ造りの台が並んでいます。厳しい税関の検査官が品物を調べ、抜け目ない商人が賄賂を贈ろうとしているところが目に浮かぶようです。ロータルは現在、海から数キロ離れているので、現代のロータルを訪れた人はきっと、かつてドーラヴィーラからロータルまで船で行き来できたと知ったら驚かれるでしょう。実際に、ロータルはカンバート湾を北上してドーラヴィーラに向かう船舶の税関検査所だった可能性が高いのです。西からやってくる船舶に対しては、おそらくハラッパー時代の錨が多数発見されているベット・ドワルカに同じ様な検査所があったと考えられています。

ハラッパーの人々は国内貿易のみならず、中東と強い経済的な繋がりを持っていました。これを示す痕跡は数多く残っています。グジャラートから来た商船は交易をしながらマクラン海岸沖を航行していました。彼らはグワーダル近辺に停泊し、ソトカーゲンドール（現在のパキスタンとイランの国境近辺）の居留地を訪れていたようです。もう少し西では、ジローフト文明の人々とも交流があったようです。このジローフト文明というのは最近イランの南東部で発見されました。この人々について確かなことはほとんど何も分かっていませんが、考古学者たちはハラッパーのものと同じような印章や、ハラッパーと文化的に強い繋がりがあった兆候を発見しました＊10。特に、イラン南部の青銅器時代の遺跡からは、コブ牛の絵がいくつも発見されています＊11。面白いことにコブ牛はインドに起源があり、ハラッパーの図像でよく見かけるのです。つまり、グジャラートからイラン南部までの海岸線一帯にはまだ人がたくさん住んでいて、経済的・文化的に強い繋がりを持っていたのです。このような繋がりは青銅器時代の交易の結果なのでしょうか、それともイラン南部のジローフト人とハラッパー人が石器時代にさかのぼる遠い共通祖先を持つためなのでしょうか。

イランへ船出したハラッパー人は、やがて狭い海峡を越えてオマーンへ向かいました。アラビア半島最東端にあるラス・アル・ジーンズを発掘した考古学者たちは、20%以上の遺物がハラッパー由来であることを発見しました。この時期からオマーン各地でハチの巣状の奇妙な「墓」が散見されるようになりました。こうした場所のほとんどは今や乾燥し人が住むことはできません。しかし青銅器時代にはずっと湿潤な地域にあったのです。

この建造物を建てた人たちは、ほぼ間違いなく旅のインド商人と交流があったのでしょう。この商人たちの多くはやがてはるかペルシャ湾へ進み、バーレーンへと船出していきました。バーレーンではハラッパーの印章や陶片、ビーズが数多く発見されています*12。

さらに西へ進むと、キシュ、ニップル、ウルのような古代メソポタミアの都市でも、ハラッパーにゆかりのある遺物が見つかっています。アッカド王サルゴン1世（紀元前2334年～紀元前2279年）の記録では、ディルムン、マガン、メルッハ（すなわちバーレーン、オマーン、そしてグジャラート州・シンド州の港）の船舶について記述がありました。ただし、インドとメソポタミアをつないだのは海上ルートだけではなかったことにご注意ください。ハラッパー北部の都市からアフガニスタンやイラン中部を通り、メソポタミアへ向かう陸路も存在していました。またマクラン海岸沿いにバルチスタンやイラン南部を通るルートもありました。

インドとの交易は、ペルシャ湾地域一帯に大きな影響を与えました。例えば、ハラッパーの度量衡はこの地域の基準となりました。この地域の人々はハラッパーの印章も模造していました。それは長い経済的、文化的関係の始まりであり、盛衰しつつ今日まで続いているのです。つい最近の1960年代まで、インドルピーはオマーン、カタール、バーレーン、アラブ首長国連邦で法定通貨として使用されていました。一時、インド準備銀行がこの国々での使用を目的として特例湾岸ルピーを発行していたこともありました。

インドルピーが大幅に下落した１９６６年6月になって、この国々はようやく自国通貨を発行し始めたのです（バーレーンだけは既に数年前から移行を開始していました）＊13。

今日、このような関連性の代表例として、湾岸諸国に住み働く大勢のインド人が挙げられます。これもまたハラッパー時代に起源があるのです。メソポタミアの碑文には、メルッハ人はシュメール人の町の内外に独自の「村」や、専用の飛び地を持つほど存在していたと記されています。このインド人たちがそこで何をしていたのかは定かではありません。商人、職人、傭兵などがいっしょに暮らしていたのでしょう。しかし青銅器時代メソポタミアの活気あふれる経済の中で、重要な役割を担っていたようです。個人の記録もわずかに残っています。例えば、メルッハの通訳者でシュ・イリシュという人物が所有していた円筒型の印章があります（もちろん彼はハラッパーの言葉を知っていただけで、インド人ではなかったのかもしれません）。面白いことに、乱暴者のメルッハ人が、喧嘩でウルルという人物の歯を折ってしまい、その賠償として銀貨十枚を支払わされていたことまでわかっているのです＊14。

ハラッパー人の輸出品として考えられているのは、カーネリアンのビーズ、計量器具、計測器具、さまざまな種類の木材、壺入りのギー（精製バター）、そして最も重要だったのが、綿織物です。綿はインドで栽培され、綿織物は歴史を通じて重要な輸出品でした。不可解なことに、ハラッパー人が何を引き換えに輸入していたのかは分かっていません。ハラッパー遺跡からは、ペルシャ湾沿岸地域で生産されたと断言できるものは何も発見されていないのです。おそらく、デーツやワインのような生鮮食品を輸入していたのでしょう。他に、オマーンから銅を輸入していた可能性も考えられます。古代銅山跡がいくつもそこで発見されているからです。ハラッパー人には、ハリヤーナー州とグジャラート州の境界近辺にあるケトリのような独自の銅山もありましたが、グジャラートのハラッパー人はオマーン銅を好んだようです。

ヴェーダを作ったのはハラッパー人なのか

考古学遺跡が豊富にあるにも関わらず、ハラッパー人についてはあまり詳しく分かっていません。彼らがどんな言語を話し、どんな神々を崇拝していたのか、彼らの文書は一向に解読できていません。それが統一王国だったのか、それとも同じ文明を共有する都市国家群だったのかさえ分かっていないのです。この問題は歴史学者の間で激しい論争の的となっています。

いちばん手がかりを探しやすいのはリグ・ヴェーダです。リグ・ヴェーダというのは、ヒンドゥー教最古の聖典で、最も重要な聖典の部類に入るものです。リグ・ヴェーダは古代サンスクリット語で書かれており、聖賢(リシ)や哲学詩人の手で何世代にもわたり編纂されてきました。今も広く使用されており、神々を讃える賛美歌と詠唱の「巻」が10巻収められています。この文献は主に宗教的な慣例や哲学に関するものが多いのですが、賛美歌を作った人々の社会的、地理的背景についても分かることがあるのです。

リグ・ヴェーダは紀元前1500年頃、中央アジアからインドへやって来た、いわゆるアーリア人によって編纂されたというのが従来の見解でした。問題なのは、その時期が全く特定できず、大規模な侵略や移住の考古学的、遺伝的痕跡が全くないことでした。リグ・ヴェーダ自体は侵略や移住について認識しておらず、中央アジアに関する記載もありません。編纂者は中央アジアや南インドについて全く触れてはいたものの、文中に記していない可能性も考えられます。ですが、その地理学的な範囲は概ねサプタシンドゥ、すなわち七大河の国と呼ばれた地域に集中しています。

私の前書「Land of the Seven Rivers: A Brief History of India's Geography」でより詳しく書いてい

ますが、サプタシンドゥは比較的狭い地域で、現在のハリヤーナー州や隣のパンジャーブ州、ラジャスターン州の一部に広がっていました。そこはもともと、十部族同盟軍を破ったバラタ族の故郷でした。リグ・ヴェーダによると、パンジャーブ州ラービー川のほとりにあったということです。その後、彼らはヤムナー川河畔の族長を破り、東へ帝国を広げていきました。こうしてバラタ族は亜大陸初の帝国を築きました。バラタ族という民族名をつけたことから、インド人は今も自国をバーラトと呼んでいるのです。またこの書物は、北はヒマラヤ山脈、東はガンジス川、南は海、そして現在のパキスタン北西辺境州の川を含む、広大な地域にまつわる知識をうかがわせています。これはハラッパー文明の地理的な痕跡と概ね一致しています。つまり、青銅器時代に同じ地理学的空間を占めていた大文明の遺跡や膨大な数の文献が残っているのです。確かに、これを同じ民族のものだと考えるのも無理はありません。

前章の遺伝学的根拠を考慮すると、ハラッパー人のほとんどは、最終氷河期末期頃に北インドで合流したＡＮＩ遺伝子プールに起源を持っていたようです。しかし、地理的に広大で交易も盛んだったことから、この文明は多国籍文明だったようです。リグ・ヴェーダの人々は、広大なハラッパーにいる一部の人間だったのです。

考古学的根拠も同様に裏付けをしています。例えば、聖火の祭壇がカーリバンガンのような無数の地点で確認されていますが、そこから大きな宗教的建造物は全く発見されていません＊15。ヴェーダ時代のヒンドゥー教徒は熱心に炎の祭典を行っていましたが、寺院建築、偶像崇拝は行っていなかったことが分かっているので、これはまさに期待通りの発見でした。

追加で考慮すべき点もあります。リグ・ヴェーダには、サラスヴァティ川が最大河川として繰り返し登場します＊16。明らかにこれはヴェーダ時代の地形のうち最も重要な地理的特徴です。ガンジス川がわずか2回しか登場していないのに対し、サラスヴァティ川には45の讃歌が捧げられています。この賛歌のうち一つは、その川をはっきりとヤムナー川とシュトレジ川の間だと位置づけています。それはまさにガッガルの涸河床が位置していたところです。重要なのは、後の文献とは異なり、これが枯れた川ではなく満ち流れる川として賛歌に歌われていることです。これにより、この文書がまさしく紀元前２０００年以前、そしておそらくは紀元前２６００年以前の、古代ハラッパー文字が使用され始めたころに書かれたことが分かります。学者方から反論があろうことは承知ですが、手に入る根拠からすればこれが一番単純明快な説明となります。他の説明ではどうしても、複雑な説明やとんでもない曲解を生じるのです。この時代についてはまだ新しい情報が入り続けていて、今後の十年間でもっとはっきりとした形になっていくはずです。

遺伝子の撹乱

ハラッパーの大都市は、紀元前2千年頃まで繁栄していましたが、突然、経済的・社会的情勢が悪化しました。青銅器時代に他文明にも影響を与えた、別の気候変動が原因だったということが研究により確認されています。ケンブリッジ大学の科学者がハリヤーナー州の古い年代の川底を調査した結果、４１００年前のインド北西部で夏のモンスーンが突然弱まったという決定的な証拠が発見されました*17。

この気候変動はインドに限った出来事ではなかったことに留意してください。同じようなことがエジプトやメソポタミアでも重ねて起き、大きな経済的・社会的混乱を引き起こしたのです。イランのジーロフト文明は消滅し、忘れ去られていきました。エジプト古王国は崩壊し、国は再び上下エジプトに分断されました。メソポタミアでは、アッカド帝国もまた紀元前２１００年ごろ崩壊しました。「アッカドの呪い」という哀歌は、何が起きたのかを描いています*18。

都市建設以来初めて
　大農園では作物が実らず
　川では魚が育たず
　灌漑果樹園ではシロップもワインもできなかった
　雲はかかれど雨は降らず、マスグルムも育たなかった

当時、１シェケル銀貨分の油はわずか０・５クォートでした。

　１シェケル分の穀物がたった２分の１クォート…
　どの町の市場でもこんな値段で売られている！
　屋根の上で寝ていた者は、屋根の上で死んだ
　家の中で寝ていた者は、葬られることもなかった
　人々は空腹にもがき苦しんだ

インド北西部でもおそらく、モンスーンの雨が弱まった時に、何か同じようなことが起きたのだと思われます。既に衰退していたサラスヴァティ川はその流れを完全に止めたようです。ヴェーダ以降の文献は、

川が地下へ「消滅」した様子を語っています。ハラッパーの人々は乾燥状態に適応しようと、生産性の高い小麦や大麦から干ばつに強いキビに転作した痕跡が残っています*19。そこで問題だったのは、この新しい作物の収穫量では、地方の小さな集落を支えることはできても、都心の人口を支えきれなかったことです。ハラッパーの都市はもはや限界を迎え、人々は水を求めて移住し、一つまた一つと放棄されていきました。東のヒマラヤ山麓やガンジス平野へ移住した集団もいたことでしょう。グジャラートから来た者はナルマダ渓谷やタプティ渓谷へ南下していったようです。また、さらに遠くへ流れていった者もいたのでしょう。

この移住は、遺伝子の記録にもはっきりと残っています。ANIとASIの人々は、紀元前2100年頃に突然、急に混血する時期を迎えました*20。ASIグループの一部が北へ移住し、それと同時にANIグループが南や東へ移動したことによって、この混血が加速した可能性があります。この二大遺伝子プール内での混血は、今日のインド人人口の大半に寄与しています。もちろん、インドは巨大で多様な国家です。この単純なANI-ASI構造に当てはまらない集団もたくさんあります。しかし、この二大集団が一つになったということは、インド史上で非常に重要な出来事であり、事実上私たちの知るインド文明を興す引き金となったのです。

遺伝子マーカーはこの混血が2000年以上続いたことを示しており、あまりにも長期に及んだために、もう「純血の」ANIとASIは存在しません。最新の研究ではこんなことも分かっています。「ANIとASIの混血について最も注目すべき点は、インドのほぼすべてのグループの中に残り、広く浸透していったという点です。これは伝統的にカースト上位のグループにとどまらず、伝統的にカースト下位のグループや少数民族にも影響を与えました。過去数千年にわたる混血の歴史の中で皆が一つとなっているのです」*21。つまり、この混血を経た結果、インド人の大半は古来の出自に関係のない、非常に深い相互関係にあるというのです。この科学的発見で、「純血人種」があると思っている人たちがもし気を悪くされたなら申し訳ありません。

そして西暦１００年頃（新しい研究では西暦５００年とされています*22）、様々なカーストや民族が厳格に族内婚をするようになったため、この混血は突然止まりました。この理由ははっきりと分かっていません。インド最古の文献ではカーストは全く定まっておらず、後代の文献で厳格になったようです（族内婚をしていましたが、カーストの多くは現代に至るまで相対的な地位が定まっていませんでした）。カーストに関する詳細はこの本の範疇ではありませんが、インドのカースト制度は「族内婚と族外婚の積み重ね」であるというビーム・ラーオ・アンベードカル博士の主張を遺伝学は大々的に裏付けています*23。

ハラッパー人は東や南へ移住し、その技術や文化を広めたのでしょう。歴史家の間では、文化的・技術的影響がインド北西部から東部や南部へ、そして東南アジアへと一方向に流れていったと考えるのが主流のようです。この仮定はインド史の記述に基づいていましたが、結局は全く間違った印象を与えることになってしまいました。実際には、ハラッパー人が定住した地域には既に人が存在し、おそらく都市もありました（予備調査によると、バラナシはハラッパーの都市と同じくらい古い可能性があります*24）。このように、インド文明は逆方面から流入する影響力も多く、人、思考、影響が多方面から流れこむ、複雑な過程の結果だと言えるのです。それはしぶきを上げ渦巻く激流であって、敷かれたレールの上を走る蒸気機関車のようなものではないのです。インド南部に住んでいた人々は青銅器時代には高度な都市を築いていなかったかもしれませんが、鉄器時代を立ち上げたのは彼らだったのです。

北インドでハラッパーの大都市が建設された一方で、南インドの人々は石器時代の集落や狩猟採集民のコミュニティに暮らし続けていました。南インドは青銅器時代というものを飛ばしてしまったのです。これはおそらく、この地域には銅の鉱石が不足していたためでしょう。そして紀元前３０００年紀後半、彼らはなんと鉄の技術を発明したのです。従来の見解では、鉄は中央アジアからやってきた侵略者がもたらしたものだと考えられてきました。しかしここ２０年間にわたる考古学調査により、鉄が初めに大量生産された可能性が最も高いのはインドだということが分かったのです。

当初は紀元前18世紀ごろ、ガンジス平野中部で最古の金属使用が確認されたと言われてきましたが、はるか南でもっと早い時期から行われていたようなのです。ハイデラバード大学の学生が２０１４年から２０１５年にキャンパスを発掘調査した際、驚きの発見をしました*25。紀元前２４００年から紀元前１８００年頃のものとされる武器等、鉄の遺物がたくさん見つかったのです。これはまぎれもなく、世界最古の組織的な鉄の使用でした。中央アジアの侵略者が有していた軍事的優位には及びませんでしたが、鉄製武器は特有の技術的優位を誇っていたのです。

インド・イラン人

もし中央アジアからの「侵略」がなかったとしたら、ヴェーダ時代のインド人と古代イラン人の深い文化的な繋がりはどう説明できるのでしょうか。例えば、古代ペルシャの宗教であるゾロアスター教最古の聖典は、ヴェーダのサンスクリット語とよく似た言葉で書かれています。今日まで、ゾロアスター教徒は炎の祭典や聖なる糸などの、ヴェーダの伝統によく似た儀式や習慣を行ってきました。「Land of the Seven Rivers」でも書きましたように、一つ考えられるのは、この類似性が西へ移住したインドの民族に由来しているという可能性です。ヴェーダの文書と違って、古代イラン人は「本来の故郷」について記していいます。彼らはまた、サラスヴァティ川やサプタシンドゥの知識も持っていたようです。ペルシャ人はおそらく、バラタ族に敗れた十部族同盟の一つ、パルス族の末裔であろうと考えられています。

もう一つ考えられるのは、この文化的な繋がりは、イラン人と北インド人が青銅器時代まで同じ連続体の一員だった事実を反映しているに過ぎないという可能性です。地理的に近いのになぜ、中央アジア人との交流を促進する必要があったのでしょうか？　ジローフト文明の遺跡はイラン南東部にあり、ハラッパー遺跡最西部にとても近いのです。そのためジローフト文明の位置については特に興味を惹かれます。コブ牛の交易と使用の痕跡があることから、インド北西部から拡大した民族集団の一部だったのかもしれません。紀元前２０００年以降、イラン東部やバルチスタンでは、ますます気温が上昇し、乾燥化が進みました。ジローフトの人々はファールス州のある西へ移動したと思われます。ファールスの古代名は「パルサ」であり、ここからペルシャ人は特定の国民として認識され始めたのでした。ファールスはイラン南部にあり、中央アジアからの移民であれば想定されるような北部ではなかったことに注意が必要です。

中東においてヴェーダと関わりがあったのはペルシャ人だけではありませんでした。ミタンニと呼ばれる軍事エリート集団が東からイラク北部へ移住し、紀元前２０００年紀の中旬、この地域を支配するようになりました。紀元前１３８０年、彼らはヒッタイトと条約を結びました。この合意は、ヴェーダの神インドラ、ヴァルナ、ミトラ、ナーサティアの名において執り行われました。この地域にミタンニ人が到来し、またインド発祥の技術である鉄が導入されたのも、おそらく偶然ではありません。インド南部で初めて鉄の大量生産が行われてから、５世紀経っていたことは注目に値します。

ミタンニ人とは何者だったのでしょうか。古代インドの文献に登場する、北西部へ移住した「メレッチヤ」、つまり野蛮人と呼ばれた戦闘民族と関係あるのでしょうか。ミタンニ人が到来するまで鉄は、中東では貴金属として扱われていました。アナトリア（現在のトルコ）では、隕石に含まれるわずかな鉄が高級品の製造に使われていましたが、鉱石から大量に生産する方法はまだ知られていませんでした*26。ミタンニはイラク北部に帝国を建国するために鉄を使用したようです。しかし、敵であるヒッタイトはすぐにその技術を習得し、両者は鉱石の採掘地をめぐって幾度も戦いを繰り広げました*27。戦争はヒッタイトの勝利に終わり、紀元前13世紀、アッシリアの台頭に伴いミタンニは二つの勢力に潰されてしまいました。しかし、インドの技術を駆使し、ヴェーダにまつわる人々が存在したということは、紀元前２０００年代にインドから移住してきた部族がいることを示しています。

私はインド内部への一方向的な移住を、インド外部への一方向的な移住に置き換えようとしているのではないと言うことは明言させていただきます。人間や文化の動きが様々な方向に、様々な理由で、様々な時期に起きていたと思われる非常に長い時間を私たちは取り上げているのです。石器時代以降、ほぼ同じ遺伝子プール、またはほぼ同じ文化的プール内で、人々はインド北部とイランの間を自由に泳ぐがごとく移動していたようです。氷河期末期には、ある一派が中央アジアを植民地化し、そこからさらにある一派が東ヨーロッパに移住しました。アジアに残った者は交流を続けたのでしょう。インドで同じグループの階層間において遺伝子が混合しているように見える理由は、この往来によって説明できるかもしれません*28。このような非直線的な動向は、多くのコミュニティで後代の伝承により語り継がれていることに注意が必要です。例えば、ゴーダ・サラスワット・バラモンはサラスヴァティ川河畔からベンガルへ移住し、その後インドの西海岸に移住したといいます。長い間神話とされてきましたが、こうした伝承には実際の人口移動の記憶が含まれているのではないでしょうか。

ヴェーダにまつわるミタンニの神、ミトラは中東で人気を博した神で、面白いことに数世紀後にローマ帝国で華々しく復活を遂げました（太陽神ミトラスとして知られています）。ミトラ教はローマ時代後期に広く普及し、しばらく古代キリスト教と大変なライバル争いを繰り広げていました。異教徒のローマ人は、12月17日から1週間続く、サートゥルナーリア祭という盛大な祭りを開催していました。祭りの終わりの12月25日には、ミトラ教団はソル・インヴィクトゥス、つまり不滅の太陽を祝う宴を開いていました。多くの学者は、キリスト教徒がローマ帝国を支配するようになった時に、人気のあった異教徒の祭りを単に取り入れただけだと考えています（結局のところ、イエス・キリストの実際の誕生日はわかっていません）＊29。

念のためですが、全ての人がこの選択に賛成だったわけではなく、正教会は今も1月7日にクリスマスを祝っています。ピューリタンは後に、祭りにこだわる異教の宴会をふさわしくないとして否定し、17世紀から18世紀にかけて北米やイギリスでクリスマスを禁止しようとしました。「古き良きイングランド（メリーオールド）」の連中は浮かれ（メリー）すぎだと考えていたに違いありません＊30。それでも、12月25日の祝日は、ほとんどのキリスト教徒や非キリスト教徒の祭日として残っています。初期鉄器時代の移住がもたらした最も予想外の展開の一つは、ハリヤーナー州で発祥した古代神の誕生祝いが、世界中で行われるようになったことなのです！

契約の箱

紀元前２０００年頃、青銅器時代の大都市が崩壊し、ペルシャ湾とインド西海岸を結ぶ栄えた交易路にも影響が及びました。偶然にも、現在のイラクにあるウルでは、ある商人の個人的な手紙が家の跡地に残されており、商業のネットワークが崩壊し始めた様子を垣間見ることができるのです。その商人はエア・ナシルという人物で、紀元前１９００年頃、マガン（オマーン）からディルムン（バーレーン）経由で銅のインゴットを輸入していたようです。彼の顧客や債権者から寄せられた怒りの手紙は、４０００年後に読むと愉快なものですが、手紙を書いた張本人たちは全く面白くなかったようです。これは、ナンニという取引相手からきた手紙の一例です*31。


さて、あなたはいらした時に、こう言いましたよね。「ギミル・シン様には素晴らしいインゴットを差しあげますよ。」と。

あなたは来た時にこう、私に言いましたよね。

でもあなたは私の使者に粗悪品のインゴットを渡したあげく、「いるなら受け取れよ。いらないなら帰りやがれ」と吐き捨てました。

そんな態度であしらい侮辱してくるとは、一体私を何だと思ってるんだ。これが男のすることか。


後に、メソポタミアに新しい帝国が再建されましたが、オマーンに代わってキプロスが重要な供給源となったために、ペルシャ湾銅商人の命運が復活することはありませんでした。鉄器時代へ移行すると、オマーン銅の重要性はさらに低下しました。こうして、オマーンはさびれていったようです。それでもインド洋交易の中で存続していった交易もあったに違いありません。これが分かるのは、世にも珍しい遺物があるからです。ラムセス２世というファラオのミイラは、鼻の穴に黒コショウの実が詰め込まれていました。あの世でくしゃみを連発するじゃないか、とファラオが文句を言ったかどうかは知りませんが、紀元前13

世紀におけるインド洋交易のネットワークは、原産地であるインド南西部からエジプトへコショウを輸送する能力を備えていました。この時代の船乗りがアラビア海をまっすぐ横断する可能性は低く、おそらく香辛料はケララ州からグジャラート州へ、そしてマクラン海岸沿いを北上し、オマーンへ輸送されていたと考えられます。ここから二つの可能性が浮上します。一つは旧ペルシャ湾ルートでメソポタミアへ向かい、陸路でエジプトへ黒コショウが運ばれた可能性です。しかし、もう一つ、オマーンから南下しイエメンやエリトリア、つまり古代エジプト人がプント国と呼んだ地域へ黒コショウが伝えられていた可能性も考えられます。

古代エジプト人は紅海を船で南下し、プント国と頻繁に遠洋交易をしていたことが分かっています。遠征の様子の一つが、ハトシェプスト女王記念神殿の壁画に描かれています。ハトシェプストは紀元前１４７３年から紀元前１４５８年の間、エジプトを治めた女王でした。ハトシェプストは魅力的な人物で、あえて彼女自身の名で統治を行った女性ファラオでした。エジプト史上、女性の統治者は他にもいましたが、ハトシェプストは建設計画の規模や戦功、もちろんプント国への野心的な海上遠征という意味で言うと、他を圧倒的に凌駕していました。

寺院の壁画には帆、オール、船尾に操縦用の櫂を備えた大きなガレー船が描かれています。彼らはおそらくエジプトの紅海沿岸にあるワディ・ガワシスから出発しました。そこからは当時のロープの束やレバノン杉の板が考古学者の手により発見されています*32。ここから現在のイエメンやエリトリアに向けて紅海を南下して行ったのでしょう。遠征隊は金、象牙、様々な種類の木材、異国の動物、そして最も重要だった乳香（そしておそらくミイラの鼻に詰めるインド産黒コショウも）を持ち帰ったようです。

乳香は古代のイエメンやオマーンにとって、非常に貴重な商品でした。乳香はとげのある木の樹脂で、燃やすと心地のよい香りを放ちます。宗教儀式に広く用いられ、「東方の三博士」が赤ん坊のキリストに授けた贈り物でもあります。今日でも、イエメンやオマーンの海岸を訪れると、昔ながらの市場で一般に販売されていて、店やレストラン、そして家庭からも乳香を炊く香りが漂ってきます。

プント国に住んでいたのは何者だったのでしょうか。今日、イエメンはアラブだと私たちは考えていますが、イスラム教が台頭するまで、アラビア南東部には半島の他地域とは全く違う文化がありました。そこにある山や海岸は、数多くの民族の故郷でした。ヒムヤル族、ハドラマウト族、サバア族などの部族が、近縁関係にあるにもかかわらず絶えず争っていました。考古学者はこれらの民族の生活、争い、条約、君主について書かれた碑文を発見し、その数は1万にも上りました。

中でもサバア族は最強だった部族の一つでした。紀元前8世紀ごろ、彼らはイエメンからエリトリア、そしてエチオピアの一部に広がる帝国を築きました。サバア族はエチオピアから小麦や大麦を持ち込んだ可能性がありますが、テフという現地特有の穀物は今も一般に食されています。彼らは当初左から右へ、そして右から左へと交互の行に文を書いていました。ふざけているように思われるかもしれませんが、そうではないのです。サバア文字はアクスム王国のゲエズ文字に進化し、現代のエチオピア文字として残っています（現在は決まって左から右に書きます）。

こうした昔のイエメン・エジプト間の相互関係は、後に近隣諸国へも及び、ソロモン王とシバの女王（すなわちサバ）の伝説が生まれました。この伝説のエジプト版では、シバの女王がエルサレムでソロモン王に出会って帰国した後、ダビデという名の子どもを産んだといいます。この子どもは成長し、アクスムのソロモン王朝創始者、メネリク1世となりました。また伝説によると、ダビデは若い頃、父ソロモン王の宮殿を訪れました。出発の際、ダビデは契約の箱を盗み出しアスクムへ持ち帰ってしまいました。箱はおそらく木製で、金箔が施され、モーセが授かった二枚の石版が納められていました。石版には神により十戒が刻まれていました。

ソロモン、シバ、メネリク、そして盗まれた契約の箱について、この伝説を裏付ける歴史的な根拠は何もありませんが、西暦１２６２年、中世のソロモン王朝が権力を握った時からエチオピア建国神話の一部となっています。中世のこの王朝は、聖書の血統をひく王朝とするためにこの伝説を広め、１９７４年にエチオピア最後の皇帝ハイレ・セラシエとともにその支配が終わるまで王室に正統性を付与することになります。しかしエチオピア正教会は、未だに本物の契約の箱と、国中の宗教的祭典で重要な役割を担うタボットというレプリカを保有していると主張しています＊33。

スンダランドの離散

環インド洋西部で移住と混血が繰り返される中、インド人のある冒険的な一派は他と違って東へ向かうことにしました。彼らはインド洋東海岸のどこかで小船に乗り、沿岸を帆走していきました。スマトラ島やジャワ島を通過し、ついにはオーストラリアへ到着したようなのです！近年の遺伝子研究によると、４０００年以上前、オーストラリアにインド人の一行が現れ、アボリジニへＤＮＡを供与しました。この発見は、４５０００年前に初めてメラネシア人が移住してきてからヨーロッパ人が到着するまでの間に、オーストラリア大陸へ新たに到着したものはいなかった、という従来の常識を覆しました。さらに、新しくやってきた移民は、ペットを連れてきました。ディンゴ犬の祖先です＊34。そのためか、ディンゴはインド中のあちこちでよく見かける野良犬にひどく似ています。

この地域へ移住してきたのはインド人だけではありませんでした。前章で述べましたように、スンダランドは氷河期以降の洪水によって浸水し、東南アジアの海岸線は大きな変化を遂げました。近年の遺伝子研究によれば、洪水後に人類が移動したことによって、この地域の現在の人口情勢は大きく影響を受けたことが分かっています*35。東南アジア人の移住には、二大民族集団、つまりオーストロネシア語族とオーストロアジア語族が関わっていました。誰かがわざと次世代の研究者を困らせようとして、質の悪い冗談でこんなに似た名前を付けたに違いありません。混乱を避けるため、それぞれANとAAと呼ぶことにしましょう。AN（オーストロネシア語族）はマレー人、インドネシア人、フィリピン人、ブルネイ人、東ティモール人、そして近隣少数民族の重要祖先を含んでいました。台湾人、アボリジニ、太平洋に散在するポリネシア人も含まれていました。このように彼らは強い海洋文化を持っていたのです。

かつてこの集団は台湾に起源を持つと考えられていましたが、今ではスンダランドの東海岸沿いに住んでいたものの、洪水によって新しい住処を探さざるを得なくなったと考えられています。アウトリガー船はこの海洋文化にとって欠かせないものの一つでした。それは単純な設計なのですが、新石器時代にANが東南アジアの島々をほぼすべて制覇したことから明らかなように、大変な能力を持っていました。この島々には、ニューギニアやフィジーの内部、周辺の狭い地域に閉じ押し込められてしまったメラネシア人がいたのかもしれません。何世紀か後に、ポリネシア東部のANの一派が、ニュージーランドからハワイ、イースター諸島にかけて、太平洋中の島々の大半を植民地化し始めました。同じように、西部の一派はインド洋を横断し、マダガスカルに定住しました。こうしてANはマダガスカルからハワイに至る、広大な地球上の地域を植民地化することになったのです！

東南アジアにおけるもう一方の重要な民族集団がAA語族です。ベトナム人、クメール人（つまりカンボジア人）、ミャンマーやタイのモン族などです。しかし、マレー系やポリネシア系の人たちとは違い、この民族は海上ではなく陸上を行くことにしたようです。ある時、ＡＡの少集団がインド北東部へ流入していきました。その移民の子孫が、インド東部や中央部に散在するサンタール人など、ムンダー諸語を話す民族です。その後人口が幾分か増え、今ではメガラヤ州のカーシ族として生き残っています。そのため、インドの人口構成にはベトナム語やクメール語関連の言語を話す人々が含まれるようになりました＊36。

東南アジアの民話には大洪水を連想させるものがあります。例えば、ラオスの建国神話にあるクーン・ボロムは、神々がかつて人の罪深く傲慢な態度に怒り、洪水を起こして全ての生きとし生けるものを洗い流してしまったと伝えています。洪水の後、彼らは神に水牛を贈りましたが、その水牛は死んでしまい、鼻の穴からは巨大なひょうたんのなる蔓が生えました。クン（つまり地の王）がひょうたんを割ってみると、そこから新しい世代の人間が生まれ、様々な民族集団となりました＊37。

ラオスの伝説はノアやマヌの物語とは全く違いますが、これも大洪水により破壊された古代の生活様式や、文明再建の様子を記憶している点で同じです。同様に、オーストラリアではアボリジニの伝承でも、多くの海岸線が浸水したと伝えられています。ほんの10年前まで、学者達は現地の伝承をただのファンタジーであるとして取り合ってきませんでしたが、最近の研究では、実際に起きた出来事の民族的記憶が含まれていることがよくあるとされています＊38。

チトラーンガダーの娘たち

母系制の習慣は、東南アジアからインド北西部へ移住してきたＡＡ語族の重要な特徴だったようです。

例えば、メガラヤ州のカーシ族は今日に至るまで母系制度を保っています。そして母系制度をとらない近隣のコミュニティにも受け入れられていったようです。例えば、アッサム州では、ヒンドゥー教式の結婚式の場合、結婚式に先立つ「ジュルン」の儀式で義母が新婦の額に「シンドゥール（朱赤）」を塗ります。シンドゥールを塗る行為は、ヒンドゥー教の結婚式では重要な儀式で、通常は夫の特権です。新郎の母親がこの儀式を行うということは、家族の女性が新しいメンバーを受け入れることを象徴し、非常に母系制度的な結婚観だと言えます。

それにしても、なぜＡＡは母系制度をとったのでしょうか。この謎の答えは、ＡＡグループの遺伝子研究で発見されました。このインドの一派は、移民としてやってきたのがほぼ男性だけだったようなのです*[39]。単純化しすぎているきらいがありますが、サンタール族やカーシ族のようなグループは、東南アジアから来た移民男性が、現地の女性と結婚して生まれた末裔たちだと言えます。これは前章で挙げた、母系制度の習慣が東南アジアで現れたのは、新石器時代の男性陣が女性陣よりも比較的移動性が高かったためである、という仮説と一致します。なぜこのような移住をすることになったのか、正確な理由は分かりません。しかし入植してきた男性たちは現地女性の財産所有権を認めていたようなので、この移住は侵略ではなかったようです。

面白いことに、鉄器時代の叙事詩マハーバーラタは、インド北東部の母系制の風習について触れています。そこには追放された王子アルジュナがマニプール王国を訪ねた時の様子が描かれています。そこで彼は戦士の王女、チトラーンガダーと出会い結婚しました。ただし、この結婚はチトラーンガダーと子どもたちが王位継承者であるため、アルジュナ王子とともに故郷に帰らなくても良いという明確な条件のもとで行われたことに注目してください。もう一つ注目していただきたいのは、よそ者の男性を容易に受け入れることができたのは、現地の女性がその土地に根付いて生活していたことと関係がある、ということです。話はここで終わりません。隣国＊40ナーガ族の女王ウルーピーもアルジュナ王子に恋をし、王子を誘拐してしまいます。そしてこの叙事詩では、アルジュナ王子がチトラーンガダー王女のもとに帰るまでが語られています。

この物語の歴史的な信憑性については、ここでは問題ではありません。私たちの目的にかなっていて興味深いのは、２人の強い女性と、ガンジス中心部とは異なる社会的背景が描かれていることです。鉄器時代のマハーバーラタの作者はインド北西部に拠点を置き、インド北東部では女性の地位が異なることを認識していたようです。マニプール州は、世界ボクシングのチャンピオンに5度も輝いたメアリー・コムなど、恐るべき女性の故郷です。チトラーンガダーの娘たちは今も健在なのです。

第4章

カーラヴェーラの逆襲

紀元前1700年にはガンジス平野中部にある遺跡の多くで鉄器が使用されていたことが分かっていますが、「鉄器の量と種類、そして技術の練度から、鉄の技術導入はもっと早い時期に起きていたと考えられています」*1。最近ハイデラバード近郊で見つかった発見から、鉄の技術は北インドに導入される頃には熟知されていたことが分かっています。

紀元前1300年には、北部から中部インドにかけて鉄の使用が普及しました。またこの時期、インドは新たに都市化を進めていました。叙事詩ラーマーヤナとマハーバーラタは、この期間に現れた都市について、そのいくつかを紹介しています。この文献の逸話が実際の出来事に基づいているのかどうかは議論の余地がありますが、多くの場所は実在した痕跡がたくさん残っているのです。鉄器時代の都市の中にはバラナシのように、今でも都心として残っているものもあります。

二大幹線道路が亜大陸を結ぶようになったのは鉄器時代のことでした。一つはウットラ・パスと呼ばれる東西に走る道路（つまり北街道）で、アフガニスタン東部に端を発し、ガンジス平野を通ってベンガル港に至ります。この道はインド史を通じて修繕や再建が行われ、今もアムリトサル、デリー間の国道1号線、デリー、コルカタ間の国道2号線として残っています。

もう一つは、ダクシナ・パス（南街道）という南北に走る幹線道路です。これは網状に錯綜した道路網で、ガンジス平野のアラハバード・バラナシ区間あたりから始まり、ウジャインへ向かって南西方面へ伸びています。ここで道路は二つに分かれ、一つはグジャラート港へ、もう一つはプラティシュタナ（パイタン）を経由してカルナータカ州のキシュキンダー、そしてさらに南へと伸びています。この幹線道路を通って人・物・思想がインド中へ広まっていったことでしょう。叙事詩に描かれている出来事の多くが、この幹線道路沿いで起きたのは偶然ではありません。この物語がフィクション（あるいはかなり脚色されたもの）であったとしても、その場所の多くは実在しています*2。紀元前6世紀、ゴータマ・ブッダはサルナートで最初の説法を行いました。そこは古代の二大幹線道路が合流する地点でした。今でも、インドの二大幹線道路（国道2号線と国道7号線）はここで合流しています。

獅子の王国

紀元前2300年頃、インド人のDNAがオーストラリアに加わっていたことから、インド洋東海岸に住む人々は鉄器時代以前から長距離航海能力を備えていたことが分かりました。考古学者らはオディシャ州のゴルバイ・ササンという場所で、紀元前2300年頃に遡る河川港らしき遺跡を発見しました*3。しかし、紀元前800年頃からは沿岸貿易がブームとなりました。カリンガ（だいたい現代のオディシャ州）や西ベンガル周辺地域はこのブームの中心となっていました。

ガンジス川最西端の河口からチリカ湖の海岸一帯では古代港の遺跡が数多く発見されています。ガンジス川は港と内陸の王国をつなぎ、海へ出口をもっていたチリカ湖は安全港として機能していました。チリカ湖のほとりを歩くと、いたるところに古代の陶片が散らばっているのを見かけます。

ベンガルやオディシャの船乗りは、初期の段階ではインド洋を直進して横断することはできませんでした。その代わり海岸に沿って進み、アンドラやタミルの海岸を南下して道中で交易を行っていました。ある段階で、彼らはスリランカへ渡り、定住を始めたようです。遺伝子研究により、この島には既にヴェッダ人の祖先が住んでいたことが確認されています[*4]。ヴェッダ人とは、長らくスリランカの先住民と考えられてきた小部族です。おそらく彼らは、大洪水でスリランカが大陸から分離する前に、大陸から移住して来た人々の子孫でしょう。しかし、インド東部から新たにやってきた移民たちは、たちまち人口の大多数を占めるシンハラ人となりました。

パーリ語で書かれた叙事詩マハーワンサでは、シンハラ人のスリランカ到来が建国神話に綴られています[*5]。紀元前６世紀初頭、ヴァンガ（つまりベンガル）王には美しい娘がいましたが、強く大きなライオンに攫われてしまいました。ライオンは王女を洞窟に閉じ込め、一男一女をもうけました。やがて息子のシンハバーフは成長し、たくましい若者になりました。ある時、ライオンがいない隙に、シンハバーフは洞窟の牢を壊して母と妹を連れて逃げました。ライオンは激怒し追いかけてきました。様々な冒険の末に、シンハバーフはついに父と対決し、父を殺したのです。

やがてシンハバーフは王国を築き、ライオンの町を意味するシンハプラに首都を築きました（シンガポールの語源と同じであることに注目してください）。月日は流れ、シンハバーフにはヴィジャヤという名の息子が生まれましたが、この若者は乱暴で家名に泥を塗るような男でした。父方の祖父の気質を受け継いだのではないかと私は考えています。臣下から上がってくる度重なる不平の声に、シンハバーフ王はとうとう、ヴィジャヤとその一味７００人を追放することにしました。ヴィジャヤは南へ船出し、スリランカに上陸しました。そこで彼はクヴェニという女性率いる、ヴェッダ人とおぼしき現住民の抵抗に遭いました。しかしヴィジャヤが勝利を収め、この地に王国を樹立しました。マハーワンサによれば、ヴィジャヤ王はかつての粗暴な振舞いをやめ、38年間責任をもって統治を行ったといいます。彼はまた、パンディア族のタミル王女とも婚姻を結びました。

ヴィジャヤ王子の伝説は文字通りに受け取るべきではありません。私は常々、ライオンが王女を誘拐するくだりには疑問を感じています。それでも、マハーワンサがおよそ千年後に執筆、編集された際に、シンハラ人がベンガル人、オディヤ人出自の記憶を保っていたことがこの叙事詩により明らかになりました。シンハラ人はインド東部に起源を持っています。インド東部と遺伝的、言語的、文化的痕跡が一致し、それが様々な形で残っているのです。例えば、ライオンはシンハラ人にとって大切なシンボルです。彼らは文字通り、ライオンの民なのです。ナラシンハ（上半身がライオンで下半身が人間の姿のヴィシュヌ神）信仰の中心地であるオディシャ州にも同じことが言えます。プリーの町はヴィシュヌ神の化身、ジャガンナートを祀る寺院が有名です。しかし、ナラシンハを祀るかなり古い寺院もあり、今ではナラシンハの儀式が優先されることもあります。同様にベンガルでは、ドゥルガーはだいたいライオンに乗った姿で描かれています。つまり、スリランカ国旗のライオンとドゥルガーのライオンは同じ文化の起源を共有しているのです。

しかし、シンハラ人の起源を示す決定的な証拠は別の習慣にあるようです。スリランカで長い年月を過ごした17世紀のイギリス人、ロバート・ノックスは次のような記録を残しています。「彼らは幼少期には幼名を持っていて、他者と区別するため幼名で呼ばれますが、成人すると、男性でも女性でもこの名で呼ぶことは侮辱となり屈辱となるのです」*6。ベンガル人、オディヤ人の読者方なら、この意味がお分かりでしょう。

フェニキア人はアフリカを一周したのか

カリンガから来た入植者がスリランカを植民地化していたちょうどその頃、ヘロドトスというギリシャの歴史家が書いた本が注目を集めました。ヘロドトスの「歴史」は、歴史物語を体系的に調査して綴ろうとした初めての本でした。彼は現代の研究者のように根拠を重視し、今まで言われてきたことをそのまま鵜呑みにしたりはしませんでした。

ヘロドトスが常に正しく、偏見を持たなかったという意味ではありません(彼にはアテナイ学派の傾向がありました)。しかし彼の手法は、偉大な支配者の業績を列挙したり、英雄的な人物について叙事詩を作ったりするものとは全く違っていました。

ヘロドトスは紀元前484年頃、現在のトルコ、ボドルムの近くで生まれたと言われています。古代ギリシャ人はインド洋のことをエリスラ海と呼んでいました。彼の著書から、地中海に住む人々がインド洋世界のことをどう思っていたのかを垣間見ることができます。この時代のアケメネス朝ペルシャは、エジプトからインダス川西岸まで広がり、ギリシャの都市国家にとって絶えず脅威となっていました。帝国軍にはインド軍の派遣部隊が所属していたので、ヘロドトスはインドについて詳しかったようです。

「歴史」によると、インド兵士は綿の服を着て、弓と、籐製で鉄の矢尻が付いた矢を携えていました*7。

インド人は馬や戦車も所持していたと言われています。このインド兵士の描写がもっともらしく聞こえる一方で、ヘロドトスのインドに関する知識自体が様々な情報源からの抜粋だったようで、実話と作り話が混在しています。インドには多くの言語があり、巨大で人口の多い国だということを彼は知っていました。彼はまたペルシャ遠征でインダス川を下って紅海を通過し、エジプトへ向かったことについても語っています。おそらくこれはこの時点で確立していた交易路だったのでしょう。ヘロドトスは紅海とナイル川を結ぶため建設されていた運河、古代スエズ運河についても記しており、これは大変な商業的重要性を有していたようです。

とはいえギリシャ人たちは、インドは人の住む東の最果ての国であり、その先には海と砂漠しかないと信じていたようでした。おそらくペルシャ人は、素晴らしくエキゾチックな東洋の物語をギリシャ人に伝えたのです。ヘロドトスは、インド人が行ったと考えられていた金の採掘方法について語っています。インドには「犬より幾分か小さく、キツネよりやや大きい」巨大なアリが住む砂漠があったと言われています。このアリは地面の巣に潜る際、金をふんだんに含む砂を掘り出しました。そこでインド人はラクダに乗って砂漠に入り、炎天下で砂を集めました。しかしアリは危険なので、砂を急ぎ集めて逃げなければなりませんでした。アリが金の採掘人の後を追いかけてくる恐れがあったので、オスよりも速いメスのラクダを作戦に用いるべしと断言していました。凶暴な巨大アリに踊り食いにされたくなかったら、絶対に覚えておくべき貴重な情報でした。

またヘロドトスはアラブ人からシナモンのありかについてとんでもないほら話を聞かされていたようです。どうやらシナモン・スティックは、巨大な鳥が切り立った崖の上に巣材として集めていたものだったようです。アラブ人は崖の下に大きな肉の塊を置いておき、鳥が拾って巣に持ち帰るようにしておく、と記しています。しかし、重たい肉のせいでたびたび巣は壊れ、落下します。こうしてアラブ人はシナモンを集めていたのでした。インド洋の商人たちはシナモンの出所を隠したいがために、様々なバージョンの物語を１５００年にもわたって使い続けることになりました。そのうちの一つがアラビアン・ナイトに出てくる、大怪鳥やダイヤモンドの谷が登場するシンドバッドの物語になりました。

ヘロドトスは巨大鳥やアリの話を本当だと信じていましたが、彼の著書には、彼自身疑わしく思っていた話もありました。その一つが、アフリカを周航していたというフェニキア船団についてです。船団は紅海から出航し、東アフリカの海岸に沿って南下して行きました。フェニキア人は環インド洋地域から地中海へ移住していったとヘロドトスが記しているので、この段階でフェニキア人たちにとってアフリカは未知の領域だったわけではなかったのかもしれません。秋になると彼らは上陸し、大地にトウモロコシをまきました。収穫物で食糧の備蓄を補充した後、彼らは再び航海に出ました。こうして３年後、ジブラルタル海峡を通って地中海へ戻ることができたのです。

もしこの遠征が本当なら、ヴァスコ・ダ・ガマの少なくても２０００年前に古代人が喜望峰を一周していたことになります。しかし、ヘロドトスはある些細なことから、この話を信じませんでした。フェニキア人がアフリカの先端で進路を転じた時、太陽が右にあったというのです。ヘロドトスは、この話を不合理極まりないと考えていたようですが、南回帰線以南では起こりうることなのです。つまり、古代の探検家たちは真実を語っていたのかもしれないのです！

戦
象

古代ギリシャ都市国家の歴史は、当時の超大国であったペルシャ帝国との戦いが大半を占めていました。この対立はマケドニアのアレクサンドロス３世率いるギリシャ―マケドニア大遠征へと発展しました。アレクサンドロス３世はアレクサンドロス大王として有名です。レバントの戦いに勝利し、エジプトを征服したアレクサンドロス軍は紀元前３３１年、ダレイオス３世自身が率いるペルシャ軍をガウガメラ（イラク北部、現代のモスル付近）で破りました。ローマ時代の歴史家アッリアノスは、ダレイオスが戦場から逃げ出した後でも、インド騎兵隊はペルシャの大義のため戦い、すさまじい抗戦を続けたと記しています。ミタンニを除けば、インド兵がイラクで戦ったという明確な記録はこれが初めてで、インド兵の戦いは後も続いていくことになるのです。またこの頃、古代のあぶみがインドで発明されました。この時インド人が騎兵として従軍していたことは興味深いと言えます*8。インド騎兵はこの戦いであぶみを使用していたのでしょうか。

アレクサンドロスのペルシャ帝国支配はガウガメラの勝利により十二分に確立されていましたが、彼はこの世の全世界を支配しようとしていました。そして、紀元前３２７年から紀元前３２６年の冬、アレクサンドロスは軍を率いてアフガニスタンを通過しインドへ向かいました。彼は道中でマッサガを含むいくつかの小国を征服しました。マッサガはおそらく現在のアフガニスタン東部またはパキスタンの北西辺境州にあったと思われます。マッサガ軍にいた７００人のインド傭兵は激しい抗戦をしましたが、ついにマッサガ国の王家はアレクサンドロスの降伏条件に同意することになりました。これにはインド傭兵がマケドニアのインド侵攻に加わるという条件が含まれていました。残念ながら、インド傭兵は合意について事前に知らされておらず、自国民との戦いを拒否しました。アレクサンドロスはインド傭兵全員を虐殺することで応えたのでした*9。

アレクサンドロスは次にパンジャーブ平原に侵攻し、現地の同盟軍とともにポーラス（おそらくヴェーダ期からこの地域に住んでいたプル族に関係する民族）を破りました。彼は東進を続ける気でしたが、軍は疲弊し帰郷を望んでいました。ナンダ朝マガダ国（だいたい現代のビハール）が大軍を動員しているという噂もありました。征服者アレクサンドロスは、周辺にいた反乱軍のために計画の変更を余儀なくされました。彼はインダス川が下流でナイル川につながっているという勘違いのもと川を下り、帰郷することにしました。つまり、マケドニア軍はインダス川を下りさえすれば、地中海に出ると考えていたのです。インドとナイル川上流域の動植物相が若干似ていたことから、こんな結論に至ったようです。アッリアノスは、クロコダイルとある種の豆について記していますが、さらに象の存在が混同に拍車をかけたようです。ペルシャの遠征隊は、インダス川を下り紅海を通ってエジプトへ向かったというヘロドトスの説明を誤解していたようです。

本当の決断理由が何であれ、紀元前３２５年、アレクサンドロス軍はアラビア海沿岸に到達するまでインダス川を下り、道中で略奪を繰り返しました。既に書きましたように、かつて川の本流は、現在の位置よりもっと東を流れていました。そしてマケドニア軍はカッチのラクパト近海へ到達したと思われます。アレクサンドロスは自分の過ちに気づき、旧ハラッパー沿岸ルートでペルシャ湾に向かい、軍の一部を海路で送り返しました。しかし、船の不足からか、彼は軍の大半をバルチスタンやイラン東部の砂漠へ行軍させせました。

それは最悪な選択でした。飢えと渇きから何千人もの兵士が荒涼たる不毛の大地で命を落としました。荷物を運ぶ動物の大半が死に、長年の遠征で得た略奪品の多くは放棄せざるを得なくなりました。無敗のアレクサンドロス軍はメソポタミアにたどり着きましたが、壊滅状態でした。ペルシャ湾からグジャラートの地域に古代人類が住むようになった頃、彼らはこの一帯をよく通行していましたが、気候変動によって今や事実上住めなくなっていたことを思い出してください。ギリシャ人は、この乾燥し、人を寄せ付けないマクラン海岸で生き残ることができたのは、イクチオファギ、つまり「魚食の民」だけだったとしています。

アレクサンドロスはバビロンに戻った直後に亡くなりました。おそらく彼の常軌を逸した行動を恐れたマケドニア上層部のメンバーに毒殺されたのでしょう。彼の幼い息子は後に殺害され、将軍たちは自分たちの内で帝国を分割しました。しかしアレクサンドロスがインド亜大陸へわずかながら侵入したことが予期せぬ結果を招きました。カウティリアという学者とその弟子チャンドラグプタ・マウリヤはこの侵略で起きた混乱を利用し、インド北西部に権力基盤を築き上げていました。幾多の困難を乗り越え、マガタ国のナンダ王を破り、強大なマウリア王朝の礎を築いたのです。紀元前305年、チャンドラグプタはアレクサンドロスのアジア領のほぼ全てを継承していたセレウコス1世を破りました。

セレウコス1世とチャンドラグプタが結んだ条約により、インド側はアフガニスタンからバルチスタンに広がる広大な領土を手に入れました。また、セレウコス1世の娘の一人は、マウリア朝の王子と婚姻を結びました。王子というのはおそらくチャンドラグプタ自身か、あるいは彼の息子ビンドゥサーラだったと思われます。セレウコスはその返礼に500頭のインド戦象と象使いを受け取っています。

紀元前301年のイプソスの戦いでは、セレウコスはこの象を使って敵将に壊滅的な打撃を与え、アレクサンドロスの後継者のうちで最も強大な地位を築き上げました。その後、象はセレウコス朝のシンボルとなりました。コインには象曳戦車に乗ったセレウコスの姿が描かれ、戦争の有様を伝えています*10。セレウコスは動物兵器の重要性を鑑み、インドから戦象を調達できるよう支配下に置こうとしました。エジプトを支配していた敵の将軍プトレマイオスは、エチオピアのクシテ人からアフリカゾウを調達してこの妨害に対抗しようとしました。エチオピアで象を調達するために何度も遠征軍が送られたことや、輸送のために特殊な船を造ったという記録が残されています。アフリカゾウはインドゾウほど戦闘に適さず、クシテ人は象を戦闘用に調教する技術に長けていなかったようです。そのためプトレマイオス朝はとうとう紅海ルートでインド傭兵を密航させることにして、戦象の訓練と配備にあたらせていました。

アショーカ王は偉大なのか

チャンドラグプタは紀元前２９８年に退位し（別の文献によれば紀元前３０３年）、息子ビンドゥサーラが紀元前２７３年まで統治を行いました。ビンドゥサーラは既に、アフガニスタンからベンガルに至るとてつもなく大きな帝国を継承していました。彼は半島の南端を除く全領域を手中に収めようと、さらに南へと領域を広げたようです。彼の統治はいくらか反乱があったことを除けば概ね平和でした。また、アレクサンドロスの帝国から分離した王国と、外交や交易関係を持っていました。

紀元前２７４年、ビンドゥサーラは突然病に倒れこの世を去りました。皇太子スーシマは北西部国境の襲撃を防ぐために不在でしたが、現在のパトナにある、帝国の首都パータリプトラへ急ぎ舞い戻りました。しかし、首都にたどり着いた彼が目にしたのは、彼の異母弟のアショーカがギリシャ傭兵の手を借りて市街地を制圧している光景でした*11。アショーカは東門でスーシマを殺害したと考えられています。皇太子は堀の中で生きたまま焼かれたようです。その後血なまぐさい内戦が４年続き、アショーカは一族の男性のうち対立する者を皆殺しにしたそうです。仏典では、彼は実弟ティッサを除く99人の異母兄弟を殺したと言われています。また数多の忠臣も殺され、アショーカ自身の手で５００人が斬首されたと伝えられています*12。権力を手に入れたアショーカは、紀元前２７０年、ついに皇帝となりました。どの説でもアショーカによる初期の統治は残忍で、人望がなかったとしており、彼は「チャンダ・アショーカ」、つまり残虐王アショーカと呼ばれていました。しかし、アショーカは数年後にカリンガ国を征服し、その犠牲と破壊にショックを受け、仏教に改宗して平和主義者になった、と書いてある教科書が主流です。この有名な話にほとんど根拠がないと知ったら、皆さんはきっと驚かれることでしょう。アショーカは紀元前２６２年、カリンガ国に侵攻しましたが、摩崖勅令によれば、アショーカがその2年以上前に仏教に改宗していたことが分かっているのです。どの仏典でも彼の改宗を戦争に関連付けておらず、チャールズ・アレンのようなアショーカの賞賛者ですら、彼の改宗はカリンガ戦争よりも前だとしています。さらに、彼は改宗する十年前から、仏教徒と交流をしていたようです。彼の仏教への改宗は、戦争の悲惨さに対する後悔というよりは、継承問題に関連していたことがうかがえます。

マウリア朝はヴェーダ様式の宮廷儀式に習っていたようですが（確かに高官の多くはバラモンでした）、私生活では宗教と折衷的な関係にありました。この家系の始祖チャンドラグプタは晩年、ジャイナ教と友好関係にあったようですが、息子のビンドゥサーラはアージーヴィカ教と呼ばれる異教の宗派に傾倒していたようです。これは、ダルマ的な（つまりインド的な）一家の宗教としては珍しいことではありませんでした。この折衷的な考えは今でも残っており、ダルマの信徒たちはめいめいの寺院で礼拝することについて、何とも思っていないのです。ちょうどバンコク市街にヒンドゥーの神ブラフマーを祀る寺院が多いように、アムリトサルの黄金寺院も大勢のヒンドゥー教徒で賑わっているのを目にします。今でもタイ国王の戴冠式は、バラモンの僧侶によって執り行われているのです。

アショーカが王位を簒奪した時、ジャイナ教やアージーヴィカ教にゆかりのある親族から反対を受けたようです。そこでアショーカは、彼らと敵対していた仏教に手を差し伸べたのでしょう。カリンガ国へ侵攻したことも権力闘争と説明できるかもしれません。カリンガ国はアショーカに侵略された独立王国とする見方が主流ですが、信頼を失い反乱を起こした州、もしくは家臣であるとする見方もあります。

マウリア朝の前に興ったナンダ王国はすでにカリンガ国を征服していたことが分かっているので、チャンドラグプタがナンダ王国を継承した時には、カリンガ国はマウリア帝国の一部になっていたようです。いずれにせよ、マウリア朝のような拡張主義的な大帝国が、首都パータリプトラや主要港タムラリプタのすぐ近くに独立国家を容認するとは、妙な話です。つまり、カリンガはビンドゥサーラの下で完全な独立国家だったのではなく、州か、あるいは側近かのどちらかでした。アショーカの治世初期、明らかに何かが変わりました。私は、継承権をめぐる紛争中にカリンガがアショーカの敵に味方したか、混乱のさなかに独立国家を宣言したかのどちらかだと考えています。

アショーカの逆鱗に触れた本当の理由が何であれ、紀元前２６２年頃、マウリア朝の大軍がカリンガへ侵攻しました。これまで、両軍は現代のブバネーシュワル近郊のダウリを流れるダヤ川のほとりで対決したとされてきました。ダウリは小競り合いの場だと考えられていましたが、最近の考古学調査ではユッダ・メルダという場所が主戦場で、最後の激戦がカリンガの首都トサリで行われたとされています[*13]。

トサリの遺跡はつい最近、デブラジ・プラダン率いる考古学者の一団によって発見されました。謙虚で人当たりの良い彼は、オディシャの過去についてとんでもない発見をしました。それはカタックから車で大体２時間ほどのラダナガルという場所にあります。そこはブラフマニ川を水源とする広大で肥沃な平野に位置し、なだらかな丘に囲まれています。その丘の一つに登り美しい谷を眺めると、悠久の時の流れを感じます。あたり一面に水田が広がり、そこの池には魚が泳いでいます。ココヤシやマンゴーが覆い茂り、そして村の小屋からは藁の燃える煙が立ち上っているのです。送電塔があるのを除けば、その光景はおそらくマウリア朝の将軍たちが最終攻撃を計画していた頃とさほど変わらないでしょう。

町の防衛土塁の跡から、トサリが平野の中央に建設されていたことが分かります。これは間違いなくまずい選択でした。町を防衛するには丘にもっと近い所に陣を敷いたほうが有利でした。考古学者は壁のほんの一部しか発掘していませんが、この壁は矢じりで穴だらけだったことが分かっています。マウリア軍による矢の雨が降り注いだに違いありません。カリンガ軍に勝ち目などありませんでした。アショーカ自身の碑文では、戦争で10万人が犠牲となり、さらにそれ以上が怪我や飢えで犠牲となったと言います。さらに15万人以上が捕虜として連行されました。

正式な歴史によると、アショーカは自分の残忍性に恐怖を感じて仏教徒となり、また平和主義者となりました。しかし、これまで見てきたようにアショーカは既に仏教徒であり、彼の初期の統治からは、アショーカが血の流れる光景にたやすくショックを受けるような男ではないということが分かっています。彼が後悔していたというのは、主に彼自身の碑文が根拠となっています。しかし妙なことに、この「後悔」はオディシャから遠く離れた場所（例えばパキスタン北西部のシャヘバゼガリ）にしか記されていないのです。オディシャの碑文に反省の色はなく、悔恨の意は故意に省かれています。

ダウリのアショーカ碑文は山麓の岩に刻まれています。観光客のほとんどはここを素通りして、近代的な白亜の仏舎利塔を目指して山頂へ向かいます。ダウリの碑文とインド考古学調査局が用意した訳文の前に、気づけば私一人しかいませんでした。碑文を読んで皆がそろって驚くのは、後悔の念が明らかに省かれていることです。沈黙が静かに響き渡っていました。

もしアショーカが心から後悔していたのなら、虐げてきた人々に対して真っ先に懺悔するでしょう。それどころか、彼は捕虜の解放すら申し出ていませんでした。一般に悔恨の碑文とされているものですら、森林に住む部族ら他集団に対して、はっきりと暴力的な威嚇を匂わせていました。森の部族らは「神に愛された者（デヴァーンプリヤ）（アショーカ）は懺悔されているが、処罰権を有していると言い渡されていました。森の部族らが罪を恥じ、殺されないように行動させるためです」＊14。平和主義者ではありえないことです。

アショーカは、残忍との評価に対抗するため、碑文を政治的プロパガンダの道具として利用していたようです。政治家の言葉と同じで、これは彼が態度を改めたことを意味するものではありません。それどころか、碑文はたいてい当時の一般市民や役人が読めないような場所に置かれていました。ナヤンジョ・ラヒリら歴史家はこれを疑問視しています。彼と同じ時代に生きる人のためにではなく、後代に向けた碑文も本当はあるのではないでしょうか。

アショーカヴァダナという仏典には、彼が平和主義者になったというずっと後に、さらに大虐殺を行ったと書いてあります＊15。これは特にジャイナ教徒とアージーヴィカ教徒の一派に対して行われました。どの説でも彼は主派であったヒンドゥー教とのいさかいを避け、バラモン教に敬意を払っていたとされています。アショーカヴァダナの一節では、かつてアショーカがベンガルで１万８０００人のアージーヴィカ教徒を処刑した事件が記されています。もし本当なら、これはインド史上初の大々的な宗教迫害となります（しかし悲しいことにこれが最後ではないのです）。

文献に記されていたのはこれだけではありません。パータリプトラのとあるジャイナ教徒が、ジャイナ教の教祖ティールカンタラに対しブッダが頭を垂れている絵を描いていたところを見つかってしまいました。アショーカは彼と家族の者を家に閉じ込め、家に火を放つよう命じました。そして彼はジャイナ教徒の頭首と引き換えに金貨を与えるというお触れを出しました。この大虐殺は、彼の唯一生き残った実弟、仏僧のヴィタショーカ（ティッサとも呼ばれます）を何者かが誤って殺害してしまったことで終焉を迎えました。この話は、現代の原理主義者が自身の宗教が侮辱されたことを理由に、風刺漫画家を殺害した事件に酷似しています。

アショーカの信奉者は、こうした事件はでまかせで、ずっと後の時代に仏教原理主義の作家がねじ込んだものだと主張するかもしれません。これもありえそうな話ですが、私の代替説はアショーカを讃えたとされてきた文書や碑文と全く同じものに基づいた説だということを思い出してみてください。おそらく、物語の概要にそぐわない一部の文書だけでなく、全ての根拠に対し一様にこの疑念を持つべきだと思います。

アショーカの残虐行為が続いたという文献に加え、アショーカが有能な政治家ではなかったと確信を持つことのできる根拠も存在します。晩年になり、次第に体調が悪化していったアショーカは、反乱や一族の争い、財政難から帝国が崩壊していくのを目の当たりにしました。彼の存命中、おそらく帝国はセレウコス朝から獲得した北西部の領土全てを失っていたと思われます。アショーカの死から数年後の紀元前232年、サータヴァーハナ朝が南インドのほぼすべての領土を占領し、カリンガも離脱してしまいました。

ご覧の通り、碑文を詳しく見ていくとアショーカは名君とは程遠く、父と祖父が築き上げた豊かな大帝国を崩壊に追いやった、残忍で人気のない簒奪者だったことが分かります。少なくてもアショーカが名君だったという根拠は薄く、せいぜいグレーだったと言わざるを得ません。おそらく、多くの政治家と同じ様に彼は崇高なお触れを出しましたが、全く別の形で行っていたのです。これは、彼がインドの伝承で名君とされることがなく、彼の統治下になかった国々では、仏教聖人録の中で名君とされている事実に一致していいます。19世紀植民地時代の東洋学者ジェームズ・プリンセプらによってアショーカは「再発見」されました。「アショーカ大王」へ昇格したのはさらに最近のことで、インド独立へ向け政治が発展していった結果として起きたことなのです*16。

独立後、ジャワハルラール・ネルーの社会主義計画に正当性を付与するため、歴史学者らは躍起になってアショーカ大王の伝説を作り上げました。不都合な証拠はひた隠しにされました*17。これは、中世のエチオピア人がソロモン王朝を聖書にゆかりのある家系に仕立てようとしたのとそう変わりません。チャールズ・アレンのような西洋人作家数名は、アショーカのような王をないがしろにするとは古代インド人も愚かである、と横柄に書き記していています。よく見てみると、西洋人たちは自分たちが何をしているのかよく分かっていたようです。それよりも憂慮されるのは、現代のインド人がそのような根拠の薄い話をたやすく信じてしまうようになったことです。

マウリア朝の交易路

亜大陸を覆う巨大な統一帝国が成立したことで、南北幹線道路に沿って国内の流通が活発化しました。チャーナキヤ（カウティリアとも言います）は「実理論」という論文の中で、ウットラ・パスとダクシナ・パス沿道で行う交易の相対的な利益について提言を残しています*18。文献によると、初期の学者は北街道を好みましたが、チャーナキヤは馬や毛織物以外の商品に関しては南街道の方がはるかに良い産地だと主張しています。おそらくこれは紀元前４世紀頃に亜大陸の経済力学が変化したことを反映しているのでしょう。チャーナキヤは特に当時インド半島でしか採れなかったダイヤモンドについて述べていることは注目に値します。ダイヤモンドは、かつてデカン高原を築いた火山活動の過程で生み出された宝石でした。しばらくの間、海上交易は好調でした。船はグジャラート港から出航し、マクラン海岸沿岸を通ってペルシャ湾へ航行しました。一方で紅海へ進む一派もいたようです。ビンドゥサーラは中東にいたアレクサンドロスの後継者と接触していたことが分かっています。ビンドゥサーラはかつて、セレウコス朝の後継者アンティオコスにいちじく、ワイン、そしてギリシャ人哲学者を求めたことがあります。アンティオコスはいちじくとワインはよこしましたが、学者を売ることはギリシャ国内法で禁じられているという理由で、哲学者を送るのは丁重に断ったのでした。では、ビンドゥサーラは何を引き換えに送ったのでしょうか。

アンティオコスはアナトリア（現在のトルコ）へ大侵攻してくるガリア人を退けるために、インドの戦象を使っていたことが分かっています。アンティオコスはビンドゥサーラから象や象使いを提供してもらっていた可能性が非常に高いのです。つまり、インド兵の使い道を騎兵から戦象使いに変えつつも、ギリシャ人はインド兵を用いるペルシャの慣例に習い続けていたのです。

アショーカもまた、中東のギリシャ人支配者と繋がりを保っていました。アショーカ１３番目の勅令では、アンティヨカ（シリアのアンティオコス）、トゥラマヤ（エジプトのプトレマイオス）、アンティキニ（マケドニアのアンティゴノス）、マカ（キュレネのマガス）、アリカスンダラ（コリントのアレクサンドロス）に宣教師を送ったことが記されています。古代ギリシャ語氏名のインド式表記は、それだけでも面白く感じます*19。東海岸沿岸では海上交易もまた盛んで、同じ勅令ではタミル国のチョーラ朝やパンディア朝のことが書かれています。この時代、ベンガル湾のタムラリプタ港は栄え、おそらくアショーカの息子マヒンダはここから任地のスリランカに向け出航していったと考えられています。

このように海洋的な関係性が築かれる一方で、航海はまだ危険な事業だったことを忘れてはいけません。

実理論では、チャーナキヤは公海を横断するルートは危険に過ぎると考え、沿岸や川のルートを好んでいたことが分かります。モンスーンの利用はこの段階では熟知されておらず、沿岸から遠く離れて航行するのは無謀だと考えられていました。ひょっとすると、そこには深い海を恐れるカナヅチの心情があったのかもしれません。それにもかかわらず、紀元前４世紀に、海洋横断ルートに挑む自信のある船員がいたことにチャーナキヤが触れていたのは興味深いと言えます。

カーラヴェーラの逆襲

アショーカの後継者は彼の死後、帝国を安定させようと躍起になっていました。彼らはみなアショーカの暴挙から距離を置いていたようで、各グループ間の関係を修復しようとしていました。アショーカの次の後継者はダシャラタ王でした。彼はアージーヴィカ教を援助し、この宗派のために岩を削って、ナガルジュニとバラバーの洞窟を建設しました[20]。これはビハール州ガヤ県近郊にある、インド最古の岩窟寺院です。ダシャラタ王の後、帝国は急速に崩壊へ向かっていきました。アショーカの息子か、あるいは孫の一人であるジャラウカは、カシミールに独立国家を築き上げ、そこでヒンドゥー教シヴァ派を奨励しました。パータリプトラでは、十代のサンプラティが王位を継承しましたが、一族の争いでウッジャインへ移らざるを得なくなりました。

その間、サータヴァーハナ朝はマウリア帝国の南部領を征服し始めました。彼らはアンドラ国の出身だったようで、自らをアンドラ・ブリティア、つまりアンドラの僕と称していました[21]。現代インドの州、アンドラ・プラデーシュ州はこの名に由来していますが、皮肉にも、彼らの出身である可能性が高いのは分離したテランガーナ州なのです。

サータヴァーハナ朝は首都を現在のマハラシュトラ州のプラティシュタナ（現代のパイタン）に制定しました。そこは南部幹線道路と交わる重要地点だったことから、サータヴァーハナ朝は「ダクシナ道の主」という称号を得ました。インド独立後の歴史家や考古学者らはなぜかサータヴァーハナ朝を無視し、２０１５年になってようやく、政府は植民地時代の研究者が百年以上も前に発見した遺跡を再調査することに決めました*22。

サータヴァーハナ朝が北へ拡大するにつれ、インド北西部を支配しグジャラート港の支配をねらっていたインド・グリーク朝やサカ（スキタイ人）と対立するようになりました。ナーシクの碑文には、サータヴァーハナ朝の王、ガウタミープトラ・シャータカルニがギリシャ人やスキタイ人を撃退したと記されています。

しかし、後期マウリア朝の反撃は弱かったようで、侵略者はガンジス平野へ入り込み、いっそう襲撃をしかけてくるようになりました。これに便乗して、カリンガはチェーディ族の指揮下で反乱を起こし分離しました。紀元前１９３年頃、カーラヴェーラという名高い軍師がカリンガ国の王位に就きました。彼のことはハティグンファ、つまり象の洞窟に残された長い碑文から知ることができます*23。

カーラヴェーラは治世の初期に大軍を率いてサータヴァーハナ朝に立ち向かい、西の国境部を獲得したと言われています。紀元前１８５年頃、彼は北へ侵攻しマガダへ入りました。そこで彼は侵入してきたインド・グリーク王朝のデメトリウスを破りマトゥラに退却させました。皮肉なことに、カリンガ軍はマウリア朝の誘いに乗ってこの遠征を行ったに違いありません。マウリア朝はすでに、門前まで押し寄せた侵略軍を退けることができなくなっていました。

カーラヴェーラはこの旧帝国が崩壊寸前であることを見抜き、4年後大軍を率いて再来し、マウリア朝の首都を破壊しました。彼はナンダ王の時代にパータリプトラへ持ち去られていたジャイナ教の偶像を持ち帰り、バハサティミタ王（おそらく最後のマウリア王ブリハドラタ）を屈服させたと誇らしげに記しています。マウリア朝の威信は地に落ち、最後の皇帝はプシャミトラ・シュンガ将軍により退位させられました。プシャミトラ・シュンガ将軍は新王朝を設立し、後に北部及び中央インドのほぼ全土を再び手中にしました。

アショーカ王の残虐な侵略が起きたのはわずか3世代ほど前のことで、まだオディヤ人の記憶に新しかったことを思い出してください。カーラヴェーラがマガダ国遠征から戻った際に、ウダヤギリの丘の上にある岩に彼の偉業を刻ませました。実際には現在のブバネーシュワル郊外にあります。この丘には岩肌を削り美しく彫刻の施された洞窟がたくさんあり、ジャイナ教の僧侶がこれを利用していました。丘に登ってハティグンファの前に立ち、ブバネーシュワルを見渡せば、晴れた日にはダウリが見えることでしょう（ただしよくスモッグによって視界が悪くなります）。カーラヴェーラはダウリのアショーカ碑文を直視できる場所に自分の碑文を配置したに違いありません。それはまるでアショーカ王に、カリンガ王カーラヴェーラがパータリプトラを破壊し、マウリア朝の統治を終わらせたことを告げているかのようです。

考古学者はこの時代のシスパルガーで、巨大な要塞都市を最近発見しました。現代のブバネーシュワルに非常に近いところです。これはカーラヴェーラの首都、カリンガナガリの遺跡である可能性が非常に高いのです。近代都市が徐々に遺跡を浸食していきましたが、今も土塁の防衛線が視認できます。堀は現在、市の排水溝として機能しているようです。ここで都市の表門が一つ発見されています。おそらくこれはカーラヴェーラの統治一年目に嵐によって壊れ、後に修復されたと伝わる門でしょう。インドの東海岸は今も暴風雨に見舞われることが多く、2013年に私も個人的に考古学遺跡を訪れましたが、サイクロン・ファイリンがオディシャを直撃したほんの数週間後だったので、その被害を目の当たりにすることになりました。

カーラヴェーラの碑文には、彼がサータヴァーハナ朝、マウリア朝、インド・グリーク朝、そしてはるか南、タミルのパンディア朝まで破ったと記されています。この戦を終えた後、彼は「征服の輪」が回ったと宣言しました。おそらくヴェーダのアシュヴァメーダ・ヤグナを行い、自らを転輪聖王（世界征服者）と宣言したことを意味しています*24。これによって、彼は当時の最も偉大なインド君主となりました。こうした偉業にもかかわらず、カーラヴェーラは歴史の教科書にはほとんど登場しません。なぜなら、歴史は海からの視点ではなく、大陸から見た視点を体系的に強調するように書かれているからです。これでは自然に政治権力がパータリプトラやデリーのような内陸都市に集約したかのようですし、他の地域はただの田舎扱いです。

カーラヴェーラの碑文は大部分が軍事遠征に関するものでしたが、経済的な事柄についても触れています。数多くの貯水池を修復したことや、ナンダ朝時代の旧運河の拡張についても書かれています。水の管理が、国に望まれていた重要な活動だったことは明らかです。王が僧侶や修道士に中国の絹を送ったという記述もわずかに登場します。これは東南アジアで活躍していたインド商人が、遥か中国へ至る交易路に繋がりを持っていたことを意味します。今度は彼らの偉業に目を向けてみましょう。

第5章

カウンディニャの結婚

カウンディニャの結婚

歴史の教科書には、マウリア朝崩壊後の時代、帝国の規模だけが重要であったかのように書いてあります。この時期には経済活動や商業貿易の隆盛が起きていただけに、これは非常に残念なことです。商船はサータヴァーハナ朝やカリンガ港、そしてはるか南の小王国から出港し、西はエジプト、東はベトナムに至るまでの地域で交易を行っていました。

既に書きましたが、オディヤ人、ベンガル人の船乗りは、紀元前6世紀からスリランカを訪れ、住み着いていました。ある時から、彼らは東南アジアとも取引を始めるようになりました。しかし初期の段階では、船乗りにベンガル湾を直に横断し航海する自信などありませんでした。その代わりに、彼らはクラ地峡まで沿岸をつたって航行していきました。クラ地峡は、現在タイの一部でマレー半島に存在する、陸地の細長くなっている部分です。商品は陸路でタイランド湾へ運ばれ、そこからカンボジアや南ベトナムへ向かう船に再び搭載されました。地図で見ると、インドネシアのジャワ島やバリ島の方がインド東海岸地域に近く見えます。ジャワ島やバリ島よりも遠くにあったベトナムと、前々から交易を行っていたのにはこんな理由があったのです。ベトナムのメコンデルタにあるオケオは主要港であったようです。そこから、商品は海岸を北上し中国へと運ばれていきました。

東南アジアにインド様式の王国が初めて立ったのは、紀元前1世紀ごろのメコンデルタでした。中国人はそこを扶南国と呼んでいました。この王国の成立については、面白い伝説が残っています。インド商船がこの地を通りかかった時、この地に住むナーガ族首長の娘、ソーマ率いる海賊達に襲撃されたそうです。カウンディニヤという美しいバラモンの若者がインド人を率いて反撃し、この海賊達を撃退しました。不運にもカウンディニヤの船は損傷し、修理のために陸揚げしなければなりませんでした。

商人たちは敵の再攻撃を案じたに違いありませんが、運は彼らに味方しました。ソーマ姫はカウンディニヤの勇姿に感銘を受け、恋に落ちてしまったのです。ソーマ姫はカウンディニヤに結婚を申し入れ、カウンディニヤはこの申し出を受けました。この結婚は何代も扶南国を支配した家系を生んだと言われています。この伝説が史実に基づいているのかどうかは知る由もありませんが、これと微妙に異なる物語がベトナムのチャム族とカンボジアのクメール族双方の碑文に刻まれています。どちらの王家も、ソーマとカウンディニヤの子孫であると主張しています。現代の中国でも、同じことが繰り返し記録されています*1。

カウンディニヤが戦士の王女と結婚し、王位を獲得したいきさつに注目してみましょう。しかも、結婚を申し込んだのは王女の方でした。王室の正統性を握っていたのが女性の家系だったことを考えると、母系の血統が１５００年以上に亘り非常に重要な役割を担ってきたことが分かります。そのため世界の中でもこの場所に、インド様式の王国が栄えたのです。この建国神話は、クメールの図像の中で蛇（ナーガ）が、王室の重要なシンボルになったわけも説明しています。王と「蛇」族の姫君の神秘的な結婚は千年以上がたってもずっと、アンコールの宮廷儀式の中に重要な要素として残り続けたのです*2。

さて、カウンディニヤとは何者だったのでしょう。彼はインドから来たバラモンであることしか分かりませんが、手がかりとなるのは彼の名前です。カウンディニヤというのは普通の名ではありませんが、今もタミル、アンドラ、オディシャ沿岸に暮らすバラモンのゴートラ（すなわち男性の家系）の名です。おそらくこれは偶然ではありません。

紀元前2世紀末には、インドの船乗りはモンスーンの風や潮流について十分に学び、インド洋を渡ってインドネシア諸島へ向かうさらに南のルートに挑んだようです。オディシャ州のチリカ湖は、この航海の重要な出発点でした。チリカ湖は海へ小さな開口部を持つ塩水湖です。そのため、カリンガの船乗りはこの湖を安全港として使用していました。今でも湖岸には古代の陶片が山と捨てられ、散らばっているのを見かけます。

船はインドネシアに向け直行したわけではないので注意してください。そうではなく、11月中旬から吹く北東のモンスーンを利用し、スリランカまで海岸を南下していたのです。これは既によく知られたルートだったので、おそらく商人たちも交易の途中で立ち寄っていたのでしょう。スリランカで船に新鮮な水と食料を積むと、船は潮流に乗ってインド洋を横断し、スマトラ島（スワナドウィパ、つまりサンスクリット語で黄金島）の北端へ向かったようです。ここから船はパレンバンへ向けてマラッカ海峡を南下し、ボルネオ島やベトナムへ向かう海上ルートを選択することができました。あるいは、スマトラ島の西海岸に沿って南下し、バリ島やジャワ島（ヤバドウィパ、大麦・穀物島と呼ばれました）に向かうこともできたのです。

買い付けや商売を終えると、ほとんどの船は逆の潮流を利用し、スリランカ、そしてオディシャへと帰っていきました。仮に船乗りが11月中旬にオディシャから出港したとすると、ジャワ島やバリ島へたどり着くのは1月中旬だったと推定できます。帰りの旅に出る3月中旬までの2カ月間は商売をする時間がありました。そして、5月に吹きはじめる南西モンスーンに間に合うようスリランカへ戻り、帰郷することができたのです*3。

インドネシアへ旅立ったのはカリンガ商人だけではありませんでした。タミル、アンドラ、ベンガル海岸から来た商人もいました。インド北西部からはるばるやって来た馬商人さえいたのです。彼らはベンガルのタムラリプタ港から航海に出て、ジャワ島やスマトラ島へ渡っていったのでした。しかし初期の段階では、カリンガにいたサダバの商人が絶大な影響力を持っていたようです。インド人が昔からマレー人やジャワ人に「ケリング」と呼ばれていたのはこういうわけだったのです。しかし、この言葉は現在では侮蔑的な意味合いを帯びています。

海洋貿易と冒険の時代は、今でもオディシャ州の民間伝承や祭りという形で人々の記憶に残されています。カルティック・プルニマ祭は11月中旬、風の向きが変わり北から吹き始めるころに開催されます。それは古代の船乗りがインドネシアに向けて船出したとされる時期です。女性や子どもたちが家族で水辺に集まり、オイルランプを乗せた紙の船を水に浮かべます。私はこの儀式を、コナーラクの寺町付近にある浜辺で見たことがあります。夜明け前、小舟を水に浮かべようと近くの村から続々と人が集まり、小舟が流れて行く光景を眺めていました。申し合わせたかのように北から涼風がそよぎ、水しぶきが満月の光にきらきらと輝いていました。伝統では、太陽が昇るまで待っていなければなりません。私は自分の紙船が流れていくのを見送りました。こんな風にして、古代の船乗りたちの家族は愛する人との別れを惜しんだのでしょう。

カルティック・プルニマと海の関係は、他にも様々な形で記憶されています。毎年カタックではバリ・ヤトラという行事が開かれます。これは文字通り「バリへの旅」を意味しています。またタポイの昔話にまつわる歌や劇も披露する伝統があります。昔、あるところに裕福な商人がいました。その商人はやもめで、７人の息子と１人の娘がいました。末娘は名をタポイといい、父と兄たちはタポイを溺愛していました。ある年のこと、商人は息子たち全員を連れ、遠方へ長い航海に出ることにしました。父はタポイを７人の義理の娘に託し、彼女たちに若いタポイの面倒を見るようはっきりと指示を出しました。

残念ながら、タポイの義理の姉たちは彼女を嫌って、ひそかに虐待しました。彼女は料理、牛舎の掃除、洗濯全てをさせられました。そして食事すら与えてもらえませんでした。タポイは数カ月の間、この身体的、精神的な虐待に耐えていましたが、ついに森へと逃げ込みました。そこで彼女はドゥルガーの姿をした女神マンガラに祈りました。女神はタポイを祝福しました。数日後、彼女の父と兄たちが突然戻ってきました。彼らはすぐに何が起きたのかを悟り、森からタポイを連れ戻しました。悪い義理の姉たちは懲しめられたということです。伝承は長い航海の伝統を匂わせるだけでなく、いつ戻れるのか、残してきた者に何が起きているのかなど、航海に出た人々が内に抱える不安をよく表しています。

インドの最重要輸出品目は綿織物で、現代でもインド洋沿岸の全域で多くの需要を誇っています。また東南アジアの発掘調査でも、カーネリアンのビーズや様々な金属製品が出土しています。紀元前１世紀には、インド商人は地中海沿岸や西アジアの商品を持ち込み、そしてローマ、ギリシャ、アラブの商人から商品を購入していたことがわかりました。バリのスンビランで見つかった遺物は、アリカメードゥと親交が深かったことをはっきりと示しています。アリカメードゥはポンディシェリから出てすぐのインド・ローマ帝国間の交易港でした*4。

インド人はベトナムの港を経由して絹を、スマトラからは樟脳などを輸入していました。インドネシアの島々はクローブ、ナツメグ、様々なスパイスの宝庫でした。中世ヨーロッパ人がインド産だと思っていたスパイスの多くは、インド南西部沿岸に生育する黒コショウ以外は、実はインドネシア産でした。18世紀後半までは、全世界へクローブを供給していたのはマルク諸島の小さな島、テルナテ島とティドレ島だけだったのです。

東南アジアとの交易は自然に文化交流へと繋がりました。仏教やヒンドゥー教、マハーバーラタやラーマーヤナ、サンスクリット語、文字、寺院建築など、数世紀のうちにインド文明がこの地域に大きな影響を与えていたことが分かります。後にイスラム教、ヨーロッパ人の植民地法や植民地統治後の近代化に影響を受けつつも、地名や人物名、一般の言語や美術、工芸に古代インドの影響が残っています。ミャンマーからベトナムの主な宗教は今も仏教ですが、一部バリ島などではヒンドゥー教が盛んです。

二つの地域が接触したごく初期の段階から、ほとんど変わらずに残ったと思われる文化的な遺物があります。それはバリ、スリランカ、アンドラからオディシャにわたる海岸地域の伝統的な仮面です。そのあまりの類似性に驚かざるを得ません。またインドネシアの影絵芝居ワヤン・クリ、そしてオディシャ州とアンドラ・プラデーシュ州のよく似た芸能でも、同じことが言えます。古代の船乗りたちが海を渡る長い夜に、船の帆を使って影絵芝居に興じているところを想像してみてください。これが遠く危険な旅に出る彼らを支えてきた文化のルーツなのです。

インドから東南アジアへ、常に一方向的に影響が及んだと考えるのは誤りです。それどころか、インド文明は東方から様々な影響をうけ、豊かになったのです。その代表例が、パーン（ビンロウの実をキンマの葉で包んだもので、よくライムなどの材料と一緒に包まれます）を噛む習慣です。ヒンディー語で「スパリ」と呼ばれるビンロウの実はインド亜大陸ではおなじみですが、もとは東南アジア原産で、北は遥か台湾まで広がる地域で嗜まれています。

パーンは今も広くインドで消費されていますが、近年東南アジアの都市部ではあまり人気がありません。今でも、この葉や実は重要な文化的役割を担い、多くの儀式で使われています。私はバリの結婚式でこれを口にしたことがあり、またフィリピンでは村の老人がこれを噛んでいるのを見かけたことがあります。ベトナムでは結婚関係の儀式でよく用いられています。戦士の王女ソーマがカウンディニヤに結婚を申し入れた時にも、使われていたのかもしれません。

現在インドの全域で口にされるスパリには、今や軽い刺激しかありません。しかしメガラヤ州カーシ族のものは、驚くほど強烈な風味を保っているのです。もしかしたらカーシ族は先史時代、スンダランドから移住してくる際にこれを持って来たのかもしれません。意外にも、私が口にした中で最も強烈だったのは野生種から作ったもので、私は偶然にもこれをシンガポールの至る所で見かけました。この小さな実がラム酒のボトル瓶分ほどパンチがきいていたのは言うまでもありません。

タミル人とシンハラ人

インド半島の南端、現在のケララ州やタミル・ナードゥ州は有史以来、三つの部族（チョーラ朝、チェーラ朝、パンディア朝）間の闘争が続いていました。チョーラ朝はカヴァリ・デルタ、パンディア朝はさらに南のマドゥライ付近を、チェーラ朝はケララ海岸あたりをそれぞれ中心としていました。
時代とともに相対的な勢力は盛衰しましたが、この同じ三つの部族が15世紀（およそ紀元前３００年から西暦１２００年まで）にわたり戦い続けてきたという事実には驚かされます。サンガム文学集の古代タミル語詩は、幾分美化されてはいますが、栄えた都市、賑やかなバザールや外国からの商船で賑わう港など、活気溢れる当時の世界を感じさせてくれます。マドゥライの町はパンディア朝の首都であり、紀元前１世紀に編纂された「マドゥライカンチ」の中で次のように説明されています*5。

城壁は天高くそびえ、軍港や城門は古く強固
側柱には素晴らしいラクシュミーの姿が刻まれている
頑丈な造りの扉は献上品として注がれたギーで黒ずんでいる
川のように広がる長い大通りでは
朝市に来る様々な民族、職業の買い物客で喧噪が生まれる

タミル・ナードゥにおける近年の発掘調査では、２０１５年に見つかったマドゥライ近郊のキーザディという小集落など、この時代の重要な都心部の遺跡が発見されています*6。調査結果から、描写が脚色されていたとしても、サンガム文学に登場する都市は架空のものではなかったことが分かりました。20世紀のタミル民族主義者は、この文献を使って初期ドラヴィダ人の過去を称えようとしましたが、皮肉にもサンガム文学は「北部」からの影響に満ちていたのです。古代タミル人はドラヴィダ純粋主義に関与するどころか、タミル語の文法を形式化しつつ、北方の賢人アガスティヤの功績をたたえていました。偉大な

タミル人の王たちも同じように、叙事詩との関係構築を大変誇りに思っていました。つまり、最古のタミル語文献は、偉大なインド文明の一員であることを誇りに思う人々がいた、ということを示しているのです。歴史家のニラカタ・サストリは、「私たちが入手できる最古のタミル文学が、すでにサンスクリットや北部由来の言葉、概念、慣習に満ちているという事実の重大性を見逃すことはできない」と言っています*7。

文明初期の姿を重視するのではなく、サンガム文学は賑わう港や外国との交易を記し、世界各地との交流を称えていました。またある文献では、チェーラ朝の王ウディヤンジェラルが、地方にいた正体不明の敵を破り、大勢のギリシャ商人を捕虜にした海戦について、初めて明記しています。莫大な身代金が支払われ、捕虜は解放されました*8。

紀元前４世紀には、タミル人のグループがスリランカ北部に定住し始めました。オディシャからベンガルにわたる地域からは、既にかなりの移住者が来ていました。そして前述のように、先住民のヴェッダ人は追いやられていきました。やがて島には小王国が現れるようになり、島内各地に散在していきました。その中の一つ、アヌラーダプラは、アショーカ王の支援で台頭したようです。マハーワンサによれば、紀元前３世紀、アショーカは息子のマヒンダを派遣し、アヌラーダプラの支配者、デーワーナンピヤ・ティッサを仏教に改宗させたといいます。

紀元前１７７年、タミル人の冒険家二人がアヌラーダプラの王位に就き、22年間統治を行いました。その10年後、彼らの後には別のタミル人支配者エララが続きました。エララは44年間正義のもと善政を布き、評価されていました。初めの30年は平和でした。しかし、南の王国を支配したシンハラ人の王、ダッタガマニがエララに戦いを挑んできました。これによって15年にわたる戦争が起き、若い敵将ダッタガマニが決闘でエララを殺し、戦争は終わりを迎えました（エララがこの時には70歳を越えていたことを考えると、ちょっと不公平です）。

後の文献には、これが当地の民シンハラ人がタミルの侵略者に勝利し、仏教国として島の運命が決まった瞬間であると記されています。しかし島の高名な歴史家K・M・デ・シルヴァが指摘しているように、この事件が起こった当時、そうは受け取られていませんでした。その当時シンハラ人の大半は仏教徒ではなく、多くがエララの側についたようです*9。マハーワンサでも、エララは善良で人望の厚い王だったとしています。紀元前2世紀、タミル人とシンハラ人はどちらが「この地の民」なのかを明確にすることなど到底できませんでしたし、互いに相手は比較的最近やって来た移民だと考えていました。

私たちはスリランカのシンハラ人とタミル人の関係（さらに言うと仏教とヒンドゥー教の関係）を絶えることのない争いととらえがちです。20世紀後半に起きた血なまぐさいタミル分離運動や残忍な弾圧の経験に影響を受けているからです。しかし長い歴史はもっと複雑なのです。別の時代では、二民族の王国間には紛争と同盟が混在していました。何らかのパターンがあるとすれば、チョーラ朝のような別のタミル族に対し、シンハラ人とマドゥライのパンディア朝タミル人の間で、長期にわたって同盟を結んでいたようです。

さらに、シンハラ人の宗教は概ね歴史の中で、非常に折衷的でかなり強いヒンドゥー教色を有していました。ウプルヴァン、つまりヴィシュヌは今でもスリランカの守護神としてシンハラ人に崇拝されていますし、また、事実、主な仏教寺院にはすべてヒンドゥー教の神々を祀る祠（「デバラ」と呼ばれます）があります。これはキャンディにある仏歯寺の至聖所にも当てはまります。ここを訪れる観光客は、寺院へ足を踏み入れてから正殿へ着くまでに、ヒンドゥー教の祠をいくつも通らなければならないことに気づくでしょう。近くの土産物屋の屋台でも、ヒンドゥー教と仏教の絵や像が折衷的に混在しています。

ダッタガマニがエララを破り島を統一した後、彼はアヌラーダプラに居を構えました。何度か中断されたこともありましたが、その都市は千年にわたり島を支配する王都となりました。３つの部族の敵対関係が大半を占めていたインド南端部の政治史と同じように、この時期のスリランカ史は、モリヤ族とランカナ族が占めていたことが分かります。さらに各部族内の陰謀が複雑に絡んでいました。当時の政治はシーギリヤの物語に詳しく説明されています。シーギリヤというのはアジアで最も壮観な史跡の一つです。

西暦４７７年、アヌラーダプラのダートゥセーナ王は、息子のカッサパに殺害されました。カッサパは王の長男でしたが、母が身分の低い側室だったため、王位継承権がありませんでした。そのため彼は陸軍司令官だったいとこ、ミガラの力を借りて王権を奪い取りました。しかし、皇太子のモッガラーナは南インド（おそらくパンディア宮廷にかくまってもらえるところを見つけていたのです）へ逃れました。

そしてカッサパはシーギリヤへ新たな首都を建てることにしました。そこには巨大な岩がそびえ立っています。新しい都は岩の麓に築かれ、王宮は岩の頂上に建てられました。ここを訪れたらぜひこの岩に登ってみることをお勧めします。元気な人なら往復で1時間15分ほどかかります。頂上はまるで小さなマチュ・ピチュのようで、素晴らしい田園風景を見渡すことができます。

しかし西暦４９５年、モッガラーナが突如インド傭兵隊を伴って帰還すると、シーギリヤの全盛期は突如終焉を迎えました。彼はカッサパを倒し、その命を奪いました。そしてアヌラーダプラに首都を戻したのです。シーギリヤは仏教の僧院として使用されていた場所を除き、次第に放棄されていきました。それでも、シーギリヤを訪れる中世の観光客は何世紀もの間絶えることがありませんでした。特に岩の中腹にある洞窟に描かれた、上半身裸の女性画を見物するためでした。観光客は愛の詩を落書きして賞賛の意を

表現しました。これは今でも読むことができます。例えば*10

美しいこの女性
素晴らしい画家だ
私が
手や目を見た時
彼女が生きているのかと思った
私たちは話かけるが
彼女たちは答えない
この美しい山の女性たち
彼女たちの
瞼すら微動だにしなかった

一緒に来た男性客に腹を立てたのか、落書きを残していった女性客もいたようです。

このバカ!
シハギリへきてこんな詩を刻むなんて
だれもワインや糖蜜を持ってきてないじゃない
私たちだって女なのよ

アレクサンドリアからムジリスへ

インド洋東部で海上交易が盛んになった頃、インド西海岸とギリシャ・ローマ世界との交易も同じく盛んになりました。その交易路は西暦１世紀にエジプト系ギリシャ商人が書いた案内書、「エリュトゥラー海案内記」に詳しく記載されています*11。詳細な記述から、著者が原稿に書かれた場所の多くを個人的に訪れていたことがうかがえます。エリュトゥラー海とはギリシャ語で紅海を指していますが、古代ギリシャ人はインド洋を含むより広義の言葉として使っていたことに注意してください。

案内記によると、地中海から紅海へ向かうには二つのルートがあったといいます。一つ目のルートは、現在のイスラエルやレバノンの港から出航し、ペトラを経由して陸路でアカバ湾まで行くルートです。ヨルダンのペトラ市にある壮麗な岩窟遺跡は、今では世界遺産となっており、ナバテア人が交易によりいかに豊かになったのかを示しています。

ローマ商人が紅海へ渡っていったもう一つのルートは、エジプトのアレクサンドリアという大きな港を通るルートです。この国際都市は人種のるつぼとなっており、インド人が住んでいた痕跡が残っています。アレクサンドリアからは２つの選択肢がありました。一つはナイルデルタからスエズに直接向かう方法です。これは新しいルートではありませんでした。古代のファラオがナイルから紅海へ運河の建設を試みており、ヘロドトスの記述からこの計画は紀元前６世紀、ペルシャ皇帝ダレイオスの治世中に完了していたことが分かっています。しかし、この運河は次第に泥に覆われていき、紀元前３世紀にプトレマイオス朝が再発掘したものの、旅程の一部は徒歩で行くしかありませんでした。案内記が書かれた時点では、ナイル川をコプトス（キフト）まで航行し、11日間かけて砂漠を横断し、エジプトの紅海沿岸のベレニス港

（ベレニケ）に行く方法が一般的だったと言います*12。

ベレニスでの考古学調査によって、インドからコショウの実、ヒマラヤの麓からアムラフルーツの実（インディアングーズベリー）、綿布、東南アジアの緑豆など様々な商品が来ていたことが明らかになっています。近くの集落からはプラークリット語とタミル語の裏印がある陶片が発見されています。焼成粘土で作られた免税札もごみ捨て場から見つかっています。この免税札はコプトスへ税金を支払った商人に渡され、免税札に記載された商品だけが船への搭載を許可されました。関税の領収証はマリシッピアといい、これは硬貨の小袋を厳重に計ったということを意味していました。この硬貨のほとんどがインドの港へ向かいました。

ベレニスから海岸線を南下し、初めに現れる港はアドリスという「かなりの規模の村」でした。それは海岸線に広がる不毛な地域でしたが、エチオピア高原に現れた大都心アクスムへ至る最寄りの交通拠点として機能していました。アクスムは内陸から8日の旅程で、象牙とインドサイの角の産地だったと言われています。この時点ではエチオピア人はキリスト教に改宗しておらず、アクスムでは今も巨石のオベリスクを見ることができます。おそらく当時の異教徒の王たちを偲び彫刻されたものなのでしょう。エチオピアの君主は20世紀までアクスムで戴冠式を行っていました。

隊商が紅海まで下って行くと、アラビア半島がアフリカの海岸に最近接する地点を通過することになります。この地点は私たちの古代の祖先が、世界各地を植民地化する前に、アフリカから渡ってきた可能性が最も高い場所でもあります。案内記では、この場所は逆風や強い潮流があり船にとって危険である、と警告しています。アラブ人は後にこの場所をバブ・エル・マンデブ、つまり涙の門と名づけました。

狭い海峡を過ぎると、海はアデン湾へと広がります。西暦1世紀になると、サバア王国は敵の部族に追いやられ、ヒムヤル王国とハドラマウト王国が海岸を支配するようになりました。案内記によると、この地は乳香の原産地でした。王の奴隷や囚人たちが乳香の樹脂を木から集めたといいます。しかし商人たちはここで長居はしませんでした。ここにいると病にかかるという噂があり、「沿岸を航海する者にも感染する」からだということでした。代わりに彼らはソコトラ島へ向かいました。

ソコトラ島はゴンドワナ超大陸から分離した際に残った断片で、長らく隔離されたことでユニークな動植物相が残っています。島の名は、サンスクリット語で「至福の島」を意味するドゥイパ・スカダラに由来しています。アラビアに非常に近いこの島がサンスクリット名を持っていたのは、案内記によればアラブ人とギリシャ人に加えてインド人人口も多く抱えていたからだと言います。島のホック洞窟の壁には古代の船乗りたちが残した落書きが残され、今も読むことができます。

ソコトラ島からインドへ向かう伝統的な沿岸ルートは、オマーンに向けて北に向かうルートでした。この海岸は当時ペルシャ人が支配しており、「魚食の民」しか住んでいませんでした。実際、漁業は今でもこの地域にとって欠かせない食糧の調達法となっています。私はオマーンの漁師が海岸で魚を売っているのを見たことがあります。漁師が捕れた魚を海岸の市場へ引きずっていく朝の８時半頃には、既に空気は暑く重苦しくなっていました。海はエメラルドグリーンに明るく輝いていましたが、太陽が容赦なく照り付けていました。この草木も生えない不毛の地では、人は海の恵みに頼って生きていかなければなりません。

ペルシャ湾の入り江を出ると、船乗りはマクラン海岸に突き当たりました。ここから船はインダス・デルタに向けてさらに東へと航行します。案内記ではシンド州とグジャラート州の一部が、当時サカ（スキタイ人）とパルティア人によって支配されていたと記されています。これは前述したサータヴァーハナ朝の碑文と一致しています。碑文にはサカ族との争いが描かれていました。

碑文には、インダス川を越えると内陸に向かう巨大な湾があったものの、浅くて航行ができなかったと書かれています。それはカッチ湿地のことであり、西暦1世紀にはハラッパー時代のように航行するのはもはや不可能となっていたことが分かります。次に海岸線沿いに現れるのはバラカ（おそらくドワールカー）の町でした。土地は次第に豊かになり、小麦、米、ゴマ、そして重要産物の綿など、様々な作物を育みました。

サウラーシュトラとカンバート湾を過ぎると、疲弊しきった商船はついにナルマダー川の河口に到着し、バリガザの大きな港（バルーチ）にたどり着きました。案内記には、泥の移動や砂州により河口がどれほど危険だったかが記されています。そのため、バリガザの王は経験豊かな漁師を商船の水先案内人として任命し、誘導に当たらせていました。船の係留を解いてしまうほどの危険な潮津波についても警告していました。航海の詳細は大変鮮明で、案内記の作者自らがこの場所を訪れていた可能性が非常に高いと考えられます。

バリガザの最重要輸出品目は様々な綿織物で、今でもここから輸出されています。鉄鋼製品も輸出されていたようです。紅海の近辺に住んでいた人々がこぞって欲しがっていたことが分かっているからです。代わりに古代インド人が輸入していたものの中で最も重要な商品の一つがワインでした。アラビアやシリアのものよりもイタリアワインが好まれたようです。現代のインド人もきっとこの意見に賛成だと思います。また諸国の王たちは、「ハレムの美女」を輸入していたようです。この時代のサカやインドの貴族は、イタリアワインと美女を輸入し、贅沢な暮らしの術を知っていたと言っても過言ではないでしょう。

案内記から、ローマ人はインドの西海岸がバリガザからほぼまっすぐに南下していると知っていたことが分かっています。文中には海岸にあった港がたくさん記載されていますが、黒コショウの産地ムジリス（インド人はムチェリパタナムと呼んでいました）が最も重要だったのは間違いないでしょう。アラブとギリシャの船が港に押し寄せる様子が描かれています。現在のコーチのすぐ北にあるパタナム村の発掘調査では最近、考古学者がこの古代港の正確な位置を突き止めることに成功しました。ここからはたくさんの輸入品が発見されましたが、中でもフランス、スペイン、エジプト、トルコなど遠方から来たワインやアンフォラに入ったオリーブオイルがよく見つかっています*13。

案内記の書かれた時代、国際貿易でムジリス港がこれほどまでに重要となった理由は、前世紀に船乗りが沿岸伝いではなく、モンスーンの風を使ってソコトラ島から南インドまで直航できるようになったためです。案内記の作者は、これをギリシャ人水先案内人ヒッパロスの功績だと考えています。当時インド人は何世代にもわたり、ベンガル湾でモンスーンを捕え東南アジアを訪れていたのですから、ギリシャ人がアラビア海でモンスーンの利用に思い至ったというのも妙な話です。おそらく、古代のアラブ人、インド人船乗りはヒッパロスの功績だとする主張に異議を唱えることだと思います。

案内記には、ムジリスのギリシャ人やアラブ人について記載がありますが、ユダヤ人については記されていません。しかし、この案内記が書かれた頃にはユダヤ人の小さな交易コミュニティが存在していたはずであり、難民の流入により数十年で相当拡大したはずです。西暦70年、エルサレムの第二神殿がローマ軍に破壊された後、ユダヤ難民が大勢ムジリス付近にやって来て定住するようになりました。こうして、インドには世界最古のユダヤ人社会の一つが誕生することになりました。ここ最近の数十年間はイスラエルへの移住によってその数は減少しつつありますが、コーチからクランガノール一帯の地域では今でもシナゴークを見物することができます。

同じように、シリアのキリスト教コミュニティは、西暦１世紀にこの地域を訪れたという聖トマスによって改宗した者たちの子孫だと主張しています。聖トマス来訪の歴史的信憑性については学者によって賛否が分かれますが、キリスト教徒が早い段階からケララ海岸を訪れ定住してきたことはまず確かです*[14]。ペルシャ帝国の迫害から逃れてきたキリスト教徒の集団が、３４５年にカナのトマスに率いられインドへやって来たことが分かっています。72世帯がムジリス付近に定住し、現地のヒンドゥー教徒の王から貿易特権を与えられていました*[15]。数世紀後、ほぼ同じ地域に初期のムスリムが世界で二番目に古いモスク、チェラマン・マスジッドを建設しました。初期ユダヤ教、キリスト教、イスラム教の遺跡はいずれも非常に近い距離に位置していたことから、古代ムジリスの重要性が窺えます。シリアやイラクのキリスト教コミュニティが、いわゆるイスラム国家によって組織的に一掃されつつあるこの頃、これは何かを示唆しているかのようです。

案内記によると、ローマ人はムジリスの南海岸はカンニャークマリの岬で終わり、そしてタプロバナ島（つまりスリランカ）がその向こうにあると知っていたことが分かります。パンディア朝は繰り返し登場しますが、敵の部族については何の記載もないことから、案内記が編纂された頃にはパンディア朝が優勢だったようです。

考古学調査によって、ローマの貿易商が現在のポンディシェリの近く、アリカメードゥまで来ていたことが分かっています。そこは美しい川の曲がり角にありますが、観光客はあたりに散らばる無数の陶片のほか、古代史の面影を見出すことはほとんどできません。東海岸を上るにつれ、案内記には次第に間違いが多くなっていきます。ガンジスデルタの認識や東洋の部族についての記載はありますが、詳細はかなり曖昧です。内陸の町タイナエは絹の産地として記されています（中国のことでしょうか）。つまり、西暦１

世紀にローマ人が知っていたインド洋は、これが限界だったと言えます。

インド・ローマ間の交易は西暦１世紀、２世紀に急成長を迎えました。トラヤヌス帝はナイル・スエズ運河を再発掘させています。運河は現在のカイロのすぐ南から始まり、真東の紅海に向かいました*16。毎年約１２０の船がインドと紅海の港を行き来していたのです。東洋の贅沢を味わえるようになり、ローマ人の嗜好は一変しましたが、問題だったのはローマ帝国がインドとの継続的な貿易赤字を抱えていたことでした。不足額は金貨や銀貨で支払わなければなりませんでした。ローマの作家、プリニウス（西暦23年～79年）は「インドがローマから５千万セステルティウス硬貨を奪わない年はなかった」とひどく苦言を呈しています。

貨幣の鋳造に貴金属が使われていた世界では、これは深刻な金融引き締めに相当しました。ローマ人は当初、貿易を縮少することでこの問題を解

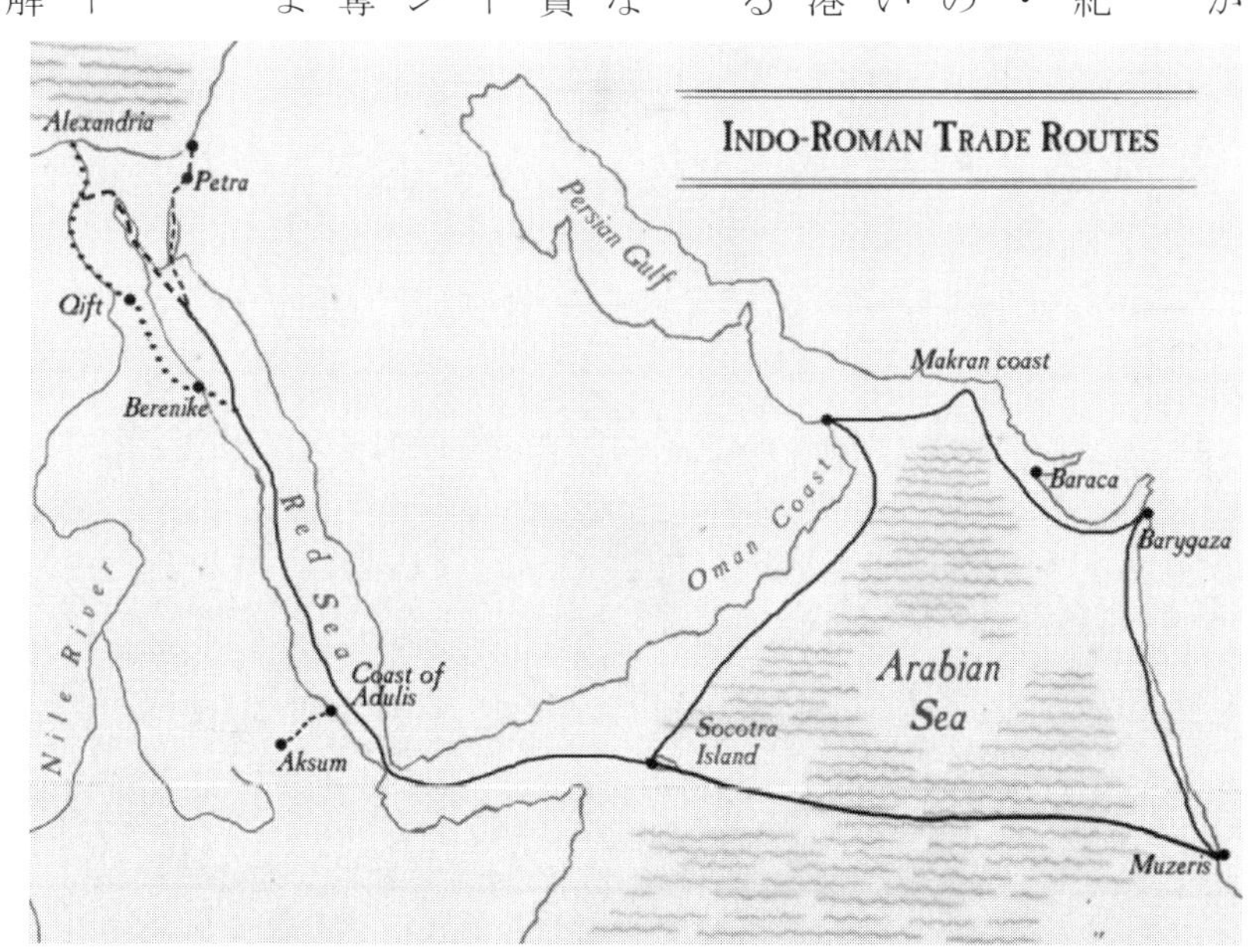

インド・ローマ間の交易路

決しようとしましたが、最終的には硬貨の質を下げるようになりました（つまり、金と銀の含有量を減らしました）。これは結果的にローマ帝国にゆがみとインフレをもたらすことになりました。興味深いのは、インド人が昔の高品質で含有率の高い硬貨を認識していたにもかかわらず、質の低下した硬貨を受け入れ続けたことでした。それは硬貨を発行した皇帝の治世後もずっと、インド洋で流通し続けたのです。

中国がアメリカに対し恒常的な貿易黒字を出し、代わりにドルを受容している現代世界との類似性に着目してください。アメリカの発行するドルが多すぎると誰もが非難しますが、中国はそれを外貨準備金として備蓄し続けています。このように、ゆがみが発生するにもかかわらず、共生的な不均衡が世界経済を動かしてきたのです。実際に、このような不均衡は世界経済拡大期の中心に存在し、驚くほど継続することがあるのです*17。

ローマ帝国とインド間を旅したのは商人だけではありませんでした。例えば、裕福なローマ人女性の間ではインドの占星術師に見てもらうのが流行っていたことが分かっています。ギリシャ哲学の学生デメトリウスの話では、彼は寺院から物を盗んだと冤罪で訴えられ、エジプトで逮捕されてしまいました。無実を証明し賠償金とともに解放された彼は、全財産を友人に寄贈し、インドへ渡ってヴェーダ哲学を学びました*18。つまり、海運業はあらゆる人々にとって海を越え行き来するためのインフラとなっていたのです。

ワクワク

インドがインド洋東部と西部の中心に位置することを考えると、東西インド洋をつなぐためにインドを経由するのは当然のことだと言えます。しかし、風や潮流に関する知識が向上するにつれて、船乗りたちは海を直に横断する自信を十分に持つようになりました。中でも興味深いのは、インドネシア人によるマダガスカルの植民地化です。

マダガスカルはアフリカの近くに位置していますが、前述のように、この二つの大陸塊は約１億６０００万年前にゴンドワナ大陸から分離しました。そのため、島の動植物相は非常に長い間独自の進化を遂げ、隣にあるアフリカの動植物相とは全く似ても似つかないものとなったのです。例えば、そこは体長３ｍ、体重５００kgもある史上最大の鳥、エピオルニスの住処でした。そして、ゴリラよりも大きい世界最大の霊長類、ジャイアントキツネザルがいました。

５世紀のある時点から、インドネシアの船乗りがアウトリガー船に乗ってこの島を訪れるようになりました。操船技術の面から言うと、これは太平洋のポリネシア人らの活躍に匹敵します。このように、私たち人類の故郷、アフリカと非常に近いこの島は、まず初めにインド洋の逆側から植民地化されていったのです。最近の遺伝子研究によると、初めに島へ定住したのは、西暦８００年頃にインドネシアから来た小集団でした。おそらくこの中に女性はたった30人しかいなかったと考えられています*[19]。同様に、島の公用語であるマダガスカル語はその起源を南ボルネオ島まで遡ることができます。移住者たちは故郷でインドの影響を受けていたことから、ヒンドゥー教の儀式やサンスクリット語由来の言葉を持ち込んだようです。

予想はつきますが、人間は独立した島のもろい生態系に衝撃を与えました。人間の到着と同時にエピオルニスやジャイアントキツネザルは絶滅しました。この絶滅に人間の到来が関係していたという結論からは逃れ難いでしょう。オーストラリアへ人間が到着し、非常によく似た影響を与えた課程は既に述べた通りです。

移住者たちは「ワカ・カヌー」にちなんでワクワクと呼ばれるようになりました。そして中世のアラブ商人からはアフリカ東海岸を南下してくる海賊として恐れられるようになりました。ワクワクはまた、奴隷狩りをするため本土を定期的に襲撃しました。西暦945年、ペンバ島（現在のタンザニア）にある要塞カンバル港を占領しようとして失敗に終わったという記録さえ残っています*20。

悪名高い彼らでしたが、このインドネシア海賊は新しい作物をアフリカへもたらしました。バナナ、ヤム芋、パンノキ、サトウキビなど多くの主要産物はワクワク（いくつかはインド人によって持ち込まれたとする反論もあります）がもたらしたとされています。この作物は大陸内部に広がり、この地域にとって大変重要な常用食となりました。

しかし時とともに、マダガスカル沿岸部はアラブ人やアフリカ人に支配されるようになりました。そしてワクワクの多くは島の中央高地に撤退し、徐々に海洋文化を忘れていったのです。リチャード・ホールが「Empires of the Monsoon」で述べているように、「彼らはいまだに支配者を銀のカヌーとともに埋葬していたが、二度と故郷に戻ることはできなかった」のです。

縫合船

古代や中世の旅行者はよく、インド洋の船は船体をロープで「縫合」したもので、フレームの周りに釘打ちをしていなかったという観察記録を残しています。この様式はインドで発祥したようですが、早い段階からイエメン人やアラブ系オマーン人が取り入れてきました。当時鉄釘の使用に十分精通していたインド人が、なぜ船を縫合する方を好んだのかは不明です。実際、デリーの有名な鉄塔のように、彼らは錆びにくい鉄の技術さえ有していたのです。

一つ考えられるのは、この縫合技術が船体にある程度の柔軟性を与えたという可能性です。つまり、船が浅瀬や砂州に入ってしまっても壊れにくかったのです。インドの海岸線には天然の港が少なく、多くの港が河口にあるか、チリカ湖のように狭い航路を航行する必要があったかだったことを考えれば、これは小さな問題ではありませんでした。さらに、モンスーンの利用は、航海のシーズンが打ち寄せる荒波と同時にやってくることを意味していました。そのため、到着した船は波止場に係留されずに、頻繁に陸揚げされていたことになります。

しかし、インド洋を航行していたのはインド・アラブの縫合船だけではありませんでした。東南アジアはアウトリガー船に由来する独自の設計を行っていました。アウトリガー船は、先史時代の祖先がスンダランドの氾濫した海岸線を離れ、島へ定住する際に使用していました。８世紀のインドネシア・アウトリガー船を描いたものの中で一番良く描けているのは、おそらくジャワ島のボロブドゥールに彫刻されている壁画でしょう。壁画を元に、愛好家グループが最近、「ボロブドゥール船」を復元しました。２００３年の８月から２００４年の２月、彼らはサムドラ・ラクシャと名付けられた復元船でジャワからマダガスカル、さらにはガーナまで航海して見せたのです。現在この船は、ボロブドゥールの博物館に展示されています*21。

このように、インド洋は現地の船のデザインに加え、この地域外から伝わった海洋技術の舞台となりました。ギリシャ・ローマの船は地中海を行き来する船のデザインを巧みに取り入れました。後にインド洋へは、中国船団が参入することになります。これは15世紀、鄭和提督の「宝船艦隊」による航海で最盛期を迎えました。このためアラブ人は船の様々なデザインについて大変詳しかったのです。15世紀末にヨーロッパ人が到来するまで縫合船の技術の方が好まれていたとするなら、その利点は大きかったに違いありません。インドでは今でも漁船を縫合する技術が残る漁村がありますが、この技術は衰退しつつあります。

バントゥー族の移住

インド洋世界では海洋貿易が隆盛を極めていましたが、サハラ以南のアフリカ内部では人口動態に大きな変化が起きていました。今日サハラ以南のアフリカはバントゥー語を話す人々が占めていて、私たちはもとからこうなのだろうと思いがちです。しかし言語学的データ、より新しい遺伝子データでは、バントゥー語族の人々は約５０００年前、つまり紀元前３０００年ごろ、現在のナイジェリアやカメルーンに誕生したことが確認されています*22。

紀元前１０００年紀ごろ、彼らは故郷から進出し始めました。大まかにいえば、一つの系統が現在のコンゴ共和国を通過して、赤道直下の中央アフリカへ向け真南に進出しました。さらに別の系統が東アフリカ大地溝帯へ向けて東に進出しました。途中で現在のケニア、タンザニア、マラウイ、ジンバブエを通過し、南下していきました。

新しい地域に進出していくにつれ、バントゥー族はそこにもともと住んでいた人たちと入れ代わったり同化したりしました。バントゥー族がやってくるまでは、コイサン人と血縁のある狩猟採集民がアフリカ東部や南部に住んでいました。中央アフリカにも同じ様にピグミー族が住んでいました。これはヘロドトスの語る古代遠征隊がサハラ砂漠を越えて森とピグミー族の地へ辿り着いたという話と一致しています。

しかし、バントゥー族は徐々に、この二つの集団と入れ代わっていきました。バントゥー族は当初、農耕技術で成功をおさめていたようですが、紀元前６００年ごろからは現地で鉄の技術が発達したことで、さらに繁栄していきました。例えばガボンでは、考古学的根拠から紀元前３００年頃、石器に代わり鉄が使用されるようになったことが確認されています*[23]。

この移住の過程には何世紀も要し、ヨーロッパ人がアフリカ南端に到達した頃にはまだ浸透していませんでした。したがって、15世紀、バルトロメウ・ディアスとヴァスコ・ダ・ガマが喜望峰に到達したとき、コイサン人の遊牧民や狩猟採集民に遭遇していたのです。当時のコイサン人の人口は、ケープ南西部で推定約５万人とされています。しかし、バントゥー族によって、またコイサン人を「ホッテントット」と呼び侮蔑していたヨーロッパ人によって、コイサン人は徐々に領土を奪われていきました。

第６章

アラビアン・騎士（ナイト）

インド洋の交易路は西暦４世紀から５世紀にかけて確立していきました。この頃になると、中国人巡礼者や商人など、環インド洋の遥か彼方から海を自在に渡りインドへやってきた人々の記録が残っています。この繁栄とグローバリゼーションの時代を支えたのは、台頭国家グプタ朝でした。

グプタ帝国は現在のビハール州とウッタル・プラデーシュ州東部にあたるガンジス平野東部に起源を持っています。この地に権力基盤を築き上げたのが、王朝の初代皇帝チャンドラグプタ１世でした。しかし、帝国を劇的に拡大したのは息子のサムドラグプタ（西暦３３６〜３７０）です。サムドラグプタは数々の軍事作戦で、インドのほぼ全域を直接、あるいは間接的に支配しました。彼は北部平原から中央インドにかけてグプタ朝の統治を確立した後、東部海岸からはるか南へ軍事遠征を行いましました。そしてオディシャとアンドラの支配者、さらにカーンチーのパッラヴァ王ヴィシュヌゴパを次々と破りました。この北部の征服者が首都パータリプトラから直接統治を行い、南の諸侯は朝貢国家の家臣として王国の統治を許されていました。

サムドラグプタの息子チャンドラグプタ２世（ヴィクラマーディティヤとも呼ばれます）が西暦３７５年から４１３年にかけて王位につき、帝国はさらに拡大しました。一説によれば、彼は人望のなかった兄、ラーマグプタを廃して王位についたと言われています。

デヴィ・チャンドラグプタという失われた戯曲の現存する一節によれば、サムドラグプタの死後、グプタ朝はサカ族（スキタイ人）の侵略を受けたといいます。グプタ朝の新王ラーマグプタは計られたことに気づき、和平を訴えました。サカ族が提示した条項の一つは、ドルヴァ・デヴィ王妃をサカ族に引き渡せというものでした。一族に対するこの侮辱に、王弟チャンドラグプタ２世は激怒しました。チャンドラグプタ２世はドルヴァ・デヴィに変装してサカ族の陣営に入り、王を殺害して逃亡しました。サカ族の侵略軍は散り散りになって逃げていくしかありませんでした。これによりチャンドラグプタは一躍人気者となりましたが、ラーマグプタはこれを逆恨みして弟の暗殺を謀りました。権力闘争の末に、チャンドラグプタはとうとう兄を殺害してしまいました。彼は皇帝として即位し、ドルヴァ・デヴィと結婚しました。

この波乱万丈な物語は正しい史実ではないのかもしれませんが、グプタ時代の碑文には、チャンドラグプタ２世にはドルヴァ・デヴィという王妃がいて、彼女との間に子どもがいたと記されています*1。また、インド西部に侵入してくるサカ族や中央アジアの他民族に対し数々の軍事遠征を行い、成功に導いたことも分かっています。デリーの有名な鉄塔には、彼がインダス川の河口を渡りバーリカ（バクトリア人）を破ったと刻まれています。おそらくこれが原因で、グジャラート港とシンド港はグプタ朝の支配下に入りました。また、はるか北のギルギットからバルチスタンに広がるハンザ渓谷にも、チャンドラグプタ・ヴィクラマーディティヤを示す岩の碑文があり、グプタ軍がカシミール渓谷を越えてパミール高原に侵入していたことが分かります。

グプタ朝は数世代にわたり、インド亜大陸のほぼ全土を直接的、あるいは間接的に支配することになりました。インドの北部及び中央部はパータリプトラから直接統治されていました。ただし、インド半島は属国やヴァーカータカ朝のような近隣の同盟国に管轄されていました。中央アジアの集団が時折北西部から繰り返し襲撃を仕掛けてきましたが、チャンドラグプタ・ヴィクラマーディティヤの直系の後継者、クマーラグプタとスカンダグプタはこれを撃退しました。

こうして広大な領土に平和が築かれ、グプタ時代は類を見ないほどの経済的、文化的な繁栄を遂げました。この時代はインド古典の「黄金時代」とも言われています。帝国のグジャラート港やベンガル港は、中国、ペルシャ、アラビア、エチオピア、東ローマ帝国からの商人、外交官、学者、巡礼者で賑わいました。グプタ朝は敬虔なヒンドゥー教国でしたが、宗教においては寛容な政策をとりました。中国の文献によると、スリランカの王メガヴァルナはサムドラグプタに使節団を送り、ブッダガヤを訪れるスリランカの巡礼者のために修道院と宿泊所の建設許可を求めたそうです。許可は降り、壮大な修道院が建設されました。その壮麗さについては後の7世紀に中国の学僧、三蔵が書き記すことになります。有名なナーランダ大学もまた、グプタ朝の統治下で設立されました。

法顕の航海地

中国の学者、法顕（ほっけん）（Fa Xian, Fa Hien）は5世紀初頭に訪印し、興味深い旅の記録を残しました。彼は中央アジアを経由し陸路でインドへ渡り、インド北部で仏典を研究して数年を過ごしました。法顕の記録は仏教巡礼者が関心を持つような場所や事柄にかなり偏っていましたが、インドがグプタ朝の下で繁栄し、豊かに成長した国であったという印象を残しています。著書の中で一番興味を惹かれるのは、彼が残した帰路の船旅に関する鮮明な記録です*2。

西暦410年頃、法顕はグプタ朝の首都パータリプトラを離れ、ガンジス川を下っていきました。この時代、ベンガル湾にはいくつか港がありました。その1つがチャンドレークトゥガル遺跡で、現在のコルカタの北30㎞ほどの地点で発見されました。コルカタ空港近隣の塚を発掘していた考古学者は最近、別の古代集落跡も発見しました*3。つまり、この町は17世紀に植民地集落が設立されるずっと前から歴史を有していたのです。

法顕はベンガル最大の港であるタムラリプタに向かった際に、こうした集落を皆通過していったと考えられます。この有名な古代港があった場所は、今はタムルクと呼ばれていて、コルカタから車で南西へ2、3時間走ったところにあります。そこはルプナラヤン川がガンジス平野に流れ込む地点の近くです。しかし法顕が使ったと思われる古い支流は、現在は干上がってしまっています。女神カーリーを祀る1200年前に建てられた寺院の他、過去の栄光を偲ぶものはありません。

法顕はここで仏典を写して2年を過ごしました。そして彼は大商船に乗り、冬のモンスーンの一番風に乗って出航しました（おそらくカルティック・プルニマの頃です）。船はわずか14日でスリランカに着いたと言われています。法顕はこの島でさらに2年間、様々な文献を学んだり写したりして過ごしました。スリランカでは仏教が栄え、王は聖遺物、仏歯の管理者として僧伽（サンガ）を寛大に支援していた、と法顕は伝えています。面白いことに、王は私生活においては厳格にヒンドゥー教の規範と儀礼に則って生活していたと法顕は補足しています。

次に法顕は巨大商船に乗って東南アジアへ出航していきました。この船は乗員200名を乗せ、商店の入った小船も随行していたので、かなり大きな船だったと思われます。晴天が2日間続いた後、不幸にも船は大嵐に見舞われ、大きいほうの船は浸水してしまいました。乗客の中にはパニックになり、小さいほうの船に無理やり乗り移ろうとする者も出てきました。小型船の船乗りたちは集団暴走を恐れて、曳航索を切断し走り去ってしまいました。商人たちは高価な積み荷を船外に投げ捨て始めました。沈没を免れるには他に方法がなかったのです。法顕も水盤と水差しを投げ捨てました。法顕は愛蔵書も投げ捨てられるのではと心配しましたが、まもなく天候は回復しました。

13日後、小さな島に着きました。船は陸揚げされて漏水箇所の修理が行われました。この島がどこなのか誰にも分からず、海賊に襲撃されるのではと皆が心配していました（おそらくそこはスマトラ島北部海岸沖の島か、もしくはニコバル諸島だったと思われます）。やがて船員は方角を把握し、新しい進路に向けて出港しました。９０日間航海するとジャワ島に到着しました。法顕はそこで5か月を過ごしました。ジャワ島について法顕が語っているのは、圧倒的にヒンドゥー教徒が多かったことと、仏教徒がほとんどいなかったこと（ボロブドゥールがあるのでこれは完全に正しいわけではありません）でした。

法顕は、今度は中国へ向かう別の商船に乗り込みました。この船は船員だけでも２００名いたので、よほど大きな船だったに違いありません。さらに、この船には50日分もの十分な食料が積んであったそうです。法顕はこの船で快適な船室暮らしを楽しんでいたのかもしれません。しかし１か月後、法顕らは海上で大嵐に見舞われました。またしても船内はパニックになりました。同乗者の中には、法顕が悪運をもたらしたのだと責め立てる者さえいました（おそらく彼らは法顕の前回の航海のことを聞いていて、偶然にしてはあんまりだと思ったのでしょう）。幸いにも、ある有力な商人が間に入って事態は落ち着きました。

一方、船は嵐によって進路から外れてしまい、海上で70日が経過しても陸地は見えてきませんでした。

食糧と水が激減し、同乗者たちは互いになじり合うようになりました。言い争いに辟易した熟練の商人たち数名が指揮を執り、新たな進路を北西に定めました。さらに12日後、ついに彼らは中国の海岸へ到着することができたのです。

この話は様々な面で興味深いと言えます。これはインド洋東部を実際に航海した初の体験記です。また5世紀には、ベンガルからスリランカ、そして東南アジアを経由して中国に至る航路が確立していたということも分かります。様々な危険が待ち受けていたにもかかわらず、巨大船や熟練の商人たちが存在し、日常的に航海に出ていたようなのです。

パッラヴァ朝の謎

前章でも述べましたように、インド南端の古代史はチェーラ朝、パンディア朝、チョーラ朝による三部族の対立で占められていました。そこにスリランカを治めるシンハラ人の王が参入することもありましたが、通常スリランカはパンディア朝の同盟国として関与していました。実際の領土や同盟は盛衰しましたが、大まかにいえばチェーラ朝の支配力が強かった中心地はケララ海岸、パンディア朝はマドゥライ周辺のタミル・ナードゥ州南部、チョーラ朝はカーヴィリ・デルタを基盤としていました。この三つ巴の争いが15世紀以上続いたとは驚きです。ヨーロッパで言えば、薔薇戦争が未だに続いていて、さらにもう千年以上続くのに等しいのです。

とはいえ、他王朝もこの歴史へ相当な期間にわたって割り込んできました。おそらくこの中で最も重要だったのはカーンチープラム（チェンナイから車で2時間弱）のパッラヴァ朝です。サムドラグプタが南方遠征のため進軍した際、パラッヴァ朝は既に存在していました。しかし、パッラヴァ朝の起源については長年議論がありました*4。文献や碑文では、チョーラ朝の王子、アンドラ首長、バラモンの学者などが、様々にほのめかされています。学者の中には、パッラヴァ朝はパルティア起源だと考える者もいるほどです。ですが、この王朝はナーガ族との婚姻によって王権を獲得していました。これについては、入手可能なあらゆる根拠において認められています。この婚姻同盟は、明らかに重大な歴史的要素でした。

ご存知のように、「ナーガ」という言葉は東洋的な特徴を持つインド北東部や東南アジアの人々を指す言葉として使われてきました（スンダランドの離散）。パッラヴァ朝は蛇をシンボルとしたり、自らを蛇の民と称する東南アジアの王国に縁がありました。例えば第一章で述べましたように、マレーシアのケダ州にあるカダラム王国の遺跡は、今でも蛇の谷と呼ばれる地域に集中しています。同様に、多頭コブラはクメール人にとって王室の象徴でした。パッラヴァ王朝設立に貢献したナーガ族の王女は、東南アジアの出身であった可能性が高いのです。もしかしたら彼女はソーマ姫とカウンディニアの子孫だったのかもしれません。パッラヴァ王朝とインドの影響を受けた王国が特に深い関係にあったのは、このためだと考えられます。

パッラヴァ朝は西暦６世紀には、シンハ・ヴィシュヌ王のもとで拡大し始め、チョーラ朝、パンディア朝、そしてカラブラ朝という謎に包まれた部族を破りました。南を固めた後、パッラヴァ朝は北に目を向けました。そこで現在のカルナータカ州やマハラシュトラ州に大帝国を築き上げていたチャールキヤ朝と衝突することになりました。パッラヴァ朝とチャールキヤ朝の対立は数世代続き、運命の振り子は前後に揺れ動くことになりました。

シンハ・ヴィシュヌにはブヒマという弟がいましたが、遠国へ航海に出て現地の王女と結婚し、支配者となっていました。五代下るとシンハ・ヴィシュヌの直系が絶え、パッラヴァ朝は12歳だったビーマの子孫を王位に就けました。この少年は本書の冒頭でご紹介したナンディ・ヴァルマン2世となりました。ナンディ・ヴァルマン2世にまつわる碑文は、彼が正統なパッラヴァ朝君主であることを強調していて興味深いと言えます。彼は外国生まれだったため、王位継承権をしっかりと強調する必要があったのだと説明ができます。しかし、寺院の壁画に描かれた素顔を見る限り、彼は東南アジアの出自を恥じてはいなかったようです。もしかしたら「正統」という言葉は何か違う意味合いを持っていたのかもしれません。パッラヴァ王朝がナーガ王女との婚姻から始まったことを思い出してみてください。ナンディ・ヴァルマン2世は、パッラヴァ朝の王子ビーマとナーガ王女の子孫であるがゆえに、真のパッラヴァ王であると言いたかったのでしょう。

パッラヴァ朝は最盛期にはタミル・ナードゥ州、カルナータカ州南部、アンドラ・プラデーシュ州とスリランカの一部を支配していました。カーンチープラムの首都とマハーバリプラムの主要港はパッラヴァ王たちにより巨大なヒンドゥー教寺院で彩られ、壮麗な町となっていきました。そのうちのいくつかは両地点に現存していて、一見の価値があります。マハーバリプラムを訪れる今日の観光客は普通、石窟や海岸寺院を見物しに行きます。古代遺跡の後方、丘の上に建つ現代的な灯台はたいてい無視されます。しかし、海洋史の通の方ならそこへ上ってみられるといいでしょう。西暦630年頃に建てられたパッラヴァ朝時代の灯台が遺構として残っているからです。そこでは港に船を誘導するため、毎晩火が焚かれていました。

マハーバリプラムの考古学遺跡は印象的ですが、パッラヴァ朝時代の港湾都市は今やほとんどが海底にあります。古い伝説では、海岸にはもともと、7つの寺院があったと言われています。町の富豪が大層傲慢になったので、神々が洪水を起こして罰を与えたというのです。洪水は全てを流し去りましたが、海岸寺院だけがただ一つぽつんと残されていて、今でも見物することができます。地元の漁師たちもよく網が海中の石造物にからまると訴えていましたが、歴史家たちは長らくこの口伝を軽視してきました。

そして２００４年12月、インド洋全域の海岸線を大津波が襲いました。津波が来る前に海が後退していき、数分間、マハーバリプラム沖には複数の石造物がさらけ出されました。その後インド考古学局の調査によって、沖合には複数の寺院と人口の構造物が実際に眠っているということが確認されました*5。さらにこの地域を研究すると、この海岸線は幾度も津波に襲われていた跡が見つかり、伝説の洪水は津波に関係していたという可能性も出てきました。

マハーバリプラムで商団が交易していた相手は誰だったのでしょうか。８世紀の東南アジアには、高度に発展したインド風の王国が無数にありました。シュリーヴィジャヤ王国はスマトラ島とマレー半島のほぼ全域を支配していました。そこにはスマトラ島のパレンバンとマレー半島のカダラムという二つの都市がありました。ジャワもまた政治の中心地でした。この諸王国はバリやマドラなどの島々にも勢力を伸ばし、現在のインドネシアのほぼ全域を支配する強大なマジャパヒト王国へと成長していきました。カンボジアでは、クメール人が後にアンコール帝国となる王国を築いていました。さらに東では、チャンパ王国がベトナムの中央および南部海岸沿いに広がっていました（歴史家の中には、これは中央集権国家というより連合国家だったと主張する者もいます）。これらの王国は相互間貿易を行い、インドや中国とも交易を行っていました。彼らはまた激しい戦を繰り広げていました。特にクメール人とチャム族、そしてジャワとシュリーヴィジャヤが争いあっていました。

パッラヴァ朝とこの諸王国間の深い政治的・商業的関係を考えると、東南アジアに影響を与えていたインドの主な発信源が、この時期にオディシャからタミルへ移ったのも不思議ではありません。例えば、東南アジアの人々はパッラヴァ様式のブラーフミー文字を用いていました。クメール語、タイ語、ラオス語、ビルマ語、ジャワ語、カウィ語の表記に使われる文字がパッラヴァ文字に由来するのはこのためです。19世紀初頭までは、フィリピンでタガログ語を書くのにブラーフミー語由来のバイバイン文字が使われていました。

法顕の記述にも見られるように、印中間の交易路は5世紀には確立していました。パッラヴァ朝時代には、中国の港に暮らすインド商人の巨大コミュニティが存在していたのです。１９３０年代以降、考古学者たちは泉州の港町とその周辺に、ヒンドゥー教寺院と少なくても二つの大寺院が存在していた痕跡を発見しました*6。その中にはヴィシュヌ神やシヴァ神の神話を描いた石の彫刻もありました。これは同じ時代に南インドで見つかったものとほぼ同じでした。近くにある車甸（チェディアン）という村では、住民は今でも明らかにインド由来の女神像を崇拝しています（村人は中国の女神、観音菩薩だと思っています）。

イスラム前夜のアラビア

これまで見てきたように、イエメンの古代史はサバア人、ハドラマウト人、ヒムヤル人のような部族間の対立が中心でした。その文化はアラブのものとは全く違っていました。しかし、2世紀からは、人口動態、文化、そして地政学上の変化により、この地域の勢力図は変化しはじめました。はじめに西洋からこの地域へ、大勢のユダヤ人貿易商や難民のコミュニティがやってきました。このユダヤ人入植者の子孫たちは20世紀までエチオピア、イエメンの両国に存続していました。

その間に現在のリヤド周辺から押し寄せてきたアラブ人たちは近隣諸国の領土内へ侵入し始めました。ある一派はイエメンとオマーンに向かいました。なぜこの大規模な移民が起きたのかは明らかではありませんが、アラブの名が突然イエメンの碑文に現れ始めたのです。この記録から言えることは、アラブ人の数が増えるにつれ、現地の部族に対しアラブ人達の主張が強くなっていったということです。中には、「ハーシド族との境界に住む一部のアラブ人や、君主であるサバの王に対し不当な振舞いをしたアラブ人の地で、戦争が起こった」という記録も残っています*7。私がこの文を打っていた際にも、サウジ率いる連合軍がイエメンのシーア派フーシの反乱軍を猛攻撃していました。

古代サバア・ダムの決壊で人口動態は悪化し、イエメン人の中にはこれに押されて、アラブ人の移住が起きていたオマーンに向け、北へと移住したグループがいました。時が経つとともに、この二つの移民集団はペルシャの影響を受けオマーンに暮らしていた人々を追いやったり吸収したりしました。今日でも、ほとんどのオマーン人はこの二つの移民集団まで祖先をたどることができるのです。ヤマニ族はイエメン人が起源であり、ニザリ族は中央アラビアが起源であると主張しています。

一方、サバア人は南アラビアを一時支配していたヒムヤル人との同盟に入らざるを得なくなりました。ところが当時、ヒムヤル自体も二大国間で板挟みとなっていたのです。それはササン朝ペルシャと、これと対立するビザンツ帝国でした。この時ビザンツ帝国（つまり現在のイスタンブール、コンスタンティノープルを首都とする東ローマ帝国）は熱心な改宗キリスト教国になっており、地政学的にも宗教的な色合いを帯びていきました。ビザンツ皇帝コンスタンティヌス（３３７年〜３６１年）はヒムヤルの王宮に大使とインド人宣教師テオフィルスを派遣し、教会の建築と改宗の許可を求めました。

エチオピアは４世紀に、この動乱から地政学的、宗教的な影響を多く受けた国の一つです。４世紀中頃、エチオピア人は紅海の商船からフルメンティウスとエデシウスというキリスト教徒の少年二人を捕えて捕虜としました。彼らは首都アクスムへ連行され、奴隷として王に仕えることになりました。二人はすぐに王の信頼を得て、王は死の直前に彼らの自由を認め、高官へと昇進させました。未亡人となった女王は二人を頼って王国を統治するようになり、また、次の王である幼い息子の教育をフルメンティウスに任せるようになりました*8。

かつての奴隷は今やその地位を利用して積極的にキリスト教を布教するようになり、ついには若い王エラザンも家庭教師の影響を受けてキリスト教に改宗したのです。こうしてエチオピアはキリスト教国となりました。そのため、エチオピアはビザンツ帝国の文化的、地政学的影響の圏内に入りました。インド人はこの時期のこうした変化をはっきり認識しており、エチオピア人のことを「クリシュナヤヴァナ」、つまり黒いギリシャ人と呼ぶようになりました。

6世紀初頭、アクスム王エラ・アスベハはイエメンを攻撃し、キリスト教徒の王をヒムヤル王位に就けました。エチオピア人が撤退すると、ユダヤ人や親ペルシャ派が中心となりキリスト教徒に対する反乱を起こしました。そしてイエメンは凄惨な内乱状態へと陥っていきました。ユスフというユダヤ人の武将が王位を奪うと、バブ・エル・マンデブ海峡付近の要塞群を攻撃しました。この襲撃によって1万2500人が死亡し、1万1000人が捕虜となったと今に伝わっています（29万頭の羊、牛、ラクダを戦利品として獲得しました）*9。

エラ・アスベハは直ちに行動を起こしました。彼はイエメンを攻撃するため、大軍と艦隊を終結させました。ユスフとその一味は殺され、キリスト教徒の王が再び王位に就きました。また、エチオピア人は駐屯軍を置き、イエメン人は毎年アクスムへ朝貢するよう定めました。しかし、エラ・アスベハがこの世を去るとすぐに駐屯軍は従わなくなり、王を自分たちの候補者に代えたのです。こうして、複雑な内戦によってシェバの女王伝説を生んだ栄えた王国は荒廃していきました。

やがて伝説的英雄、サイフ・イブン・ズィー・ヤザンがペルシャの手を借りてエチオピア人を撃退し、ある程度の秩序が回復しました。サイフは、ササン朝君主に朝貢することを条件に王となりました。しかしながら、サイフはエチオピア奴隷の一団に刺殺され、再びペルシャ軍が派遣されました。今度は、この地域は直接ペルシャの支配下に置かれることになりました。

こうした事件は、中東全域におけるペルシャとビザンツ帝国の長期戦という広い文脈でとらえる必要があります。イエメンへの遠征は、ビザンツ帝国・エチオピア同盟がインドへの紅海交易路で実権を握り、敵対するペルシャ湾ルートを迂回するという試みの一環でした。当時のビザンツ人は、「エチオピア人がインド人から絹を購入するのは不可能だった。ペルシャ商人がインド人の入港する港に居を構え、近隣に住み着いて積み荷全てを買い占めるのが常だったからだ」と言っています*10。

戦争だけでは飽き足らないかのように、疫病も発生して中東は壊滅的な打撃を受けました。西暦541年、ユスティニアヌスの疫病として有名なペストがエジプトで初めて報告されました。エジプトの穀物輸送船がビザンツ帝国の首都コンスタンティノープルまで疫病をもたらし、そこで人口の半数が犠牲になったと言います。疫病はすぐに地中海や中東に広がり、数十年の間に推定2500万から5000万人が死亡しました。このように、7世紀が幕を開けた頃には、中東は壊滅状態にあったのです。これが全く新しい勢力、イスラム教が誕生した頃の状況でした。

イスラム教の台頭

イスラムの急速な台頭は、７世紀におけるインド洋西部の勢力図を根本から覆しました。よく知られているように、当初預言者ムハンマドは彼が受けた啓示について、自分の出身部族であるメッカのクライシュ族を思うように改宗させることができませんでした。西暦６６２年、彼と信者たちはメディナに移りました。彼らの運命が変わり始めたのは、６２７年、メディナを敵の同盟軍から守ることに成功してからでした。ムハンマドは塹壕を利用して敵の優勢な騎兵隊を制圧したため、これは塹壕の戦いと言われています。三年内に彼はメッカを占領し、アラビア半島に要となる王国を築き上げました。

拠点を確保した後、預言者ムハンマドは周辺部族の族長に使者を送り、彼の宗教へ加入するよう求めました。これにはペルシャの支配に辟易してペルシャを追い払いたがっていたイエメンやオマーンのグループも含まれていました。ムハンマドの使者は、ジュランダ王率いるオマーン軍がペルシャに対する大規模攻撃を考えていたちょうどその頃に到着したといいます。ペルシャ人は海岸を制圧し、オマーン人は内陸部の山を制圧しました。ジュランダの王子たちはニズワで使者を迎え入れました。そこは高い岩山に囲まれたオアシスで、オマーン人が歴史上脅威に直面するとこの地を拠所としてきたわけが分かります（ただし、今日見られる絵のように美しい要塞や市場は、ここで取り上げている時代よりもずっと後代のものです）＊11。オマーン人にあてた預言者ムハンマドの手紙の内容は残っており、次のように書かれているそうです＊12。

恵み深く慈悲深き御方、アラーの御名において、

ムハンマド・ビン・アブドゥラからアル・ジュラムダの息子ガイファーとアブドへ、
この導きに従う者には現在も未来も平安がもたらされる。
私はイスラムの名においてあなた方を呼ぶ。
イスラム教に従えば安全であるだろう。
私は全ての民へアラーの言葉を伝える預言者である。
私はあらゆる人々にイスラム教の知らせを届け、信じない者達と戦う。
あなた方がイスラム教を受け入れることを望む。
しかし、もし受け入れないのなら、あなた方は国を失い、騎兵隊が領内に侵入し、
私の預言があなたの国を支配するだろう。

オマーン人は、この言葉に大変感銘を受け、イスラム教を受け入れました。こうして、オマーン人は初めにイスラム教に改宗した者たちの一つとなりました。新しい信仰とムハンマドによる援助の約束によってオマーンは強大になり、ペルシャ人をその沿岸部の居住地から追い払っていきました。

預言者はメッカを征服してからわずか２年後の６３２年に亡くなりました。しかし、彼の直系の子孫が帝国を急速に拡大していくことになるのです。６３７年、アラブ人はカーディシーヤの戦いでペルシャ人を破り、ササン朝の首都クテシフォンが陥落しました。やがて、アラブ人はペルシャ帝国全体を支配するようになりました。ビザンツ帝国はアナトリアの中心部でさらに激しい抵抗をしましたが、アラブ人は６３８年にエルサレムを占領し、６４１年にはシリア、パレスチナ、エジプト全域を支配しました*13。イエメンとオマーンの戦士はこの初期の征服活動において重要な役割を果たしました。

つまり、ムハンマドの死から十年以内に、アラブ人は大帝国を支配するようになったのです。その並み外れた成功は、まさに神が味方をしているとアラブ人に思わせたに違いありません。残念ながら、このような富と権力の急増は、新たに台頭したエリートとの間に敵対関係と緊張を生むことになりました。この権力闘争は680年のカルバラーの戦いへ発展しました。この戦いでムハンマドの孫、フサイン・イブン・アリとその信者たちは、ウマイヤ朝のカキフ・ヤズィードが派遣した大軍に虐殺されました。フサインは幼い息子を腕に抱いて死んだと言われています。この事件は今日まで続くシーア派・スンニ派間の宗派分裂を招きました。

面白いことにインドでは、フサインの一派にヒンドゥー教の傭兵集団が含まれていて、この戦争で同様に殺害されたという伝承が伝わっています。このため、パンジャーブ州のモヒャル・バラモンは今でもムハッラムを偲ぶ行事にシーア派ムスリムとともに参加しています。アラブ指導者内に渦巻く疑惑と陰謀の空気を考えれば、部外者が私的な護衛として雇われていたとしても不思議ではありません。後述するように12世紀経った後、インド兵士の集団がイラクで包囲戦下に置かれることになるのです。

次にウマイヤ朝は、オマーン人を直接支配下に置くことにしました。オマーン人は早くから進んでイスラムに改宗し、ある程度の自治権を求めるようになっていたのです。スレイマンとサイードという二人の兄弟は、陸海に送られた4万もの大軍に対し果敢に防衛軍を組織しました。オマーン軍は初めは優勢でしたが、敵は増援を続け、ついに彼らの抵抗も限界に達しました。700年頃、二人の兄弟は家族や信者とともに船でアフリカへ逃れました。こうして、オマーン人やアラブ人らがズンジの地と呼ぶアフリカ東海岸との長い付き合いが始まったのです*14。

ウマイヤ朝は750年、アブー・アル・アッバースに倒され、凄惨な最期を迎えました。アブー・アル

・アッバースが先代を倒した後、彼は前政権の生き残った貴族のために和解の宴会を開いたと言われています。客が座って食事を始めると、家来が全員を虐殺しました。死体の上に絨毯が広げられ、新カリフと家来は死体の山に座って食事をしたと言われています*15。

この殺戮のために、さらなる難民の大群がアフリカに流れていきました。こうして、アフリカの東海岸にはアラブ人の集落が散在するようになりました。一方、残ったオマーン人は再度、ニズワ近隣の荒れ果てたアル・ハジャル山地に撤退しました。そこで彼らはイバード派というイスラムの一派へ発展していきました。今日でも、オマーン人の多くはイスラム・イバード派に属しています。

アラビアン・ナイト

戦争によって混乱が起きましたが、商人たちはインド・中東間を航海し続けていました。インドのケラ州に世界で二番目に古いモスク、チェラマン・モスクがあることを知る人は多くありません。伝わる日付が正しいのなら、それは預言者がメッカを征服する前に、アラブ商人によって建てられました*16。このモスクは、ムジリス地方のコーチからだいたい車で北へ一時間のところにあり、この古代港の重要性に改めて焦点が当てられています。古い写真を見ると、元々モスクの構造は現地の寺院建築様式に基づいていましたが、残念ながら１９８４年の改築工事の際に、伝統的なイスラム建築方式に従ってドームとミナレットを増築して改装されたことが分かります。観光客を呼び込むために古いデザインに戻そうという話も今では上がっていますが、全く同じにというわけにはいきません。

前章で見てきたように、アッバース朝カリフの初期数年はひどく血塗られ、敵は容赦なく抹殺されました。やがて、アッバース朝は広大な帝国を支配するようになりました。また、首都をダマスカスからバグダッドへ移しました。ハールーン・アッラシード（786年〜809年）の支配下で、帝国は平和と繁栄の時代を迎えたのです。しかし同時に、比較的簡素だった初期イスラム文化に、ササン朝を彷彿とさせるきらびやかな宮廷や、精巧な装飾が見られるようになりました。それはまた、インド洋西部で交易が盛んになった時期でもありました。

アラビアン・ナイトには、当時の精神が反映されています。「アブー・ハサンのおなら」という物語には、インドとの貿易でたいそうな金持ちになったイエメン商人の話が収められています*17。アブー・ハサンは自分の結婚式で盛大におならをしてしまい、この社会的屈辱からその場を逃げだし、インドへ渡って行ってしまいました。そして彼はケララ州のカリカット（コーリコード）港に住み着きました。現地の王はヒンドゥー教徒で、アラブ人を歓迎していました。その港にはハドラマウトから来たイエメン人の大きなコミュニティがあったということが分かっています。ここでは物語のあらすじについては触れませんが、この物語には中世のグローバリゼーションが生き生きと描かれていたのです。

商人や船乗りが絶え間なく往来していたために、ケララ州の男性人口の大部分は一時的人口であり、その一方で女性の人口はしっかりと定着していたことが分かっています。時が経つにつれ、それが母系制度に繋がっていったようです。ケララ州のナーヤル族やカルナータカ州沿岸のバント族は両者とも戦士の部族で、母系制の風習が発達していました。アラブ商人も現地で妻を迎え、その子孫であるイスラム教徒の「マッピラ」は、現在ケララ州人口の四分の一を占めるに至っています。「マッピラ」という言葉は現地のマラヤーラム語で婿を意味するという事実は注目に値します。

「アラビアン・ナイト」には商人や航海にまつわるたくさんの物語がありますが、中でも一番面白いのは間違いなくシンドバッドでしょう。この物語集には彼の冒険がいくつか収められていますが、特に面白いのがシンドバッド二度目の航海です。シンドバッドの船が美しい島の近くに錨を下ろした時、彼は散歩に出かけることにしました。いい場所を見つけたので、シンドバッドは木の下で眠ってしまいました。彼は思いがけずかなり長い間眠ってしまい、残念ながら起きた頃には、船は彼をおいて出航してしまっていました。無人島と思しき島に置き去りにされたシンドバッドは当然、ひどく不安になりました。

長い話をかいつまんで話しますと、シンドバッドは谷の険しい崖に行く手を阻まれていることに気が付きました。谷底一面が高価なダイヤモンドで覆いつくされているのを見て彼は驚きました。ところが、シンドバッドは洞窟の近くに巨大な蛇が眠っているのも見つけてしまいました。夜になって蛇が這い出して来たなら、あっという間に食べられてしまうでしょう。

シンドバッドが脱出する方法を考えあぐねていると、大きな肉の塊が近くに落ちてきました。すると大鷲が肉を拾い、飛び去って行きました。見上げると、谷の上で数人の男たちが大きな肉の塊を谷へ投げ落として、ダイヤモンドを肉にくっつけようとしていました。鷲は肉を拾い上げ、巣に持ち帰ります。そこで大きな音を立て鳥を怖がらせて追い払い、ダイヤモンドを集めるのです。シンドバッドは、これはチャンスとポケットいっぱいにダイヤモンドを詰め込み、肉の塊に自分を縛りつけました。やがて彼は鷲に拾い上げられ、谷から抜け出すことに成功したのです。ダイヤモンドのおかげで彼は大金持ちになりました。

皆さん方の多くはシンドバッドの冒険をよくご存じだと思います。注目すべきは、アラブ人が語るシナモンの入手方法について、ヘロドトスがよく似た話を記していることです。つまり、この物語は千年に渡り、様々な形でインド洋に伝わって来たものだったのです！

シンドの征服

西暦711年には、アラブ軍はスペインへ到達し、そして数年のうちにイベリア半島全土を制覇しました。ウマイヤ朝は同時に東方へ進出し、西暦705年、アラブ軍はマクラン海岸を侵略しバルチスタンを獲得しました。これによって彼らはシンドの国境にたどり着き、インド文明に初めて遭遇しました。シンド王国は当時、ラジャ・ダヒールが統治していました。彼はイスラム側の記録文献でも、有能で人望のある君主とされていました。

初めに送った実地調査的な遠征軍は敗れてしまいましたが、711年に本格的な軍がイラクから派遣されました。指揮をとったのはムハンマド・ビン・カシムという若い将軍でした。この遠征はフィリシュタの年代記やチャチュ・ナーマという文献にも記されています。フィリシュタによると、軍はまず、現在のカラチに近いインダス川河口の港デヴァルを襲撃しました。この町には大きなヒンドゥー教寺院があり、巡礼の地でもあったようです。この町は4000人のラージプート兵が駐屯する要塞によって守りを固めていました。ムハンマド・ビン・カシムは石弓を用いて要塞へ絶えず攻撃を仕掛けてきました。この要塞はついに襲撃を受け、守備隊全員が殺害されました。巡礼の町であったため、デヴァルにはバラモンも多く住んでいました。フィリシュタによると、17歳以上のバラモン男性は全員斬首され、女性と子供は全員奴隷にされたといいます*18。

イラクから援軍を受けたアラブ人は北進し、ダヒールの本陣と戦いました。ムハンマド・ビン・カシムは揮発油をしみ込ませた玉に火をつけて弾幕として使い、敵の戦象部隊を崩壊させて騎兵隊を突撃させました。ラジャ・ダヒールは包囲され重傷を負いながらも、戦場で命を落とすまで戦いました。そこでシンド人は女王の指揮下でアジドゥルの要塞へ撤退し、数カ月の間包囲を受けました。飢餓に瀕した彼らはついにヒンドゥー教で最後の抵抗にあたる「ジョウハル」を決行しました。門が開け放たれ、女王は生存者を率いて城外へ出ると最後の突撃に出ましたが、全員が虐殺されてしまいました。残ったほとんどの非戦闘員は自殺しました。こうして、アラブ人はシンドを征服したのです。

話はここで終わりません。フィリシュタによると、ムハンマド・ビン・カシムはダヒールの娘二人を捕らえ、カリフに献上品として贈ったと言われています。二人は後宮に入れられましたが、カリフが長女を寝室に呼ぶと、長女は既にムハンマド・ビン・カシムから暴行を受けたと言いだしました。カリフはこの侮辱に激怒し、将軍を猛獣の住処に閉じ込めて処刑しました。この勇敢な王女は彼の亡骸を前に、復讐のために嘘をついたことを明かしたのです。この類まれな復讐の物語が本当なのかどうか、確かめるのは困難です。アラブ側の文献では、ムハンマド・ビン・カシムがシンド征服の直後に処刑されたことが確認されていますが、王女達については何も触れられていません。

あっさりシンドを征服したものの、アラブ人にとって亜大陸という足場を越えて進出していくのは困難なことでした。当時北インドの大部分を支配していたグルジャラ・プラティーハーラ帝国の軍は、いとも簡単にアラブ人を破りました。インドの碑文にはアラブ人がグジャラートを抜けてデカン高原に侵入しようとして、チャールキヤ朝の王ヴィクラマーディティア２世に撃退されたことが記録されています。実際に、ヒンドゥー教の支配者は反撃を行い、10世紀末までアフガニスタンを支配し続けたようです。

東方への進出を妨害されたアラブ人は北方の中央アジアへ目を向けました。その地域のテュルク系民族は、天神テングリの信者か、仏教徒かがほとんどでした。また、ヒンドゥー教やゾロアスター教の影響も受けていました。８世紀の半ばには、テュルク系民族は二つの勢力間で板挟み状態となりました。中国の唐王朝は東方から攻め、アッバース朝カリフはイランを拠点として攻めてきたのです。両者は751年のタラス河畔の戦いで対峙し、アラブ軍が唐軍に圧勝しました。このため、中央アジアは中国ではなくイスラムの勢力範囲に入ることになったのです。

サンジャンの物語（キッサ・イ・サンジャン）*19

アラブ人がペルシャを征服した7世紀、イラン人の大多数はゾロアスター教徒でした。しかし征服後、大勢の人々が続々とイスラム教に改宗しました。迫害を受けたゾロアスター教徒の一部はインドに逃れ、彼らの子孫はパールシーという小集団になりました。このコミュニティがインドに定着するまでの歴史は1600年頃編纂された書物、「キッサ・イ・サンジャン」に記されています。

この文献によると、10世紀初頭、ゾロアスター教徒の小集団がイラン北東部のホラーサーンの故郷を離れ、自分たちの宗教を安心して信仰できる国を探し求めて旅に出たと言います。彼らは南へ進み家族を連れてホルムズ港からインドへ向けて出港しました。彼らは初めにディーウ島へ上陸し、そこで数年を過ごしました。しかし、それでもまだ安心を得られなかった彼らは、936年ごろグジャラート本土の小さなヒンドゥー王国へ向かうことにしました。文献によると、その王国の支配者はジャディ・ラナ（おそらくジャディ・ラージプート族）で、「進歩的で判断力に長け、賢明」と記されています。

ジャディ・ラナは難民を温かく迎え入れ、居住地を求める彼らの声に辛抱強く耳を傾けました。ジャディ・ラナは彼らの苦境に同情的ではありましたが、これほど多くの外国人を領地に住まわせることにはためらいがありました。おそらくこれは作り話ですが、有名な伝説が残っています。王が召使の一人に、牛乳を碗の縁までなみなみと入れて持ってくるよう命じました。これ以上牛乳が注がれたなら、碗からあふれてしまうという意味でした。しかし、パールシーの指導者は牛乳に砂糖を加えることで応えました。砂糖が溶けて牛乳は甘くなり、そして牛乳があふれ出すこともなかったのです。こうしてパールシーは王を説得したと言われています。

キッサには少し異なる話が納められていて、こちらの方は信憑性が高いと思われます。この話によれば、ジャディ・ラナはパールシーの宗教と儀式について説明を求めました。彼はゾロアスター教と古代ヴェーダの儀式がそっくり似ていることに衝撃を受けたに違いありません。新しくやって来た者たちは16のサンスクリット語のシュローカを作り、彼らの信条を説明しました（これは現存しています）。王は説明に満足したようで、以下の条件を永久に受諾するなら、パールシーを難民として受け入れることに決めました。

武力を放棄すること。
使用言語をグジャラート語とすること。
女性はこの地域の服装をすること。
そして最後に、結婚式は夕方に開催すること（最後の条項は特に賢明だと私は思います。午前中に結婚式を行うと、宴会を楽しむには支し障わりがあるので）。

難民たちはこの条項を受け入れ、パールシーはグジャラートに暮らすようになりました。森林に覆われた土地の一画が付与され、新たにやって来た者たちはそこを開拓し、町を築き、故郷のホラーサーンにちなんでそこをサンジャンと名づけました。たちまちこの集落は栄え、ゾロアスター教徒は完全な信仰の自由を手に入れたと伝えられています。イランから聖火が運ばれ、火の神殿が建設されました。また、イランに残っていたゾロアスター教徒にもこの成功の知らせはすぐに広まり、サンジャンへとさらに難民が引き寄せられたようです。

キッサによるとサンジャンの集落は15世紀まで栄えていました。そのころ、町はアルフ・カーン将軍率いるトルコの大軍に襲撃を受けていました。アルフ・カーンはスルタン・ムハンマドの将軍で、襲撃を受けたサンジャンの王子はジャディ・ラナの子孫でした。王子はサンジャンを守るため駆けつけましたが、パールシーたちに王子の軍に参入するよう要求せざるを得なくなり、これによって元の条項のうち一つが破棄されました。文献によると守備隊は最初の襲撃は撃退しましたが、1464年、アルフ・カーンがさらなる大軍を引き連れて再来しサンジャンを征服したと言います。生き残ったパールシーは聖火の炎を持ち出して逃げました。放浪の末、彼らはスーラトに近いナブサリに新しい集落を築いたのです。

放浪のロマ

アラブ人、パールシー、ユダヤ人がインドに定住していた頃、少なくても一つのインド人グループが中東へと移住していきました。ヨーロッパのロマ（ジプシー）は文化的、言語学的な背景から、インドに起源があるのではないかと長らく考えられてきました。遺伝子研究により、彼らは中世にインド北西部から移住した移民の子孫であることが分かりました*[20]。彼らは中東で何をしていたのでしょう？

一つ確かなのは、ロマはそこで奴隷として暮らしていたわけではないということです。奴隷であったなら、まとまった集団として暮らし、文化を維持することは許されなかったでしょう。ロマが何をしていたにせよ、ロマにある程度の民族的なアイデンティティの維持を許すことは、ムスリムの王たちにとっても非常に有意義なことでした。この地域で長らく活躍してきたインド兵士の歴史を考えると、ロマの祖先は傭兵だった可能性が高いと言えます。ロマは金属加工職人として入って来たのではないかという面白い見解もあります。古代、中世の世界においてインドの冶金技術は有名でした。ムスリム軍が十字軍に対して使っていた有名な「ダマスカス剣」は、インドの金属加工技術によって作られていたことが分かっています。

15世紀、トルコ軍に同行してバルカン半島へ入ったのがロマでした。オスマン帝国の記録によると、ジプシーは鍛冶屋、職人、その他サービス業を営んでいたと記録されています。また、音楽家やダンサーをしていたとも書かれています。ロマが従軍していったということは、遊牧の生活様式を維持していたことを意味しています。やがて彼らはオスマン帝国支配下の地を離れ、遥かヨーロッパの広域を放浪していきました。しかし、ロマと鉄鋼業の関連は近年まで続いていくことになるのです。

第7章 商人に寺そして米

大都市アンコール

アラブの征服によってインド洋西部の政治的・文化的背景が変わっても、インド洋東部については概ね変わりませんでした。ベンガル地方のパーラ朝やカーンチーのパッラヴァ朝は、東南アジアやさらに遠方の国々と交易を続けていました。東南アジアはインド文明から影響を多く受けたヒンドゥー教・仏教王国の寄せ集め状態が続いていました。

８世紀後半になるとインドネシアのジャワ王国が猛威を振るいはじめ、カンボジアのクメール王国や南ベトナムのチャンパ王国を襲撃したという記録が残っています。ジャワの碑文には、サンジャヤ王がクメール王国全土を支配していたとさえ書いてあります*[1]。スマトラ・マラヤのシュリー・ヴィジャヤ王は後れを取らじとあわれなクメール王国に急襲をかけ、クメールの支配者を倒しました。こうした混乱の最中、新王ジャヤーヴァルマン２世がクメールの王位に就いたのです。彼こそがアンコール帝国の創始者なのですが、それは今に知られているような都市群ではありませんでした。

ジャヤーヴァルマン2世の出自についてはほとんど分かっていませんが、後代の碑文によると、彼はジャワからやってきて王位についたとされています。彼はジャワで何をしていたのでしょうか。彼の正体は人質としてジャワ人に連行されたクメール人の王子だったのでしょうか、それとも彼自身が、ジャワ人だったのでしょうか。一つ確かなのは、彼はヒンドゥー教のシヴァ神を深く信仰していたということです。また、彼はクメール王位継承権をクメール王女との結婚によって得た可能性があるのです。

権力を手にした彼は、地方の敵対者を着々と鎮圧していき、またジャワ、シュリーヴィジャヤ双方からやってくる侵入者を退けました。次に彼は古代ヴェーダ様式の儀式を執り行いました。その儀式で彼は転輪聖王、つまり世界の覇王であると宣言しました。これを行うことで、クメール人はもはやいかなる外部勢力の臣下でもないということを示したのでした[*2]。そしてジャヤーヴァルマン2世はインドラプラという新都を築きました。これは彼が建設した初の都市でした。同時に巨大なトンレサップ湖周辺領域も拡張する王国に加わり、着々と開拓が進められていきました。これは後に水力と集約的稲作農業に基づいた経済へとつながっていきました。

ジャヤーヴァルマン2世は西暦850年頃亡くなりました。彼の後を継いだ息子は、877年までこの新興国の強化に努めたようです。しかし、次の王インドラヴァルマンは、ジャヤーヴァルマン2世の后の甥でした[*3]。また碑文からは、インドラヴァルマン1世の后は古代扶南王家の家系出身だったことも記されています。古代扶南王国はカウンディニヤとナーガ王女が築いた王国でした。このように、母系の系統はアンコール王室の正統性の礎となる、非常に重要な要素だったのです。これはアンコール王の碑文にも明記されています。例えば、インドラヴァルマンがバコンにシヴァ神の大寺院を建設した際、彼はジャヤーヴァルマン2世とその后、自分の両親と母方の祖父母の像を奉納しています。

インドラヴァルマン1世の下、クメール人は運河や湖から水を引き、複雑な水路網の建設に着手しました。これによって稲作は大幅に広がっていくことになりました。彼の息子で後継者でもあるヤショーヴァルマン1世が戴冠する頃には、クメール人は現在のカンボジアとタイ、ラオスの大部分を支配していました。帝国には大都市が必要となり、ヤショーヴァルマン1世はアンコールに初の都市を築くと、自身の名をとってヤショーダラプラと名づけました。彼はまたヒンドゥー教の大寺院をいくつも建設しました。これにはタイ―カンボジア国境の山頂に建てられたユネスコ世界文化遺産、プレアヴィヒア寺院も含まれ、現在二国間で熾烈な紛争の的となっています。ハーグ国際司法裁判所がカンボジアへの帰属を定める判決を下しましたが、２０１１年には武力衝突となり、あやうく戦争に発展しそうになりました*4。

アンコールは10世紀全般を通して成長し繁栄しましたが、11世紀の初頭には不安定となり内乱も生じたようです。そして、またしても母系の血縁を持つ部外者が王位を求め、権力を獲得しました。スーリヤヴァルマン1世は属国の王子でしたが、母親がジャヤーヴァルマン2世の后やインドラヴァルマン1世の母と同じ母系一族の出身でした。西欧の歴史家の中には、スーリヤヴァルマン1世の王位継承権は根拠が弱いとしている者もいます*5。しかし、クメール族の立場からすると、ナーガ王族との母系的な繋がりは、正統な王位継承権を主張するに足るものでした。

スーリヤヴァルマン1世はほぼ半世紀にわたり帝国を統治しました（１００2年～１０５０年）。彼は内戦で離反した領域を再び取り戻して支配し、また、チャンパ王国との国境東部に一時平和を築きました。また彼は首都も拡大し、ピミアナカス、つまり天空の城と呼ばれる階段状のピラミッドを含む、巨大な宮殿群を建設しました。数世代後にアンコールを訪れた中国人の旅人は、階段状ピラミッドの頂上には金の塔があった

インドの影響を受けた東南アジアの王国（13世紀のジャワ人進出以前）
（上から　シュリー・ヴィジャヤ王国、シンガサリ王国、クメール王国、チャンパ王国）

と報告していますが、今はもう存在しません。

毎晩時計が深夜を刻む頃、ピラミッドの塔で、王は美しい女性の姿をした蛇の姫と眠っていたという伝説が残っています。現代の観光客は必ずこの伝説を耳にすると思います。蛇が女性に変身するくだりは少々疑問ですが、王権の正統性を確立するにはナーガの家系が重要だったことが思い知らされます。クメール王家の紋章が七つ頭のコブラで、クメール美術に頻繁に現れる理由はこのためなのです。

スーリヤヴァルマン１世の死後、アンコール帝国は再び内乱に陥り、勢力を増したチャム族とまたしても対立するようになりました。１１１３年、別の偉大な指導者、スーリヤヴァルマン２世により社会秩序が回復しました。世界最大の宗教建築物であり、ユネスコ世界文化遺産であるアンコール・ワットを建てたのは彼なのです。そのスケールの大きさは必見ですが、最盛期の姿を想像するには、尖塔が当初金箔で覆われていたことを忘れてはなりません*6。

アンコール・ワットは当初、ヒンドゥー教の神ヴィシュヌ神を祀る寺院だったことに注目してください。後代になって仏教のために改修された際、ヴィシュヌ神の本尊は聖所から表玄関付近の回廊に移設されました。そこを訪れてみると、これが地域の人々に大切に崇拝されていることが分かると思います。ヒンドゥー教と仏教は密接な関係にあり、信徒たちは日ごろからお互いの寺院を訪ね合っていたので、これは特に不思議なことではありません。カンボジアの仏教徒がヴィシュヌ神を信仰するように、ヒンドゥー教徒はブッダをヴィシュヌ神の化身として崇拝しています。

スーリヤヴァルマン２世のもとで安定した時代が終わると、戦争と混乱が繰り返されるおなじみの状態となりました。スーリヤヴァルマン２世の後継者たちは、特にチャム族による度重なる襲撃に苦しめられました。１１７７年、チャム族は陸上の常駐軍を避け、海上攻撃を仕掛けてきました。クメール族にとっては完全なる奇襲でした。首都ヤショーダプラの木製の柵や堀は貧弱だったので、チャム族はどうにか侵入に成功しました。クメール王は打倒され、都市は破壊されてしまいました。帝国は混乱に陥りました。そして、さらに帝国を救うため現れたのが果敢な新指導者、ジャヤーヴァルマン7世でした。彼の母がスーリヤヴァルマン1世の孫娘であったことから、彼は正統な王となりました。ここでもまた母系の血統が重要となったのです。新王はまずチャム族と対戦し、大海戦でこれを破りました。この様子はバイヨン寺院の壁画に、克明に描かれています。そして彼は首都を再建しました。従来の防衛設備に限界を感じた彼は、アンコール・トムをヤショーダプラよりも減築し、ラテライトの壁と広い堀を増築しました。石畳の道が五本、巨人の顔が装飾された凱旋門を抜けて王都へと続いていました。ここは絶好の写真撮影スポットになっています。

アンコールの歴史について、以上の話がやたらと長い名前の羅列に見えてしまいましたら申し訳ありません。これは二つの理由から避けられなかったのです。一つは、東南アジア史における母系制度の重要性を説明するためでした。これは誰が、誰の後を継いだのかという遍歴から説明することができます。二つ目は、アンコールが帝国として、また都市として、どのように進化してきたのか読者の皆さんに感じていただきたかったのです。

11世紀から12世紀にかけての最盛期には、アンコールは世界最大の都市群となっていました。衛星画像の分析により、王都には周辺に人口が密集した半農村の「郊外」があり、複雑な水利施設によって維持されていた集約農業と非農業活動が混在していたことが確認されています。様々に推定されていますが、100万人以上が大都市アンコールに居住していたと言えるでしょう。

では、アンコールという都市での生活はどのようなものだったのでしょうか。1296年、中国の外交官、周達観はアンコールを訪れ、そこで11カ月を過ごしました*7。彼が残した詳しい滞在記は実に読み応えがあります。現在も町は残っていて、彼の足跡をたどってランドマークを特定することができます。さらに彼はその場所を生き生きと説明してくれています。例えば、アンコール・トムの大きな門には巨人の頭部が装飾されており、中央の顔には金箔が施されていたと追記してあります。これにより、この記念碑が当初どのような姿だったのか、詳しく知ることができるようになりました。

周達観は王家の行列について鮮明な記録を残しています。軍旗や音楽とともに騎兵隊が行列を先導していました。美しく盛装した女官数百人がそれに続きました。金銀の器を持つ者もいれば、火をともした蝋燭を運ぶ者、剣と盾を持った女戦士もいました。次に大臣と王子たちが続きました。象に乗り、階級に応じて金や銀の傘をさしていました。その後に、王妃や王室の女性が輿や戦車に乗って登場しました。最後に王が大きな象に乗り、同じく象に乗った護衛の衛兵に囲まれて現れました。王は手に王権の象徴である聖剣を持ち、20本の日傘で日影を作っていました。カンボジアで最後にこうした行列が行われたのは最近で、１９０１年に行われたノロドム国王の息子、チャンドラレカ王子の断髪式のことでした。

また、周達観はもっと一般的な日常生活についても説明を残しています。富裕層は瓦屋根の家に住み、貧困層は茅葺き屋根の家に住んでいたといいます。床にはマットが敷かれていましたが、机や椅子、ベッドはありませんでした。人々はマットに座ったり、眠ったりしていました。さらに、非常に高温多湿な気候だったので、夜起き出してきて入浴することもありました。アンコール遺跡を一日中散策したことがある方なら納得できるかと思います。シンガポールやムンバイに慣れた人でも、この蒸し暑さは応えるでしょう。

面白いことに、この中国人外交官は、市場の商売は主に女性が行っていたと書いています。地方政府に料金を支払えば、地面に敷物を広げて商品を並べ、露店を出すことができました。このような光景は今でもインドや東南アジアの至る所で見かけます。女性の店主は珍しいわけではありませんが、インド北東部のメガラヤ州やマニプール州では特に、市場の女性優位が顕著です。シロンやインパールのイマ・キテール・マーケットなど地方の市場を見て回れば、私の言うことがお分かりだと思います。皆さんもご存知のように、母系制のカーシ族は遺伝的にも言語学的にも、クメール族と関係があるのです。新石器時代から、ある文化的特徴が生き残ってきた様子は注目に値します。

チョーラ朝時代の地政学

チョーラ朝というのは、古代インドの南端を支配していた三部族の一つのことでした。パラッヴァ朝の支配する時代、彼らはカーンチーの支配を受容しましたが、それでも多大な政治的影響力を保っていました。9世紀末には、アディティヤというチョーラ朝の将軍がパラッヴァ朝を援助し、古代タミル地方の部族、パンデイア人の反乱を鎮圧しました。その褒美として、彼はかなりの新領地を得たようです。アディティヤはこの新しい資産を使って軍事力を増強し、８７３年、彼の君主であったパラッヴァ王に反旗を翻して侵攻しました。こうしてチョーラ朝は、最後のパラッヴァ王アパラジタ（彼の名は皮肉にも「破られぬ者」を意味していました）を倒しました。それだけでなく、アディティヤはパラッヴァ王女と結婚しパラッヴァ朝の血統を取り入れることにしました*8。

その後数十年間にわたり、チョーラ朝は着々と王国を拡大していきました。そしてチョーラ朝はパンデイア朝、スリランカ軍の同盟軍を次々に破りました。しかし、軍事遠征が全てうまくいったわけではありませんでした。チョーラ朝が北方に拡大しようとした際、デカン高原でチャールキヤ朝に替わり現れたラーシュトラクータ朝に破れたのです。実際には、ラーシュトラクータ朝は押し返して、パッラヴァ朝の旧首都カーンチーを占領しました。チョーラ朝が敗北から立ち直るには数年かかりましたが、９８５年、チョーラ朝のラージャラージャが王位に就く頃には最後の領土を取り戻したようです。

ラージャラージャは一般に、タミル人にとって最も偉大な君主と考えられています。彼はパンディア朝、シンハラ人、ケララ王の連合軍を破りました。こうして、彼は東海岸、西海岸双方の港を支配することができるようになったのです。そして彼はスリランカに訓戒を与えてやることにしました。海軍の襲撃によってスリランカ島北部を占領し、シンハラ人の首都アヌラーダプラを略奪しました。モルディブも帝国に加えられました。この勝利に感謝し、ラージャラージャはシヴァ神を祀る巨大なブリハディーシュワラ寺院を建立しました。これは現在、ユネスコ世界文化遺産となっています。

次のチョーラ朝君主は、ラージャラージャの息子ラジェンドラで、１０１４年に即位したと推定されています。当初彼は、昔から対立する部族を鎮圧し、スリランカの支配を強化する必要がありました。そして彼は、ガンジス川のほとりを北上するという並外れた軍事遠征を指揮しました。チョーラ朝はこの北部の土地を支配し続けようとは思っていませんでしたが、ラジェンドラは聖なる川にたどり着いたことを非常に誇りに思っていました。ガンジス川の水が金の器に入れて持ち帰られ、「ガンジス川へ導いたチョーラ朝の街」を意味する「ガンガイコンダ・コンダチョラプラム」という新しい都市が建設されました。

しかし、インド洋史の観点からすると、ラジャレンドラの支配下で起きた最も重大な出来事は、スマトラとマラヤのシュリーヴィジャヤ王国に対する海軍の大襲撃でした。この出来事の歴史的な背景を正しく理解するためには、一歩引いて当時の地政学的な力学を理解する必要があります。この印中間の海上交易路は非常に有益で、大きく分けて二つのルートがありました。一つはマレー半島、スマトラ島間のマラッカ海峡を通る航路でした。このルートを支配していたのはシュリーヴィジャヤ王国でした。二つ目は、さらに南のスマトラ島、ジャワ島の間のスンダ海峡を通過するルートでした。中国やチャンパに向かうには少し遠回りでしたが、香辛料の産地、マルク島やバンダ島へ向かうにはこちらの方が寄りやすかったのです。このルートは常にジャワ人が支配していました。当然ながら、シュリーヴィジャヤとジャワ王国の対立は絶えませんでした。

10世紀後半は環インド洋繁栄の時代でした。中国の宋、南インドのチョーラ朝、エジプトや紅海を支配したシーア派のファーティマ朝の間で貿易が盛んになったのです。この経済的なパイプラインにとって、東南アジアとの対立は大変な脅威となっていました。９８７年には、シュリーヴィジャヤの外交使節団が中国へ向かいました*9。シュリーヴィジャヤの外交官たちは中国滞在中に、自国がジャワのマタラム王国から攻撃を受けていることを知りました。彼らは帰国を決意しましたが戦争は激化し、使節団はチャンパ王国で一年間足止めを食らいました。彼らは首都から新たに指示を受けて中国に戻り、宋皇帝にシュリーヴィジャヤ王宮に対する保護を求めたようです。こうして、中国はこの地域の支配に影響力を持つようになりました。

中国がインド洋へ介入したことで、チョーラ朝から反発を招くことをシュリーヴィジャヤは認識していたようです。そのため、シュリーヴィジャヤは同時にチョーラ王にも使節団を送り、チョーラ朝の港にあるヒンドゥー教、仏教寺院に多大な助成金を出しました。面白いことに中国の記録からは、シュリーヴィジャヤが二枚舌外交を行っていたことが分かっています。シュリーヴィジャヤの外交官は、チョーラ朝の方がシュリーヴィジャヤに朝貢しているのだと言い張り、故意に現状を誤魔化していたのです。

シュリーヴィジャヤは中国の保護を利用して自国の国力を強化したようです。当然ながら、近隣諸国は懸念しはじめました。１０１２年頃、アンコール国王スーリヤヴァルマン１世は、ラジェンドラ・チョーラに珍しい贈り物を贈ることにしました。その贈り物というのは彼専用の戦車で、この戦車で彼は敵を倒したことがありました。インドの文化では、このような贈り物は非常に象徴的な意味を持ち、アンコールは志那・シュリーヴィジャヤ同盟に対抗する手段としてチョーラ朝に取り入ろうとしたようです。またアンコールは紛争中の海峡を迂回する策として、クラ地峡を通る古い交易路を再開させようとしていたと考えられています。このような慌ただしい外交の中、１０１５年にチョーラ朝は外交使節団を中国へ直接派遣しました*10。

しかし、陸の状況は１０１６年に急変しました。シュリーヴィジャヤと同盟国がジャワを破り、首都のマタラムを破壊したのです。これによりシュリーヴィジャヤは両海路を支配するようになりました。この状況を悪用して、商船に法外な通行料を科していたことが分かる痕跡が残っています。おそらくラジェンドラ・チョーラは１０１７年、これに対する警告としてスマトラ島へ海軍の遠征小隊を送りましたが、まともに相手にされませんでした。そのため、チョーラ朝は１０２５年、はるかに大規模な艦隊とともに再来しました。

正確な出来事の順序は分かりませんが、手に入る情報からは次のことが分かります。艦隊はおそらくチョーラ朝の主要港、ナーガパッティナム付近に集結しました。東南アジアとの交易港にふさわしく、その名は「ナーガの港」を意味していました。この港は今でも主要港ですが、中世にはおそらく数キロ南にありました*11。チョーラ朝の艦隊はまずスリランカに向け南下し、潮流を利用して東に転進するとスマトラ島に向かいました。その後おそらく島の西海岸を下ってスンダ海峡に向かい、ジャワの同盟国から補給を受けたり、現地の案内人を迎えたりしていました。

艦隊は今度はマラッカ海峡へ向けて北上し、途中でシュリーヴィジャヤ港を組織的に略奪していきました。最後に、チョーラ朝はカダラム（現在のマレーシア、ケダ州）のシュリーヴィジャヤ主軍を決定的に破ったと言われています。侵略軍は撤退し、帰路でニコバル諸島へ立ち寄りました。

チョーラ朝の侵略でシュリーヴィジャヤの勢力は著しく低下しましたが、中国が支援していた属国に対し何もしなかったことは注目に値します。中国は当然シュリーヴィジャヤが通行料を取り立てることに腹を立てており、インドと手を結んでいたようなのです。スマトラ側も地位の低下を受け入れていたようで、チョーラ朝廷に大使を送り、対中共同外交に参加するなどしていました。チョーラ朝の艦隊が１０６８年にカダラムに再来したのは、現地の敵対勢力と対立していたシュリーヴィジャヤ王を支援するためでした。一方で、外部の脅威が減少したため、ジャワはバリ島の王子アイルランガの下で復興し始めました。この復興過程は、14世紀のマジャパヒト大帝国の時に最高潮に達したようです。

商人ギルドと寺院銀行

このように、海上交易はチョーラ朝時代の経済的原動力であっただけでなく、地政学的な発展を左右する主要因でもありました。では、中世のインド商人はどのように組織化していったのでしょうか。一般の読者方は、個々の商人が王室の保護下で動いていた、という印象を受けるかもしれません。確かに個々の商人が存在し、中には非常に裕福になって力を持つようになった者もいました。しかし、貿易の多くは民営化した商人ギルドによって行われていました。このような契約の下で築かれた組織は、碑文ではサマヤと呼ばれていました*12。「五百人組」と呼ばれる最大級のギルドはカルナータカ州アイホールに設立され、たちまち多国籍企業となりました。マニグラマンと呼ばれる別のギルドはタミル国発祥で、タイのナンディ・ヴァルマンの碑文に刻まれていました。

このような組織には「バナジュ・ダルマ」と呼ばれる綱領がありました。会員は経済的利益に基づき、カースト区分とは関係ないことが多かったのです。例えば、五百人組はカルナータカ州のバラモンによって設立されましたが、後にタミルのチェティアーが多数を占めるようになりました。さらに、供給網は様々なギルドとの契約によって決まっていました。こうして、織工ギルドは商人ギルドと契約し、輸出用に一定量の布を供給していました。こうした企業は政権の王朝と繋がりつつも、自分たちで独立した取り決めをすることができました。こうして、支配者の交代、戦争や地政学的バランスに左右されずに商業が営まれていったのです。大ギルドの中には、その権益を海賊、ライバルや貪欲な支配者から守るために傭兵会社を持っていたものもありました。こうして、マニグラマン・ギルドは１３００年頃まで数世紀も存続していったのです。

寺院のネットワークはこの経済モデルの中で、重要な資金調達の役割を果たしていました。同時代にシュメールやエジプトに生きた人々とは違い、ヴェーダのヒンドゥー教徒は壮大な宗教建造物よりも簡素な火の祭壇を好んでいました。これは後世に変化し、寺院は社会的・文化的生活の中心地となりました。中世初期には寺院建築が急増します。インドの古典音楽、舞踊、演劇、彫刻、絵画など芸術の多くは宮廷ではなく寺院で発展したのでした。寺院が交易や金融、産業、インフラ建設の鍵だったことはあまり知られていないのです。

中世の寺院が非常に裕福だったことは有名ですが、その富は王室の助成金だったというのが一般的な印象です。実際には、大小様々な寺院のネットワークは、町村議会はもちろん、商人や職人集団とも関係が深かったのです。これは様々な寄付や契約の調査からはっきりしています。さらに言えば、寺院がこれほど多くの財を成すことができたのは、銀行や金融機関の役割を果たしていたからなのです。

例えば、カナカラタ・ムクンドの寺院記録を調べると、寺院の貸し付けは個人の商人向けではなく、主にギルドや町村の議会などの法人向けでした*13。寺院は、町村の議会にはインフラ投資のため、商人や職人ギルドには商売のために融資していました。利率は通常、年間12・5から15％でした。11世紀の碑文には、信用取引事業が盛んだったことがはっきり記されています。このようにチョーラ王朝時代には、インド洋貿易はもはや個人の商人や小規模な金貸しによるものではなく、大寺院銀行が融資する、多国籍ギルドの高度なネットワークによるものとなっていました。今日のグローバル・ビジネスのように、彼らも現地の政治的対立や、大国間の地政学的対立をうまく切り抜けていく必要があったのです。

オディヤ人の候補者

チョーラ朝に初めて衝撃が走ったのは１０６０年代のことでした。チャールキヤ朝が復活し、ラーシュトラクータ朝から王国を奪還したのです。これはインド半島における旧王朝の永続性と周期的な復活の一例と言えます。さらにややこしいのは、復興の立役者が旧王朝とどのような関係にあるのかが全く分からないことがよくある、ということです。チャールキヤ朝は南へ拡大していくにつれて、チョーラ朝と衝突するようになりました。チャールキヤ朝が北部国境で起きた戦争に気をとられている隙に、シンハラ人はビジャヤバーフ指揮のもとスリランカを奪還し始めました。１０７０年頃、ついにチョーラ朝は追いやられてしまいました。彼らはスリランカの支配を立て直そうとしましたが、成功には至りませんでした。

チョーラ朝とシンハラ人の王達の戦いは、ともすれば民族紛争の観点から見たくなるものなのかもしれませんが、スリランカは別のタミル族、パンディア朝率いる、反チョーラ王朝同盟に加入していたことを頭の片隅に置いておかなければなりません。実は、ビジャヤバーフの軍は複数のタミル人傭兵部隊を有していました。シンハラ人はチョーラ朝を撃退した後、本土でパンディア人の王国奪還を支援することになります。したがって、これは二つの民族集団の闘争ではなく、２つの地政学的同盟間の覇権争いと見るのが妥当でしょう。これは、その後2世紀にわたる出来事の展開ではっきりと分かることになります。

ウィジャヤバーフの後、シンハラ王国は内戦によって破壊され、いくつかの王国に分裂しました。こうした王国はパラクラマバーフという王により再統一されました*14。残念ながら彼には息子がおらず、彼の死後、スリランカは再び混乱状態へ陥ったようです。まさにこの歴史的瞬間に、全くの部外者が王位の獲得に成功したのです。それはニッサンカ・マッラと言うオディヤ人の王子でした。彼はシンハラ人と古代カリンガとの関係を利用し、ヴィジャヤ王の子孫であると主張したのです（紀元前6世紀、島に初めて住み着いたというカリンガの王子を思い出して下さい）。彼の王位継承権は常に疑問視されたため、ニッセンカは仏教に改宗し、真の仏教徒だけがスリランカの王になることができると宣言しました。このように、仏教とスリランカの王位を固く結びつけたのは、危うい地位にあったインドの王子だったのです。

この一部始終を見ていたチョーラ朝自体は、オディシャの候補者、カリンガのマーガを支援することにしました。マハーワンサの続編、チューラワンサによれば、マーガは２万４０００人の兵士を率いてスリランカへ上陸し、島の北部に王国を築きました。チョーラ朝はこの時期著しく衰退していましたが、できる限りの支援をしたようです。マーガはまた大勢のタミル人に彼の国に住むよう勧めました。極めて異例ですが、遠いオディシャからやって来た二人の冒険家が敵対関係の中心にあり、それが後にタミル人とシンハラ人の紛争と見なされるようになったのです。

１２４７年、スリランカは東南アジアからの海上攻撃に苦しめられ、事態はさらに複雑になりました。マレー半島の王国の王子、チャンドラバヌがこれを率いていました。何がきっかけでこのような長距離遠征が行われたのかは分かりません。インド洋のチョーラ派同盟にとっては、これが最後の賽だったのかもしれません。シンハラ人はマレーの王子を破るのに少々てこずり、王子は北にあるマーガの王国に非難せざるを得なくなりました。この東南アジアの王子は、その後何らかの手段でマーガの王国で支配者となりました。マーガの死後チョーラ朝が彼に王位を与えた可能性はあります。こうしてオディヤ人の冒険家によりスリランカ北部に建国されたタミル王国を支配するマレーの王子、というありえない組み合わせがここにできあがったのです。

チャンドラバヌはまだ島の残りを征服するという野望を持っていたようで、再挑戦に出ました。シンハラ人は今度は伝統的なパンディア同盟に支援を要請し、この同盟軍はチャンドラバヌを破りました。しかし援助の代償として、タミル族は倒した王の領土を手に入れたのです。後にムスリムの侵略でパンディア朝が崩壊すると、この領土は独立国家となりました。これがスリランカ北部のタミル王国、ジャフナの起源です。

フスタートの記憶

以上の物語から、ベンガル湾やインド洋東部沿岸地域は、海上貿易、文化交流、地政学的対立、婚姻同盟や軍事作戦によって遥かな距離を越え、非常に深い相互関係にある地域だったことがお分かりいただけたかと思います。同じことがアラビア海やインド洋西海岸にも言えます。イエメンのアデン港はアラブやインド商人の賑わう商業の大拠点となっていました。

この時期、ユダヤ人は地中海からインド洋西海岸まで広がる緻密な商業ネットワークを築いていました。このグループが商業を行う様子については、乾燥した気候と中世の迷信という幸運が重なったおかげで、詳しい記録を手に入れることができます。この時期のユダヤ人は、神の名が書かれた文書はいかなるものでも破棄してはならないと信じていました。これには様々な商業文書も含まれていました。そのため商人が死亡すると、その商人の文書はオールド・カイロのフスタートにある保管室へと送られました。何万点もの原本が現存しており、当時の光景を今なお鮮明に伝えてくれます。

例えば、アデンのユダヤ商人であるマールズからいとこに宛てた書簡が残っています。そのいとこはインド西海岸で海賊に襲撃され、グジャラートのバルーチ港に非難していました（エリュトゥラー海案内記で千年前に説明されていたのと同じ港です）。その書簡でマールズはいとこに、お金や援助が必要な場合には、ティンブというインドのつてに連絡を取るように伝えています。

「主よ、金銭が必要でしたら、私のつけでナーコダのティンブからお受け取りください。彼はタナ（コンカン海岸にあります）に滞在しています。彼と私の間には切っても切れない友情と兄弟愛があるのですから*15」

グレート・ジンバブエとザンジュ

前章で述べましたように、アフリカの東海岸には8世紀から9世紀に、アラブ人やペルシャ人の集落が数多く築かれていました。住人はたいてい、迫害から逃れてきた反体制派ムスリムで、イバード派、シーア派、カラジテ派などがいました*16。彼らは海岸沿いのモガディシュ、モンバサ、キルワ、ザンジバルなどに次々と港を建設しました。移民はやがて現地の女性と結婚し、この地方の影響を受けていきました。スワヒリ語はアラビア語とバントゥー語双方の影響を受けた結果として生まれたものです。これは言語だけにとどまらず、激動のインド洋に現れ、さらにはポルトガル、インド、イギリスなどの影響を受け、発展し形成されていった文化だと言うことができます。

時が経つにつれて、海岸部の集落は難民の拠点から栄えた港へと成長していきました。その繁栄の鍵となったのは、アフリカの奥地から二つの商品を入手するという役割でした。それは、奴隷と金でした。アフリカ人奴隷が大勢中東へ連行され、８６９年には奴隷達による反乱が起こり、アッバース朝の中心部であったイラク南部の大半が占領されるという事態になりました。ザンジュの反乱として知られるこの反政府勢力は、わずかな期間ではありましたが、バスラ港を含む独立国家となりました。アッバース朝は軍事力、贈賄、恩赦を駆使したあげく、この反乱の鎮圧に１５年もの年月を要しました。この衝撃にもかかわらず、奴隷制は１９６２年に、サウジアラビアがこの習慣を最後に廃止するまで中東に残ったのです*17。

一方、アフリカ内部では政治的・経済的な変化が見られるようになりました。このサプライ・チェーンによって海岸へ奴隷と金を供給する必要があったためです。この頃には、バントゥー系移民の大半は古代コイ・サン人の狩猟採集民と入れ替わったり吸収されたりしていました。１９３０年代以降、考古学者は11世紀から12世紀にジンバブエのリンポポ渓谷に存在していたマプングブエ小王国跡を発見しました。この集落にはインドやエジプトからビーズが持ち込まれていました。インド洋沿岸部から内陸部へ品物が運ばれていたことが分かります。この地にはまた「王」や「女王」の遺骨とともに埋葬されていた金の装飾品や副葬品の品々ももたらされていました＊18。

マプングブエはやがて北の大国に侵略され、数百の石造建築物の遺跡が残されました。中でも一番大きく印象的な建築物は、王国の首都グレート・ジンバブエに集中していました。「ジンバ・ジンマブエ」という言葉はショナ語で「石の家」を意味します。これにちなんで、１９８０年の独立時に「ジンバブエ」が国名となりました。グレート・ジンバブエにおける発掘調査では、ペルシャ釉薬を使用した陶器の椀、中国の皿、キルワで鋳造されたアラブ硬貨などが出土しています。近年この地方の少数民族に行われた遺伝子調査からは、イエメンのユダヤ人に由来するＤＮＡの痕跡が発見されました。そのため、この王国がキルワのようなインド洋の港と密接な交易関係を持っていたことが明らかになりました。

インド洋世界と思想や影響が往来していても、グレート・ジンバブエが現地のショナ族によって建設され、統治されていたという事実には覆しがたい根拠があります。しかし、植民地時代の歴史家たちは単に、アフリカ先住民にはそんな精巧な石造物など建造できず、それは北からやって来た入植者の仕業である、と主張していたことに注意してください。ローデシアの人種差別的な政権下で、先住民の起源を示す研究は故意に弾圧を受けました。アフリカ系黒人はヨーロッパ人が到達するまで歴史を持たなかったのだと、植民地時代の歴史家は繰り返し強調したのです。「彼らは何世紀もの間、未開という沼に沈められてきました。アフリカの心臓はほとんど脈打っていなかったのです」＊19。

インドの読者方は、植民地時代の「アーリア人侵略理論」との類似性にお気づきになったかもしれません。それは、インド文明は北からやって来た白人侵略者の賜物だとする考え方でした。植民地時代の学者は一般に、インドは国ですらない地理用語に過ぎず、ヒンドゥー教は宗教ではなく、関連性のないカルト集団の集合名詞だと論じるのが一般的でした。したがってこれは暗に、インドを植民地支配下に置いたり、ヒンドゥー教を軽視したりすることは何も悪いことではない、という意味でした。こうした人種差別的な思想が植民地時代が終った後にも残り続けた事実には驚かされます。この思想は一見無害に見えますが、検証すると驚くほど陰湿なものもあるのです。例えば、ある地域の人々を「守っている」白人のヒーロー、ターザンやファントムといった架空の人気キャラクターを考えてみましょう。原地民は自分の面倒を見ることすらできないのだという意図がその根底にあるのです。長期にわたる介入の正当化には、表と裏があったのです。

世界の滅亡

12世紀末には、環インド洋は影響を受けた文明によって二つの地域に分けることができました。中央アジアからスワヒリ海岸に広がるイスラム文明圏と、アフガニスタン東部からベトナム南部に広がるインド文明圏でした。さらに東にはゴビ砂漠から太平洋に広がる中国文明圏があり、これには日本、韓国、北ベトナムが含まれていました。この地域の正確な国境は多少移り変わりましたが、偶然にもこの時代を生き、この時代を見てきた者にとっては、ある種の均衡が確立されているように映ったことでしょう。残念ながらこの均衡は崩れ去り、やがて三つの文明全てが大きな衝撃に直面することになるのです。その問題の根源は同じ、中央アジアのステップ地帯にありました。

ここからの出来事をはじめに味わったのはインドでした。中央アジアからやってきたトルコ系侵略者がカブールのシャーヒー朝支配者を追い払い、インドへ襲撃を開始したのです。ガズニーのムハンマドに率いられたトルコ軍は１０００年から１０２５年の間に17回もの襲撃を行い、インド北西部の栄えた都市、寺院、町の数々を破壊し略奪しました。おそらく、このうち最も悪名高いのは、崇敬の的だったグジャラートのソムナス寺院への攻撃でしょう。寺院を守る5万もの人々が剣にかけられ、２０００万ディルハムの金、銀、宝石が持ち去られました。ソムナス寺院は破壊と再建を何度も繰り返すことになりますが、マフムードの攻撃は今なお鮮明に記憶されている最たるものです。現在その地に建っている寺院は１９５０年代に建築されたものです。これがインド共和国が初めて開始した計画の一つだったという事実から、その象徴的な重要性が伺えます。

マフムードは死と破壊を巻き起こしましたが、トルコ軍は西パンジャーブ州やシンド州の港を越えた領土を維持することができませんでした。実際に、ラージャ・スヘルデオ・パーシ率いる同盟軍が、１０３３年、マフムードの甥が率いるトルコの大軍をバーライチの戦いで破っています（伝承では、スヘルデオ自身も戦闘で命を落とした、とするものもあります）。この敗北から1世紀半の間、トルコはハートランドから遠ざかっていたようです。

トルコの襲撃は当時のインド人にとってみれば、過去のマケドニア人、フン人、バクトリア人、そしてスキタイ人ら同様、新手の侵略のようなものでした。侵略者は追い払われるか吸収されるかして、文明に脅威を与えてくることはありませんでした。こうした侵略はどちらかと言えば自己満足に近いものだったのです。そのため、デリーの支配者プリスビラジ・チャウハンが１１９１年、ムハンマド・ゴーリーの襲撃を撃退した際、彼はムハンマド・ゴーリーら侵略者に、本拠地アフガニスタンへの撤退を許してしまったのです。ゴーリーは翌年舞い戻って来て、プリスビラジを破りました。これによってデリー・スルタン朝が成立し、インドの他地域も征服されることになったのです。その後二世紀にわたって、トルコは古代都市、寺院や大学を荒らし尽くし、人類史上最も血なまぐさいエピソードの一つに入ることになったのです。正確な数を推定することは困難ですが、おそらく数百万人が犠牲になったと思われます。

トルコの冒険者集団は幸運を求めてインドに押し寄せてきました。バフティヤール・ハルジーは、この冒険者達の一人でした＊20。１１９５年頃、彼は中央アジアからガズニーへたどり着き、兵士としてインドへ渡っていったようです。彼は直ちにミールザープル（現在のウッタル・プラデーシュ州にある）の近くに小さな領地を手に入れ、彼のような中央アジア人傭兵を大勢集めました。１２００年頃、バフティヤールは有名なナーランダ大学を攻撃し、破壊しました。バラモンの学者や仏教の僧侶の大半が殺害され、図書館は火にかけられました。ヴィクラマシーラにある別の有名大学も、その後同じ様に破壊されてしまいました。

インドでは、仏教の一般的な習わしは徐々に衰退しつつありましたが、それでもインドには複数の機関の本部があり、外国からの巡礼者や学者が集まってきていました。それが今や、この機関の数々は組織的に破壊されたことにより崩壊してしまったのです。トルコ人はヒンドゥー教徒や仲間のムスリムにさえ、信じられないほど残酷でしたが、仏教徒に対しては最悪だったようです。理由の一つとして、彼ら自身が比較的最近仏教からイスラム教に改宗したため、彼らの主義が正しいことを証明しなければならないと感じていたからだと考えられます。

こうした成功に後押しされ、次にバフティヤール・ハルジーは裕福なベンガル王国を征服しようとしました。通常のルートを避け、彼は軍を率いてジャールカンド州のジャングルを通りぬけ、ガンジス川ほとりの巡礼の町ナバドウィープを奇襲しました。老齢のベンガル王ラクシュマナ・セーナがこの町を訪れていた時、18騎のトルコ人騎兵の偵察隊が町に近づいてきているのを目撃しました。完全に不意を突かれたラクシュマナ・セーナと従者たちは船に乗って逃亡しました。この話は一般に、バフティヤール・ハルジーが18人の騎兵とともにベンガルを征服したかのように伝えられています。しかし実際には、セーナ朝はトルコ騎兵に対してベンガル東部地方であともう半世紀もの間、川辺の地形を利用し激しい抵抗を続けることになったのです。

バフティヤールはベンガルを2年ほど荒らして、どうやら飽きてしまったようです。常に冒険を求める彼は、今度はヒマラヤを越えてチベットを征服することにしました。バフティヤールは北進し、ティースタ川の石橋を渡りました。また彼はカムラップ（現代のアッサム）の王に軍隊と物資を要請しました。アッサム王が遅かったので、せっかちなバフティヤールは自分たちだけで遠征に出ることにしました。トルコ軍はダージリンやシッキムの山々を通る道中で暴行、略奪をしながらチベットに入りました。ここで彼はさらに激しい抵抗に直面しました。補給線が伸びたために、バフティヤールは撤退することにしましたが、峠を越え帰路につく際に、彼の軍は執拗なゲリラ攻撃に悩まされ続けました。物資が著しく不足していたため、トルコ軍は自分たちの馬まで食べるという有様でした*21。

撤退軍がようやくティースタ川に到着すると、アッサム人が橋を破壊し、わなを仕掛けているところでした。結局、ほとんどのトルコ軍はアッサム人に殺害されるか、急流を必死に渡ろうとして溺死してしまいました。バフティヤールはわずか１００人の部下とともに逃亡しました。残念ながら彼はもはや権威を失っており、従者の一人に暗殺されてしまいました。しかし、バフティヤール・ハルジーの死はトルコ軍の動きを鈍らせはしませんでした。１２３５年、マディヤ・プラデーシュ州にあるヒンドゥー教の宗教・文化的中心地、大都市ウッジャインはデリー・スルタン朝に破壊されてしまいました。

もしインドでの成功にうぬぼれていたのだとしたら、これはもう自業自得としか言いようがありません。チンギス・ハン率いるモンゴル軍は1220年から1222年にかけて、中央アジアでトルコ軍の拠点を攻撃し破壊しました。彼らはやがてイランを征服し、続けて1258年にバグダッドを陥落させました。次の数世紀の間、この地域はチンギス・ハンの子孫が支配することになりました。モンゴル人は一般に他宗教に対して寛容でしたが、イスラム教には一時期、この衝撃から回復できないのではないかという深刻な懸念がありました。面白いことに、イランのモンゴル人支配者は、支配の末期にイスラム教に改宗するまで、仏教徒もしくはシャーマニストでした。イランの歴史における仏教徒の逸話は、今やほとんど忘れ去られています。

モンゴルは中東に進出していく間にも、同時に中国へと進出していきました。チンギス・ハンは1215年、金王朝北部の首都、燕京（えんけい）(Yanjing, 現在の北京）を手中に収めました。しかし、1276年、チンギス・ハンの孫、フビライが長らく凄惨な事態が続いていた南宋の征服を終わらせました。最後の宋皇帝だった8歳の少年は捕虜になるのを免れようと海に飛び込み、死亡したと言われています。

既存の三文明が急速に同時崩壊した様子は、トルコ・モンゴル騎兵特有の戦術的優位だけでは説明しがたいものがあります。この三文明はいずれも、中央アジアと長く付き合ってきた経験がありました。インドでは一般に、ヒンドゥー教は新しく勢力のあったイスラム教に対処できなかったと認識されています。これも正しいとは言えません。なぜならヒンドゥー教はムハンマド・ゴーリーが突入してくるまで5世紀もの間、イスラム教にうまく対処してきたからです。さらに、トルコ人がインドを征服したのはムスリムにとって栄光の拡張期ではなく、イスラム教自体が中東や中央アジアで緊迫した状態に置かれていた時期だったのです。既存の三文明は、アジアに現れたユスティニアヌスの疫病に相当するような病によって弱体化していったのでしょうか。翌世紀に黒死病がヨーロッパや中東を壊滅させたことが分かっていますが、何かこのような疫病が13世紀に、中国やインドを襲ったのでしょうか。手に入る記録からは何も分かりません。

トルコ勢がインドで成功した理由が何であれ、寺院の組織的な破壊は知的、文化的生活を損っただけでなく、金融、リスクテイクも長期的に麻痺させました。既に述べましたように寺院は銀行として機能していたので、その崩壊はインド商人のネットワークが突然経済力を失ったことを意味していました。そのため、この時点から環インド洋地域のインド商人が航海に出る意義が著しく低下したと見ることができます。インドの商人層は沿岸部を拠点とするようになりました。一方で彼らが立ち退いた場所は次第にアラブ人や中国人に奪われていきました。つまり、アラブ人や中国人はトルコ、モンゴル襲来からいち早く立ち直っていたのです。対照的に、インドのヒンドゥー教徒は自らに航海の妨げとなるカースト制を課しました。なぜこれほど強い海洋文化を持つ人々が自身にこうした制限を課したのでしょうか。文明的な誇りを失ってしまっていたのでしょうか。私は長らく満足のいく答えを探し求めてきましたが、未だに見つかってはいません。

とはいえ、私はトルコが常にインドで平穏に過ごしていた、という印象を読者方に与えたくはありません。トルコ人はガンジス平野を比較的容易に征服しましたが、他の地域ではさらに激しい抵抗に直面しました。例えば、１２４７年にトルコ軍がオディシャへ侵入しようとした際、ナラシンハ・デヴァ１世に大敗しました。オディヤ人の王はイスラム教を受け入れたふりをして、プリー寺院を引き渡したと言われています。しかし、トルコ軍が勝利を祝している間に寺院の鐘が鳴り響き、オディヤ軍奇襲攻撃の合図が送られました。そしてオディヤ軍は侵略者をベンガルへ追い払ったのです。コナーラクの有名な太陽寺院は、この勝利を祝してナラシンハ・デヴァ1世が建立しました。この当時、コナーラクはインド洋を結ぶ港として栄えていました。寺院の壁画には、象に乗った王が外国の大使から献上されたキリンを受け取る様子が描かれ、今でも残っています。

旅人たち

トルコ・モンゴル軍勢によって陸地が破壊されたものの、インド洋世界はすぐに復興しました。おそらく、当時の目撃情報を最も鮮明に残したのは、マルコ・ポーロとイブン・バットゥータという二人の旅人でしょう。マルコ・ポーロは1254年に生まれました。彼は1260年頃中国を旅したヴェネツィア商人の家に生まれました。17歳のマルコ・ポーロは1271年に父が二度目の旅に出ることに決めた際、父とともにこの旅に参加しました。その後20年間、ポーロはモンゴル帝国の広域を旅してヴェネツィアに戻りました。彼が戻ってから数年がたった時、マルコ・ポーロはジェノアとの戦いで捕虜となり投獄されました。彼が「東方見聞録」という本を同室の者に口述で書きとらせたのは、獄中だったのです。

この本は主に中央アジアを通るシルクロードや、中国のフビライ・ハン帝国に関する記述が有名ですが、マルコ・ポーロが海路で帰国し、インド洋世界について多くの興味深い所見を残していることは忘れられがちです。彼は1290年、ペルシャのモンゴル君主に嫁ぐモンゴル王女に随行し、使節団の一員として刺桐（ザイトン）（泉州）の港から出航しました。マルコ・ポーロによると、この時代の中国船は世界最大でした。

ほとんどの船には少なくとも60の船室があり、一部屋につき商人一人が十分に入ることができました。

船には舵櫂１本、マスト４本がありました。さらにマストを２本増設することもよくありました。船の大きさにもよりますが、操船には１５０〜３００人ほどの乗組員が必要でした。船１隻で５０００〜６０００かごの胡椒が手に入ったのです*22。

ポーロは南へ航海した際、チャンパ王国に停泊したといいます。その数年前、モンゴル軍が大軍を送り込み、城塞都市を強固な守りで固めていたチャムを征服しました。しかし郊外は壊滅的に破壊されていたので、とうとうチャム族はフビライ・ハンのもとへ、アロエの木と象20頭を携えて毎年朝貢することで合意しました。ポーロたちはチャンパから南西へ航行し、ビンタン島（おそらくこれはシンガポールのすぐ南にある同名のインドネシアの島、ビンタン島）へ到着しました。そして彼らは、スマトラ島東海岸沿いに、マラッカ海峡を北上しました。シュリーヴィジャヤ王国は８つの独立国家に分かれていたとポーロが説明しているので、この時には既に分離していたようです。彼はまた、ほとんどの島民はヒンドゥー教徒、もしくは仏教徒でしたが、フェレック小王国（おそらくスマトラ島の北端に位置するアチェのペルラク）はイスラム教に改宗していたと語っています。

ポーロたちがベンガル湾へ向かう途中、船はニコバル諸島に停泊しました。ポーロは「男も女も素っ裸で、体を覆うものは何も身に付けず、獣のように暮らす人々だった」と、この事実を非常に不快に感じていました。これはアンダマン・ニコバル諸島原住民に関する的確な証言で、一部島民は、狩猟・採集民の生活様式を現代にまで維持してきました。しかし、これは「文明」の影響を受けなかったというよりもむしろ、わざわざ好みで服を着ていなかったことに注意が必要です。それどころか、この島を商業取引の激流が通過していくため、ニコバル人は布類に大変詳しかったことになります。原住民はたいへん上質な絹の飾り帯を手に入れて富の象徴として軒先に飾っていましたが、身に付けるのは断固として拒んでいたとマルコ・ポーロは語っています。

次にマルコ・ポーロの船はスリランカへ渡りました。興味深いことに、彼はかつて島はもっと大きかったものの、島の一部は古代に水没したと述べています。中世のこの神話は、最終氷河期末期に起きた大洪水の名残りの記憶だったのでしょうか。次に彼は北上しインドへ渡りました。インドの海岸に関する彼の説明には、東海岸と西海岸を混同していて一見ややこしいところがあります。それでも彼は興味深い逸話をいくつか語っています。例えば、インド人は占星術を深く信じていて、商談はその日の不吉な時間帯を避け延期されることがよくあったと彼は言っています。ポーロはまた、インド人は変わった水の飲み方をすると書いています。彼らはコップに唇をつけずに口へ水を注いでいたというのです。この水の飲み方は今でもインドの南部地方に残っています。

マルコ・ポーロの時代までは、ダイヤモンドの産地はほぼインドに限られていました。東方見聞録には、インド人が宝石を入手する方法が書いてあります。どうやらインド人は、毒蛇がたくさんいて、一面がダイヤモンドで埋め尽くされている谷があると説明していたようです。ご想像の通り、ダイヤモンド商人は大きな肉の塊を谷に投げ入れて宝石を手に入れていたというのです。ダイヤモンドが肉に付着し、大鷲が拾って巣に持ち帰るそうです。ご存知のように、ヘロドトスが語る物語やアラビアンナイトの物語は未だにインド洋を流布していたのです。おそらく、史上最高傑作のほら話に入ります。誰が最初に思いついたのか、誰もが不思議に思ったことでしょう。

またマルコ・ポーロは、賢明で人望の厚い女王が治める、内陸の小王国がダイヤモンドの産地だったと述べています。これはルドラマ・デーヴィを指している可能性が非常に高いと言えます。彼女はカカティーヤ王朝の女王で、ゴールコンダ（現在のハイデラバードのはずれ）にダイヤモンド鉱山を抱える王国を治めていました。彼女の父には一人も息子がいなかったため、１２６２年、ルドラマ・デーヴィが王位に就きました*23。彼女はチャールキヤ朝の王子と結婚しましたが、君主として在位しました。寺院の碑文には、彼女自らが軍を率いて戦闘に赴く様子が刻まれています。彼女は女神ドゥルガーのようにライオンにまたがり、盾と剣を持った姿で寺院の柱に描かれています。

ルドラマ・デーヴィは１２８９年ごろまで統治を行いました。それはマルコ・ポーロが訪れるちょうど１年前のことでした。彼女には息子がいなかったので、王位は彼女の娘の息子、プラタパルドラに渡りました。カカティーヤ王朝最後の王となる彼は、悪名高いマリク・カーフール率いるデリー・スルタン朝軍の激しい攻撃に幾度もさらされました。このようにしてスルタン・ウッディーン・ハルジーはコ・イ・ヌール・ダイヤモンドを手に入れたのです。トルコ軍はさらに南のマドゥライ市を攻撃し、１３１１年、古代タミル王朝であるパンディア朝は滅亡しました。

マルコ・ポーロの約半世紀後、イブン・バットゥータというモロッコ人の旅行者が、同じくインドを訪れました。彼は間違いなく史上最高の旅行記作家の一人です。彼はついには中国へ渡り、その後故郷のタンジェで彼の冒険について執筆することになります。イブン・バットゥータがインドを訪れた際、デリーの王位はムハンマド・ビン・トゥグルクが握っていました。モロッコ人、イブン・バットゥータはスルタンの政府で要職を得てデリーで長年過ごしていましたが、次第にこの残忍で気まぐれな君主を怖れるようになりました。そのため、中国の使節団に同行する機会を得た際には、非常に安堵したそうです。

イブン・バットゥータは他の大使らとともに、デリーからグジャラートへ行き、ケララ州のカリカット（つまりコーリコード）港へ向かいました。このモロッコ人旅行者は文中で、破壊された町や無法地帯と化した郊外など、トルコ軍がインドで巻き起こした混乱と破壊にさり気なく触れています。彼はまた「異教の賊」と戦ったことも書いています。正確には、トルコの侵略者に対する先住民の抵抗と見られています。しかし、ケララ州では香辛料の古い港が当時も繁栄し、外国の商船で賑わっていました。イブン・バットゥータはマルコ・ポーロの言う巨大な中国船の証言を裏付けています。彼は兵士６００名と船員４００名、総乗組員数千名の巨大なジャンク船について書いています。

船には４つの甲板が設けられ、商人用の船室、スイートルーム、サロンがあり、数部屋とトイレがセットになっていました。使用者が施錠することができ、奴隷女や妻も一緒に連れて行くことができました*24。

商人の中には航海中、快適に暮らしていた者がいたのは確かです。しかし、イブン・バットゥータがすぐに気づいたように、それはこのような航海が危険ではない、と言う意味ではありませんでした。

スルタンの大使がカリカットに到着した時、船のほとんどが既に満席でした。交渉の末、大使とスルタンの献上品は大きなジャンク船に乗せられましたが、このモロッコ人はやがて、自分や奴隷の女達が広いスイートルームを使えないという事態に気づきました。さて、イブン・バットゥータは奴隷の女達と楽しめるプライベート・サロンなしに、長い航海に出たがるような男ではありませんでした。そこで、彼は女達を乗せる小型船に自分の所持品を移しました。

出航予定日の前夜、嵐が吹き始め、イブン・バットゥータは激しい波のために乗船することができませんでした。次の朝、貴賓の大使達を乗せた大きなジャンク船は海岸に打ち上げられ、その多くが犠牲となって発見されました。岸に打ち上げられた遺体の中には、彼の知人が数名いました。なかには、中国船の建設に使われていた大きな鉄釘が頭を貫通していた者も一人いました（インド・アラブの縫合船技術は明らかに利点があったのです）。一方、このモロッコ人の所持品を積んだ小型船は、彼を置き去りにして出航に踏切りました。こうして彼は突如、一文無しでぽつんとカリカットに取り残されることになったのです。彼は必死に無事だった船と連絡を取ろうとしましたが、後に彼の所持品や奴隷達はスマトラ当局によって押収され、売却されていたことが分かりました。

冒険家イブン・バットゥータは、長く不幸に沈んだりはしませんでした。彼はデリーに戻るのを恐れていました。大使の任をしくじったという知らせに、スルタンがどう反応するか分からなかったからです。そして彼はトルコの軍指導者に加勢し、ヒンドゥー王国のゴアへ侵入しました。彼は後にモルディブを訪れることになります。モルディブはわずか数十年前に仏教からイスラム教へ改宗していました。モルディブはコヤスガイの産地で、コヤスガイは現代までインド洋全域でよく小銭として使用されてきました。ここで彼は裁判官（カーディー）の職に就き現地の娘と結婚しましたが、改宗しても現地住民はイスラム教以前の社会的習慣を続けていました。彼は残念そうに書いています。

> 女たちは頭を片方も布で覆っていない。ほとんどの女たちは臍から下にエプロン1枚だけを身につけ、あとは露出している。外国のバザールや他の場所をこんな格好で歩き回っていたのだ。私がここで裁判官（カーディー）に就任した際、この習慣を終わらせようと女たちに服を着るよう命じたが、何の成果も得られなかった。

イブン・バットゥータは結局、モルディブ人に愛想をつかし、妊娠中の妻を残して旅を続けました。彼はやがてスリランカ、東南アジアを経て中国へ向かうことになります。中国で彼は数年前にデリーで会ったモロッコ人の仲間たちと再会することになるのです。これは当時の中国で交易が隆盛していた証拠です。マルコ・ポーロやイブン・バットゥータは自らの経験を執筆したわけですが、彼らは大勢が利用する確立したネットワークを活用していたと言えるのです。

第8章

宝物と香辛料

イブン・バットゥータやマルコ・ポーロの証言が示すように、トルコ・モンゴル軍襲来以降、インド商人の相対的な重要性が減少したとはいえ、インド洋の貿易業界はこの衝撃を乗り越えました。モンゴル軍はチャンパ王国に影響力を広げようと躍起になっていましたが、日本やジャワに手を伸ばそうとして撃退されてしまいました。一方、スマトラ島ではシュリーヴィジャヤの衰退は、ジャワがこの地域の政治的中枢となったことを意味していました。クルタナガラ大王指揮のもと、ジャワ人はバリ島やマドゥラ島等、近隣の島々にまで支配を広げました。１２９２年、家臣がクルタナガラを暗殺し王位を簒奪すると内乱が生じ、この拡張は一時中断されました。

殺された王の娘婿ケルタラジャサは、中国からモンゴル艦隊が大遠征軍を率いて到着した頃、王位簒奪者に対抗し反乱軍を組織していました。ケルタラジャサはモンゴル軍と同盟を結んで王位奪還に利用しました。もし、新王が朝貢国になるとモンゴル軍が思っていたのなら、それは間違いでした。ケルタラジャサは次に外国人に敵意を向け追放しました。また彼はマジャパヒトに新都を建設しました。この帝国の名はマジャパヒト王国として人々の記憶に残されることになります。

わずかな間ケルタラジャサの跡を継いだ息子が嗣子なく死去したため、王位は長女とその一族に移りました。中世のジャワでも母系の継承制度は重要でした。しかしそれはおそらく南インドのカカティーヤ朝のように、父系に適切な直系男子の後継者がいなかった際に女性の家系が登場するようになったのでしょう。純粋な父系制度では息子がいない場合、王位は遠縁であったとしても甥や男性のいとこに渡っていました。これとは全く違うことに注意してください。

１３５０年頃、ケルタラジャサの孫ラジャサナガラ（別名ハヤム・ウルク）が王位に就きました。彼の長きに渡る統治はマジャパヒト王国の「全盛期」として記憶されることになりますが、実権を握っていたのは宰相ガジャ・マダでした。ガジャ・マダ指導のもと、マジャパヒトは現在のインドネシアの大部分を直接、あるいは間接的に支配するようになりました。ジャワ人が新興国であった中国の明王朝と対立するようになったのは、避けられない事態だったのかもしれません。明はモンゴルを撃退し、影響力の及ぶ範囲を今や積極的に拡大しつつありました。

中国は初め、スマトラの小国家群と独立した関係を築こうとしていました。おそらく宋とシュリーヴィジャヤ間にあった従来の関係を継続するという名目でこの関係を正当化していました。しかし、１３７７年に中国がマラユの支配者を戴冠させるため大使を派遣してくると、マジャパヒト王国は警戒感を強めました。これは明らかにマジャパヒト王国勢力圏内への干渉であり、別の権力中枢を作り出そうとする試みと見なされたのです。明の大使はジャワ島に連行され、殺害されてしまいました。こうして外交関係ははっきりと冷え込み、中国と東南アジアの貿易は減少しました*1。実際に、明皇帝が臣下にあたるアユタヤのタイ国王に命令を下し、貿易の減少に対する明皇帝の不満をマジャパヒトに通達させると、ジャワ人はかってのシュリーヴィジャヤの首都、パレンバンに対する支配を強めることで応えたのです。鄭和提督の大航海の背景には、このような事情があったのでした。

龍椅の宝船艦隊

15世紀初頭、明の新皇帝が即位し、永楽帝と称しました。永楽帝は統治のごく初期段階で、数々の大航海へ資金を提供することにしました。これは、東南アジアや環インド洋地域に中国の権力を誇示することを意味していました。

こうした航海を探検航海とみなすことはできません。なぜなら、中国船は何世紀にもわたってこの地域を訪れてきていたからです。これはむしろ、地政学的な勢力範囲を示し、明を頂点とする朝貢体制を確立しようとする試みだったのです。

１４０５年から１４３３年の間、中国艦隊は7回にわたって航海を行い、スマトラ島、インド、スリランカ、オマーン、アフリカ東海岸を訪れました。艦隊を見たものは感銘を受けずにはいられなかったことでしょう。遠征隊を率いたのは「宝船」と呼ばれる巨大なジャンク船で、マストは9本、全長は４００フィート（つまり１２２ｍ）でした。これに対し、コロンブスの旗艦サンタ・マリア号は全長がたったの85フィート（つまり２６ｍ）でした。この艦隊は磁器、絹、漆器など高価な品々を運び、貿易で交換したり地方支配者への献上品に用いたりしていました。巨大な宝船には、補給船、給水船、戦艦など数百の小型船が随行していました。一度の航海にかかわった船員や兵士は総勢2万7０００人にも上ったそうです*2。

この航海の指揮を執った提督は、こうした遠征に不似合いな事極まりない人物でした。内陸の雲南省に生を受けたモンゴル系ムスリムの宦官、鄭和です。明が雲南省からモンゴル軍を退けていた頃、幼少だった彼は捕らえられて宦官にされ、皇太子の召使として献上されました。この二人の少年の間には信頼の絆が芽生えていたに違いありません。なにせ皇太子は永楽帝となった際に、この年若い宦官を宝船艦隊の責任者に任命したのですから。

鮮やかに塗装された317隻の第一次艦隊は、1405年秋、2万7000名の乗組員とともに南京から出航しました。艦隊は東南アジアを経てジャワ島に到達しました。鄭和はジャワ島でマジャパヒトと直接紛争となるのを避けていました。これは彼の初航海だったので、おそらく情報収集をしたかったのでしょう。鄭和のとてつもない規模の大艦隊は、現地の人々を畏怖させるに足るものでした。また、彼はシュリーヴィジャヤの旧首都パレンバンは避けていました。そこは悪名高い中国海賊がマジャパヒト政府を追い払い、占拠していた場所だったのです。宝船は次にスリランカへ向かいました。鄭和は島の内政に注目しましたが、長くは留まらず、インドのカリカット港へ向かいました。1341年に洪水でムジリスが破壊されてから、カリカット港はインド西海岸最大の港として台頭していました。中国人はここで数カ月、絹や磁器を黒胡椒、真珠等インドの産物と交換して過ごしました。その後艦隊は帰路につきました。しかしスマトラ沖ではパレンバンを占拠していた中国海賊の艦隊と交戦してこれを破りました。生き残った者は中国に連行され、処刑されました。

この戦いを除けば、最初の航海は情報収集の一環でした。ここから中国人は宝船を使って、インド洋地政学という情勢の盤上にチェスの一手を打っていくことになるのです。第二次航海はたった数か月後に出航しました。その目的は各国の大使を母国に送り届けることでしたが、カリカットに新たな支配者を据えるという狙いもありました*3。カリカットの支配者は母系制度を布く戦士の部族、ナーヤル族の血を引き、「海の王」もしくはサムドリン（よくザモリンと誤記されています）と呼ばれていました。中国側の記録では、彼らは候補者を擁立することに成功したようです。インド側の資料では中国の関与ははっきりとしませんが、この数十年間、カリカットのサムドリンは、コーチン（コーチ）などの敵対勢力を犠牲にして権力を拡大しており、中国が何らかの支援を行って関与していた可能性があります。

宝船艦隊がタイを訪れたのも第二次航海でした。15世紀初頭、中国人はタイの強化を図っていました。衰退しつつあったアンコール王国のさらなる弱体化を狙っていたのです。

宝船艦隊の航海に同行した年代記作家の馬歓は、地域社会の様子について面白い逸話を残しています。彼は、中国人使者はタイでの滞在を満喫していたと語っています。なぜなら、既婚者を含むタイ人女性らは、遠慮なく食べては飲み、そして寝てくれたからです。実際のところ、夫たちはこれを賞賛ととらえ、「うちの妻は美しく、中国の男はうちの妻に大喜びだ」と喜んでいるらしいことを中国人は察していました。陸に上がって行ってしまった船員を船長がどうやって船に戻るよう説得したのかは、謎です。

馬歓はまた、中国人は上流階級のタイ人男性が歩くと、チリンチリンとかすかに音が鳴って、初めは困惑したと書いています。彼らは中が空洞になった錫や金のビーズを包皮や陰嚢に挟んでおく風習があったのです。中が空洞になったビーズには砂が少し入っていて、チリンチリンと音が鳴っていたのです。馬歓はそれがまるで「葡萄の房」のようで「最も珍妙」と書いていました。この習慣は今や消え、流行りのファッションとして現代に残らなくてよかったと思わずにはいられません。

その後数回の航海を経て、鄭和は経験を重ね次第に自信をつけていったことがうかがえます。彼の艦隊はベンガルからアフリカのスワヒリ海岸、そしてペルシャ湾口のホルムズ港へ至るまでの広範囲で航海を行っていました。また彼は自分たちの傀儡君主を王位に就ける機会とみて、組織的に地方の政治的な敵対関係へ介入していきました。例えば、提督は第3次航海でスリランカを訪れた際に、島が内乱状態にあることに気が付きました。彼は王位を主張する者を少なくとも1名捕らえ、南京に連れ帰り明皇帝に謁見させました。仏歯も中国へ持ち去られたようです。そしてスリランカに中国の影響力を確保する計画の一環として、どちらもスリランカへ戻されることになるのです。中国人は同様にスマトラにあったサムドラ王国の継承戦争にも介入しました。しかし、最も歴史的意義のあった介入は、ムラカ（マラッカとも呼ばれます）の新王に対する支援でした*4。ムラカはジャワのマジャパヒト王国と勢力争いを繰り広げていました。

ムラカの創始者は、パラメスワラという王子で、シュリーヴィジャヤの一族だと主張していました。彼は当初シンガポールに拠点を置こうとしていましたが、現地の敵対関係やジャワによる襲撃という脅威が絶えず、後にさらに北へ移動することにしました。中国人は初めから計画的に彼を支援し、パラメスワラは少なくても年に一度、明皇帝を表敬するため中国へ旅していたことが分かっています。面白いことに、ムラカはイスラム教に改宗するよう奨励されていました。鄭和と船長の多くはムスリムでしたが、これは主として、厄介なジャワ島のヒンドゥー教徒との間に恒久的な対立を作り出すための、地政学的、戦略的な動向だったとみなすべきでしょう。これはおそらくインド文明圏内に恒久的な亀裂を生じさせ、また将来、反中的な地政学同盟ができるのを阻止する意図があったのでしょう。元々の動機が何であれ、マジャパヒトが着実に後退する一方で、ムラカは中国の保護下で繁栄しました。これが東南アジアで着々と進んだイスラム化の原点でした。

一方、宝船艦隊は遠国から大使や品物、物語とともに中国に帰還すると、大熱狂を巻き起こしました。しかし、最も興味を引いたものは、中国人が神獣と崇める「麒麟」に見立てられたキリンでした。麒麟の出現は太平の世の前兆とされ、皇帝とキリンに詩が捧げられました。しかし、鄭和には問題が降りかかっていました。儒教の官吏は、宦官たちが力をつけていくことを次第に疑問視するようになっていたのです。そして１４２４年に永楽帝が亡くなると、官吏たちは宦官に支配されていた海軍を着々と弱体化させていきました。１４３１年から１４３３年の最終航海の後に宝船艦隊は腐敗し、航海記録は故意に隠蔽されました。

中国は鎖国状態となり、そこから脱却するのは２０世紀後半になってからでした。インド洋世界はしばしの間アラブ人の手へ戻ったように見えました。しかし、歴史にはよくあることですが、歴史の流れは新しいプレーヤーの出現によって予想外の方向へ進むことになりました。ポルトガル人です。ポルトガル人の登場は、すでに崩壊していた旧秩序の終焉を加速させたのです。

時代の終焉

宝船の航海は１４３３年を最後に中断していましたが、東南アジアの勢力関係を根本的に覆す出来事を連鎖的に引き起こしていました。既に述べましたように、中国はマジャパヒト帝国と敵対するムラカの台頭を手引きしていました。ムラカ率いるムスリム同盟はやがてジャワ西部にまで浸透し、マジャパヒト帝国は香辛料の港に対する支配力をどんどん失っていきました。マジャパヒトはジャワ島東部のハートランドを世紀末まで維持していましたが、今や衰退の一途をたどっていました。帝国が崩壊するにつれ、ジャワのエリート層の多くはイスラム教を受容していきました。改宗を拒否した人々は16世紀初頭にバリ島へ逃れ、そこで今日までその文化を守り続けてきました。ジャワ島にはヒンドゥー教の小さなコミュニティも現存します。ブロモ山付近の火山性高地にある、人里離れた村に住むテンゲル族などです*5。

そのころ、アンコール王国はタイ人の侵入という重圧下にありました。タイ人はもともと中国南部（雲南/広西）の出でしたが、徐々にクメール帝国の北縁に侵出していきました。14世紀の中旬には、彼らは現在のバンコクにほど近いアユタヤ（インドのアヨーディヤから名づけられました）に新都を建設しました。そこは観光客でごった返していますが、1日かけて行ってみる価値はあります。90年代の初頭に私が初めてこの場所を訪れた時には、まだ田舎の風情が残り、半ば廃墟と化した遺跡を見渡しつつ水田の間を自転車で走り抜けることができました。

明宝船艦隊による暗黙の支援下でタイはますます攻撃的になり、1431年にはアンコールを略奪しました。大都市は放棄されることになりましたが、クメール王国はかなり縮小して残ることになりました。しかしタイはアンコール文化の様々な要素を吸収することになりました。現在、タイの伝統芸術、文化と考えられているものの多くがクメールに由来するのはこのためなのです。

クメール人がタイ人に押されていた頃、宿敵だったチャム族は存亡の危機に瀕していました。何世紀もの間、大越王国（文字通り、偉大なるベトナムを意味）が北ベトナムを支配し、同様にチャンパ王国がベトナムの南半分を支配していました。鄭和が航海に乗り出すと同時に、明は大越に侵攻しました。当初、ベトナム人は敗退しましたが屈せずゲリラ戦を続け、やがて明は戦い続ける代償が高すぎるということに気がつきました。1428年、ついに中国人は撃退されてしまいました。大越はその後数十年間かけて経済を立て直しましたが、1446年、チャンパに侵入し一時的に首都を押さえました。1471年、大越はさらなる大軍を引き連れて再びチャンパへ侵攻しました。記録によると最後の抗戦で6万人が死亡し、3万人の捕虜（王族を含む）が連行されたといいます*6。

こうして1万５０００年も続いたチャンパ王国は幕を閉じました。そのため、ベトナム南部の至る所に謎めいた寺院が数多く残されることになりました。残念なことに、ミーソン聖域にある最も重要な寺院群は、ベトナム戦争中にアメリカの絨毯爆撃により甚大な被害を受けました。ユネスコ世界文化遺産に登録されているにもかかわらず、見るべきものは比較的残されていないのです。16世紀に大勢がイスラム教に改宗しましたが、ベトナムにチャム族のコミュニティはわずかに残っています。チャム族に属するバラモンのコミュニティ（約３万人）は、ベトナム南部の辺境の村々で、今なお古代シヴァ派のヒンドゥー教を信じ続けています。ホーチミン市のカフェでこの地方の濃厚なコーヒーを飲みながら、チャム族のヒンドゥー教徒であるサカヤ教授が私にこう教えてくれました。人が死ぬと、その魂を聖牛ナンディーが聖なるインドへ導いてくれると、彼らは信じているのだそうです*7。

またしても疑問が浮上してきます。東南アジアで長らく続いたインド風の王国はなぜ同時崩壊したのでしょうか。中国の介入が一役買っていたのでしょうが、これでは全容の説明にはなりません。研究者は木の年輪を調査し、15世紀に厳しい干ばつと洪水が起きていた痕跡を発見しました*8。これによって、アンコールの複雑な治水施設が崩壊した可能性が考えられます。ジャワもチャンパも米を主食とする社会であり、同じように気候変動に苦しんでいたようです。このように、こうした王国の崩壊には自然が一役かっていたようなのです。

ヴァスコの大砲

興味深いことに中世世界では、インド洋世界に関する情報がヨーロッパに流れるのをアラブが阻止していました。時折マルコ・ポーロのようなヨーロッパの旅行者が現れ記録を残しましたが、ジョン・マンデヴィルのような図々しいペテン師がのうのうとはびこり、間違った情報も蔓延していました。マンデヴィルというのはイギリス人で、１３２２年に祖国を離れ、中国、インド、ジャワ等東方の様々な場所を訪れたと称して34年後に戻ってきました。そして彼は一つ目の巨人、犬の頭を持つ女、頭が二つあるガチョウ等、空想的な物語を書き上げました。中世ヨーロッパでは、インドにはプレスター・ジョンというキリスト教徒の偉大な王がいて、イスラムに対抗する味方になってくれるはずだと広く信じられていました。彼はこれを脚色して書き上げました。ヨーロッパ人はこうした話を真に受け、マンデヴィルの本は学者、探検家、王が詳しく研究してきたのです。

15世紀になるとヨーロッパ人の中には、ムスリムの束縛をアジア貿易で打破する方法を探りだす者も現れました。その選択肢の一つが、アフリカを周航してインドへ至る航路を開拓することでした。ポルトガル人はアフリカ西海岸を、先陣切って着々と南下し始めました。１４８７年、ついにバルトロメウ・ディアスという船長がアフリカ南端に到達しました。歴史書ではたいてい、ポルトガルは10年経ってから、ヴァスコ・ダ・ガマ指揮のもとで艦隊を送り、さらにこの海路を探索したという印象を与えています。ポルトガル王室がこの計画を重視していたことを踏まえると、この航海は決して気安く延期できるものではありませんでした。それどころか、ポルトガルはディアスの発見を詳しく調査し、風と潮流を正確に記録するために、数々の航海を秘密裏に行っていた痕跡が残っているのです*9。なにしろ、ポルトガル人は情報を嗅ぎまわる気配をみせていた、クリストファー・コロンブスという男をかなり不審に思っていたようなのです。

ポルトガルが待ちの姿勢だったのには別の理由がありました。ジョアン2世はモロッコ商人に扮したス

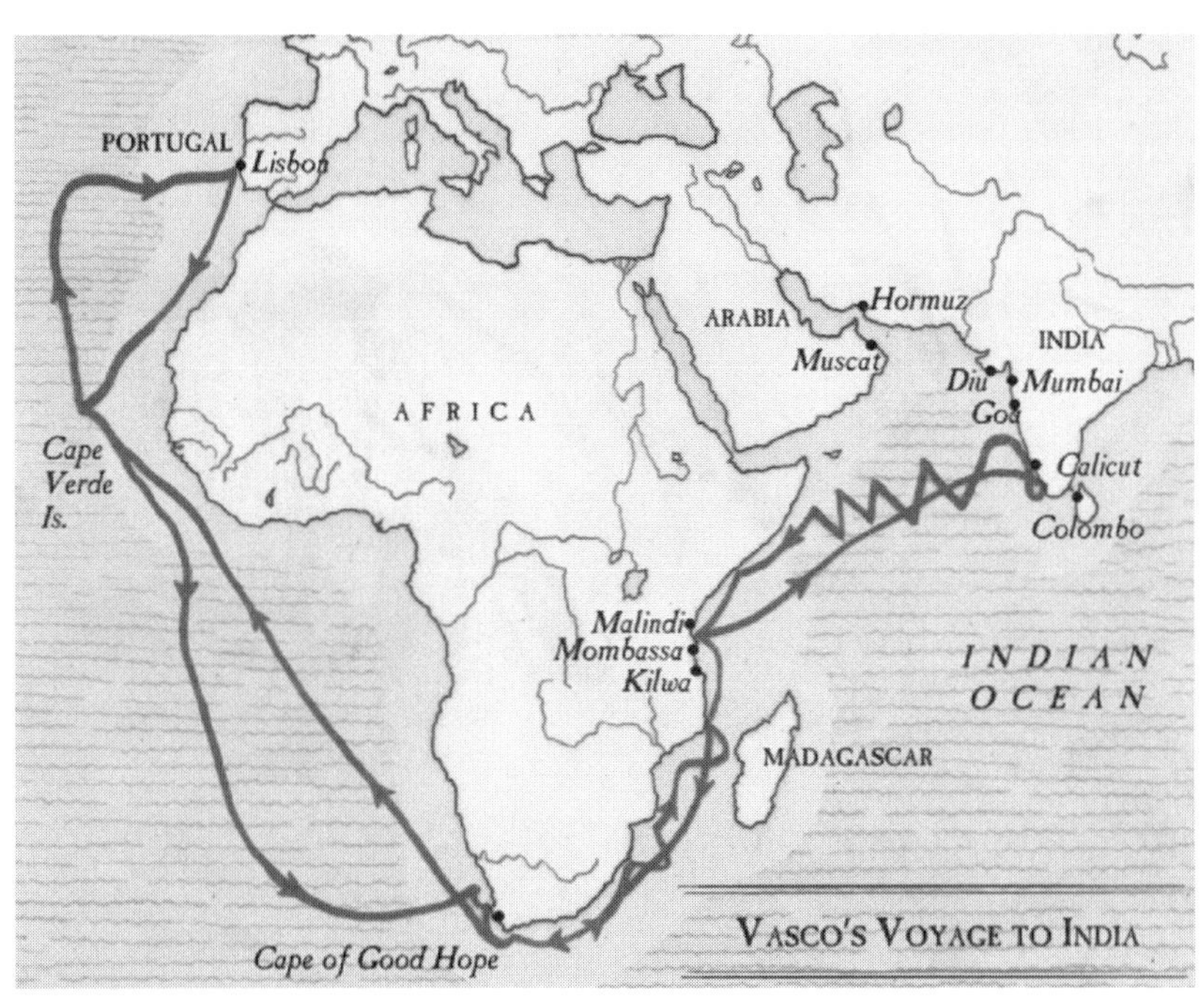

ヴァスコの航路（至インド）

パイを二人、紅海経由でインド洋に送っていたのです。ポルトガル艦隊がアフリカを回った後に遭遇しうる事態について情報を集めるためでした。二人のスパイ、ペーロ・ダ・コヴィリャンとアフォンソ・デ・パイヴァはアデン湾に向い、二人はそこで分かれました。コヴィリャンは二年間、インド洋を縦横無尽に航海して様々な王国や港の情報を集めて回ることになりました。もし見つかればまず死をまぬがれなかったので、彼のアラビア語は非常に巧みだったに違いありません。一方、パイヴァは伝説のキリスト教徒、プレスター・ジョン王を見つけようとエチオピア内陸部に向かいました。彼は目にしたものにきっと失望したことでしょう。エチオピア人はアラブ人に何世紀もの間囲まれ、高地に引くことによって孤立し何とか生き残っていたのです。

インド洋を探索した後、コヴィリャンは

アデン湾に戻り、次に仲間と合流できるよう願ってカイロへ向かいました。しかし、まもなく彼はパイヴァが死んだことを知りました。リスボンに戻る準備をしていた彼はジョアン2世からの密書を携えた二人のユダヤ商人に接触しました。その密書はプレスター・ジョンの王国について具体的な説明を求めていました。そこで、コヴィリャンはインド洋の港に関する報告書を商人らとともに送り返し、彼自らエチオピアを探検することにしました。このスパイはもはや放浪生活にすっかり夢中になっていたようです。なにせ、彼自身の目でメッカを見るために、不要かつ危険な回り道さえとっていたのですから。しかし彼がエチオピアに着くと、未亡人のヘレナ女王は彼の帰国を拒みました。彼は王国をとりまく防衛についてあまりにも多くのことを知り過ぎてしまっていたのです。その埋め合わせとして、彼はこの地に妻（ポルトガルに妻があり財産を所有していたにもかかわらず）と財産を与えられ、定住するよう要求されました。30年後、ポルトガルの使者は、コヴィリャンがエチオピア貴族として暮らしているのを知ることになるのです。

何年もの準備期間を経て、１４９７年、ヴァスコ・ダ・ガマ傘下のポルトガル艦隊はインドに向け出発しました。その4年前にコロンブスが南北アメリカの航海から帰還していましたが、その情報収集のおかげでポルトガルには正しい航路をとる自信があったようです。ダ・ガマの艦隊は3隻の艦で構成されていました。サン・ガブリエル、サン・ラファエル、そして小型キャベラル船、ベリオでした（これに加えて貯蔵船が途中から同行しました）。精鋭の乗組員総勢１８０名が搭乗し、またこの艦隊はインド洋ではほとんど知られていなかった大砲を装備していました。

艦隊は7月8日に出発し、11月初旬、喜望峰に到着しました。コイサン族はバントゥー族にアフリカ南部を除く地域から追いやられていましたが、アフリカ大陸南端では依然として多数派でした。彼らは新入りどもを快く思わず乱闘が起き、ダ・ガマは槍で軽傷を負いました。ダ・ガマは非常に執念深い男だった

芙蓉書房出版の新刊・売行良好書　2405

核兵器が変えた軍事戦略と国際政治

ロバート・ジャーヴィス著

野口和彦・奥山真司・高橋秀行・八木直人訳

本体 3,600円【4月新刊】

「核兵器が現状維持を保つ効果あり」との仮説を提示し、「核兵器が軍事戦略と国際関係を革命的に変えた」という画期的な理論を展開した話題の書。ジャーヴィスの核革命理論は、多くの研究者により妥当性が検証される一方、その仮説には反論が寄せられるなど、話題性に富んでいる。

ぶらりあるきお酒の博物館

中村 浩著　本体 2,500円【3月新刊】

日本酒・焼酎・ワイン・ビール・ウィスキー……。北海道から沖縄までの「お酒」に関する博物館・資料館や酒造工場見学を現地取材。酒蔵の歴史、酒造りの工程・道具、エピソードなどで構成。収録したのは全国75の博物館と工場見学。

原史・古代における海人の研究

紀伊の海人と古代氏族紀氏を中心として

冨加見泰彦著　本体 7,000円【3月新刊】

海を生業の場とし、漁撈はもちろんのこと海浜部では盛んに製塩を行い航海術にもたけていた「海人(かいじん)」とはなにか。さらに海人と深く関わったと考えられる古代氏族「紀氏」、大和の豪族「葛城氏」との親密な関係について取り上げる。

ので心底復讐を願っていたのでしょうが、彼の心にはもっと重要な案件があったのです。ナタール沖で嵐の海を乗り越えると、この船はアラブのダウ船や集落の数々に遭遇しました。ヴァスコ・ダ・ガマはとうとう、インド洋に辿り着いたのでした。

ヨーロッパの侵入者たちは初め、任務を秘匿するために、トルコ人やムスリムになりすましていました。イベリア半島は最近アラブの支配から解放されたばかりで、ダ・ガマの乗組員の中にはアラビア語を話す者が何人かいました。しかし、その偽装はすぐにばれてしまい、ポルトガル人は待ち受けていたモンバサのスルタンからかろうじて逃げ果せました。

今度はスワヒリ海岸を北上した艦隊でしたが、彼らの到着の知らせは先に伝わっていたようです。ダ・ガマは必死になって友好的な港を探し求めました。物資を補給するためでもありましたが、一番重要だったのは、インド洋への航行に必須だった水先案内人の確保でした。少なくとも、彼はマリンディで友好的に迎え入れられました。マリンディは鄭和が中国へ連れ帰ったキリンの生息地の一つでした。この港はモンバサの強大なライバル港で、スンニ派が増えつつある海岸の中でシーア派の中心地となっていました＊10。マリンディの支配者は、ダ・ガマの任務については何とも思っていませんでしたが、切実に味方を必要としていました。そのためヴァスコ・ダ・ガマにインドへ渡るよう経験豊かな水先案内人を提供したのは、マリンディのスルタンだったのです。

この航海には１カ月もかからず、艦隊は１４９８年５月14日、カリカット（ケララ州コージコード）に到着しました。開港は大小様々な船舶でひしめき合い、海岸には店や商館がずらりと並んでいました。ヨーロッパ人が到着すると、たくさんの小舟が漕ぎ寄ってきて、ココナッツや鶏肉などの生鮮食品を売りに来ました。野次馬の家族連れが子どもと船を見物に来ていました。それは普段インド洋を行き交っていた船とは全く様子が違っていたのです。大勢で賑わうツリーズ通りという通りが王宮に向かって伸びていました。地面には木々から落ちた白い花が一面に散っていました。裕福な者や権力者は輿で運ばれ、家来が事前にラッパを吹いて人払いをしていたと言われています。現代のインド人が車のクラクションを鳴らすのが好きなのは、このためなのかもしれません。これは自己の重要性を表すものなのです。王宮までの道すがら、ヴァスコ・ダ・ガマはヒンドゥー教の寺院へ祈りを捧げに立ち寄ったりもしました。ヒンドゥー教徒を異端のキリスト教徒だと誤解していたのです。

豪華絢爛な王宮は1マイル四方に広がり、漆塗りの壁に囲まれていました。カリカットのサムドリンは絹の天蓋がかけられた緑色の長椅子に腰かけ、王宮の謁見の間でヴァスコ・ダ・ガマと会見しました。彼は上半身には首飾りだけを身に付けていました。この首飾りは王家の紋章であり、ルビーで取り巻かれたハート形のエメラルドを、真珠で連ねたものでした。ヴァスコ・ダ・ガマは跪き、マヌエル王（ジョアン2世の後継者）からの書簡を献上しました。彼はまた、持参した献上品を広げました。サムドリンは献上品にはさっぱり関心が無さそうでしたが、金銀と引き換えに胡椒等の香辛料貿易に賛同しました。

カリカットのアラブ商人は当然、彼らの独占市場が崩壊するのを目の当たりにして面白くありませんでした。アラブ商人たちはガマが船に戻る前に彼を拉致しようともくろみましたが、サムドリンが介入し彼を解放させました。カリカットの繁栄は自由貿易下にあり、新入りを不快に思ったとしても、この原則は守らなければならなかったのです。しかし、ポルトガル艦隊はそう長くは待てませんでした。胡椒を買い付けると、錨をあげ母国へ向かいました。ダ・ガマは一刻も早く帰国して王に彼の発見を伝えたかったのです。彼は熱狂的な歓迎とともに称賛の嵐を浴び、2万クルサード金貨を与えられました。しかし、遠征の人的損害は甚大でした。乗組員の3分の2が航海中に犠牲となり、その中にはヴァスコ・ダ・ガマの兄もいました。それでもマヌエル王ははばかることなく、自身を「ギニアの王、そして征服王、航海王、エチオピア、アラビア、ペルシャ、インド商業の王」と宣言したのです。

そして今度はさらに大規模な艦隊をインドへ送るため準備が始められました。大砲で武装した船13隻と乗組員１２００名が総司令官ペドロ・アルヴァレス・カブラルの下、この航海に参加しました。道中で船数隻を失ったものの、この艦隊は１５００年９月にカリカットに到着し、サムドリンに対しアラブ人全員の追放、ポルトガルとの専制貿易を要求しました。インド人は当然ながらそのような取り決めに乗り気ではありませんでした。交渉が長引く間、積み荷や巡礼者をたくさん乗せたアラブの大型船がアデンへ出航することになりました。カブラルはこの船を差し押さえ、アラブ人は市中のポルトガル派遣団を攻撃して報復しました。するとポルトガル人はさらに10隻の船を差し押さえ、海岸で大勢の人々が見守る中、船員を生きたまま焼き殺しました。次に彼らは二日間にわたり町を砲撃し、サムドリンすら王宮から退避せざるを得なくなりました。これはカリカットの支配者が決して忘れることのできない屈辱でした。

こうしてヨーロッパ人によるインド洋の支配が始まりました。この艦隊は次にコーチン（コーチ）へ向け南に進みました。コーチンは鄭和の到着以来、カリカット港の陰に隠れていたライバル港でした。マリンディの時のように、ポルトガル人は地位を確立するために現地の敵対関係を利用しました。カブラルは取り急ぎ船に胡椒等の香辛料を搭載し、金貨で支払いを済ませて祖国へ向かいました。潜在的利益を評価するには、従来の紅海を通るルートでヴェネツィアへ運ばれた胡椒が、ケララ海岸での価格に比べ60から１００倍の価格となっていたことに注目してください。新しいルートの発見によって、ヴェネツィアが荒廃したのは間違いありません[*11]。

ポルトガル人は航海の成功で得た利益を利用して、今度はインド洋を航行する艦隊の規模を急激に増やしました。数十年の内に、彼らはマスカット、モンバサ、ソコトラ、ホルムズ、マラッカなどインド洋西部にあった重要港の多くを略奪したり占領したりしました。当時の基準からしても、彼らは残虐極まりないとの評価に値しました。例えば、ヴァスコ・ダ・ガマは二度目の航海でカリカットへ戻った時、交渉を拒み町を3日間砲撃しました。彼はまた、港で見つけた船を船員総勢８００名もろともことごとく押収しました。彼らは船の甲板に並べられ、腕や鼻、耳を切断され殺されたのです。体の一部は小舟に積まれ海岸へ送りつけられました。サムドリンが和平交渉のためバラモンを遣わすと、彼は無残にも手足を切断されて送り返されました。彼が連れていた二人の息子と甥はマストから吊るされていました。つまり、環インド洋の海洋世界は、アジア内陸部の町がトルコ・モンゴルの侵略によって経験したのと同じような衝撃を受けたのです。

イスラム世界ははっきりした対応を迫られ、逆転を狙ってトルコに目を向けました。オスマン・トルコは当時最強のムスリム帝国で、１４５３年にコンスタンティノープル（つまりイスタンブール）を占拠し、これによってビザンツ帝国の残骸も終焉を迎えていました。オスマン・トルコの軍事戦略は中央アジアのステップ地帯に起源を持っていましたが、近年は地中海で海軍能力を伸ばしていました。しかし、トルコの用いていたガレー船は、はるかに過酷なインド洋の諸条件に対処する能力が無いということが発覚しました。また縫合船では大砲を発砲した際の衝撃波に耐えることができず、従来のアラブ船舶は不向きとされていました。そこで、トルコは紅海で12隻の巨大戦艦を特注し、大砲を装備しました。興味深いことに、ヴェネツィアはポルトガルのスパイから得た情報をトルコに流し、さらにスルタンのため砲兵の一団さえ配備していました。明らかに、経済的な利害関係が他のあらゆる相違点を凌駕していました。

１５０７年初頭、トルコ艦隊はアミール・フセイン指揮のもと紅海を南下しインド洋沿岸へ向かいました。トルコ軍はカリカットから送られた援軍とともに、チャウル（現代のムンバイ付近）に錨泊中の、小規模かつ備えの薄かったポルトガル軍と戦い、勝利しました。ポルトガル側は激怒し、大艦隊を集結させました。両者は１５０９年2月、グジャラート沖ディーウ島付近で対峙しました。その後の戦闘では、ヨーロッパの艦、大砲設計の優位性が全面に発揮されました。数時間のうちに、フセインの防衛線は破壊され、トルコ軍は敗走を余儀なくされました。ポルトガル人をさらに後押しした要因は、グジャラートのスルタンが送った軍隊が仲間のムスリムを援助せず、中立を維持したことでした。トルコの提督はイスタンブールでオスマン帝国のスルタンと会見した際、この裏切りに激しい不満をぶつけることになります。

こうした勝利にもかかわらず、ポルトガル人は未だインド洋に恒久施設をもたず、奔放な海賊のように活動していました。カリカットへの襲撃が失敗に終わった後、基地の建設にはゴアが最適と判断されました。１５１０年、ポルトガルはアフォンソ・デ・アルブケルケ指揮のもと、ゴアを攻撃してビジャープル王国のスルタンから奪い取りました。アルブケルケはマヌエル王に手紙で自慢しました。

> そこで私は町に火をかけ、すべての者を剣にかけました。4日間、あなたの兵は血にまみれ続けたのです。ムスリムの奴らを見つけたなら、どこであろうが誰一人として生かしてはおけません。モスクに奴らを大勢閉じ込め、私は火をかけました…[*12]

ポルトガル人はやがて、環インド洋地域に要塞のネットワークを築き海洋国家を支配しました。おそらく、この要塞群で最も保存状態の良いものはディーウ島にあり、今でも見物することができます。城壁からアラビア海の美しい光景を見渡すことができ、素晴らしい昔の大砲の数々が今もそこを守り立っています。

この要塞は、１５３８年にトルコがヨーロッパ人に対し行った第二次攻撃の盾となりました。失敗に終わった第二次攻撃の名残りは、本土のジュナガル要塞博物館にある巨大なトルコ製の大砲だけとなっています。

冒険譚

ポルトガルが成功した要因は、技術面での向上が一部にはありましたが、他にもポルトガルの遠征が類まれな冒険を招き寄せた事実も一因となっていました。残虐で血に飢えた彼らは、計り知れない危険を冒すことを厭いませんでした。そんな二人、フェルディナンド・マゼランとフランシスコ・セラーンは親友同士で、二人は１５０９年の第一次マラッカ攻略に参加しました。マゼランは後に初の世界周航に成功し有名となりました（もっとも、彼はフィリピンで殺害され、彼自身が航海を達成したのではありませんでした）。セラーンは今やほとんど忘れ去られていますが、彼の物語はマゼランと同じように魅力的で、かつ深く関わりがあるのです。

ポルトガルの第一次マラッカ攻略は敗北に終わりましたが、セラーンはマゼランが土壇場で助けに来てくれたおかげで、かろうじて逃げのび、命拾いをしました。２年後、彼はアフォンソ・デ・アルブケルケじきじきの指揮下で大艦隊に参加し戻ってきました。マラッカは渾身の抵抗をしましたが、ついに陥落しました。アルブケルケは町を見晴らすことのできる天然の丘に、新たな要塞の建築を命じました。後にオランダ人がそのほとんどを破壊しましたが、門の跡が一つだけ残っています。一方、さらに東にある香料諸島へ船３隻が偵察に出され、セラーンはその一つの艦長となりました*13。

彼の船は浸水がひどかったようですが、セラーンは何とか船を進め、世界で唯一のナツメグの産地、バンダ諸島に到着しました。他の船がナツメグを積んでいる間、セラーンは中国のジャンク船を代わりに購入しました。操船を行っていたのはたった９人のポルトガル人と12人のマレー人だったことから、この男の自信のほどがうかがえます。しかし帰路の航海で、嵐により３隻の船は離れ離れになってしまいました。セラーンのジャンク船は岩礁に吹き寄せられ、部下数名を失いました。そして生存者は水もない小さな無人島に取り残されたのです。それでもセラーンは冷静さを失わず、海賊が藪に潜み、難破船の調査にやって来るかもしれないと踏んで銃を取り戻すと、部下を茂みに隠して警戒していました。案の定、海賊船一隻が島に到着しました。ポルトガル人たち一行はあらかじめ示し合わせた合図で海岸に押し寄せ、海賊を捕らえると船を奪いました。

生存者たちは、今度は最寄りの有人島、パグアサ島へ向かいました。当時この島の首長は近隣の島と戦争をしており、セラーンは奇襲攻撃に加わって彼らの好感を得ることにしました。ポルトガルの銃はわずかでしたが、対する側は銃を全く知らなかったので、総崩れとなりました。セラーンと愉快な仲間たちはパグアサ島の英雄として帰還し、彼らの名声は近隣の島々へも広まりました。彼らが女たちとアラック酒で勝利を祝っていると、戦闘用カヌーの一隊が到着し、テルナテ島スルタンの招待を伝えました。

ティドレ島とテルナテ島という火山性の双子島は世界で唯一、クローブが採れる島でしたが、支配者同士は激しい敵対関係にありました。セラーンは彼らの事を耳にしていたのでしょう。この招待を受けました。インド洋でポルトガルが勝利したという知らせはこの地域にもしっかりと届いていたようで、セラーンはテルナテ島に到着すると王族のような歓迎を受けました。彼はすぐにスルタンの右腕としての地位を築き上げました。数年後ポルトガル艦隊がこの島に到着した時、その艦長はセラーンが享受していた絶大な権力やぜいたくな生活に驚きました。彼らは現地民に成り下がった裏切者、脱走兵だと思っていた同僚たちの暮らしぶりが羨ましく、騒然となりました。しかし、当面はセラーンの独特の地位が利点であると彼らは気づき、セラーンはそのまま居座ることを許されたのです。

セラーンは上司や友人のマゼランに手紙を送り、香料諸島に来て合流するよう呼びかけました。この手紙でマゼランはある考えを思いつきました。テルナテ島とティドレ島は東の最果てにあったので、南北アメリカから西に航海すれば容易にアクセスできるのです。問題だったのは、ポルトガル当局がこの考えを探求するのに乗り気ではなかったことでした。スペインが香料諸島へ容易に到達できるようになってしまうからです。そこで、マゼランはこの考えをスペインへ持ち込みました。スペインは遠征の出資に同意してくれました。

1521年3月、南アメリカを周航し、多くの困難を乗り越え、マゼランの艦隊はようやくフィリピンに到着しました。スペイン人がセブ島に上陸した時、この地域はおそらくタミル起源のヒンドゥー王国が支配していました。マゼランは、ラジャ・フマボンと条約を結び、彼をカトリックに改宗させました。これは、スペイン人が後にこの島の領有権を主張する論拠となりました。しかし、フマボンの家老の一人、ラプラプはこれを拒絶し、スペイン人は軍事的優位を示さざるを得なくなりました。マゼランがなぜ直々にラプラプの島を攻撃することにしたのかは分かりませんが、セラーンの偉業に応えようとしたのかもしれません。いずれにしても、マゼランは浜辺で取り囲まれ、殺されてしまったのです。

しかし、残ったマゼランの艦隊は航海を続け、数週間後、ティドレ島に錨を下ろしました。セラーンはおそらくここで現地の敵に毒を盛られて、数週間前に死んでいたことが発覚しました。セラーンとマゼランが地球の反対側で会合を果たすまであと一歩のところまで来ていたとは驚きに値します。こうして、友情と冒険の物語は終わりを告げました。マゼランの艦隊でスペインに戻ることができたのは、21人の生存者を乗せた1隻の船だけでした。クローブの積み荷は、ティドレ島価格の1万倍の値が付きました。

十字架の名のもとに

16世紀にポルトガルが獲得した飛び地の一つがムンバイで、そこは当時、湿地の島々から成っていました。エレファンタ島石窟群は、この地域が7、8世紀に重要な商業拠点だったことを示していますが、それ以降は衰退していきました。1509年、この島に上陸したポルトガル人がまず行ったのは残忍な襲撃でした。「我々の部下は、多数の牛と藪に隠れていた黒人を数人捕らえ、良いものは残しておき、残りは殺した」と言われています*14。その後数十年の間に、ポルトガル人はここに小さな飛び地を築くことに成功しました。初期ヨーロッパ系住人に、ガルシア・ダ・オルタがいました。医師であり博物学者であった彼は、インド人、アラブ人医師から現地のハーブの薬効や用途を静かに学び数十年を過ごしました。

彼の最も有名な作品は、1561年にゴアで初出版された「インド薬草・薬物対話集」です。この論文によって彼はポルトガルの国民的英雄となりました。皮肉にも、ガルシアはリスボン当局から距離を置きたがり、遠く離れた辺境の植民地で静かに暮らしていました。

この理由を知るためには、1492年、スペインがイベリア半島のムーア人統治を終結させ、ユダヤ人やムスリムの大量追放を命じた時に遡る必要があります。あとに残された者は、新キリスト教徒と呼ばれるキリスト教徒になるよう強要されたのです。しかし、こうして新たに改宗した者たちは、元の宗教を密かに信仰し続けているのではと常に疑われてきました。このような隠れユダヤ人やムスリムを暴き出すため、スペイン異端審査が独自に設立されたのです。ガルシア・ダ・オルタの両親はスペイン系ユダヤ人で、迫害を逃れてポルトガルへ非難していました。不幸にも、数年後にポルトガルもユダヤ人を追放したのです。実は、ヴァスコ・ダ・ガマの航海も、一部は追放されたユダヤ人から収奪した財産で賄われていたのです。オルタの家族は、表向きはカトリックに改宗してポルトガルに残りましたが、異端審査に取り調べられるのを常に怖れていました*15。

オルタの一家は秘密裏にユダヤ教を信仰し続けていた形跡が残っており、ヘブライ語の名前も隠し持っていました。ガルシアの秘密の名前はアブラハムでした。ガルシア・ダ・オルタがムンバイで静かに暮らしていた本当の理由はこのためだったのです（ちなみに、彼は著書の中でムンバイのことを、ボンバイムともモンバイムとも呼んでいます）。やがて、彼はゴアの植民地本部とのコネを使って、家族やポルトガルの新教徒を連れてきました。こうして、ゴアをはじめとするポルトガルの飛び地は、かなりの新教徒人口を抱えるようになりました。常に不穏な空気が流れていたものの、１５４２年、イエズス会宣教師、フランシスコ・ザビエルが到着するまでは、事態は許容の範囲内でした。

後に聖人として列されるザビエルは、彼の名にちなんだイエズス会の学校や大学が数多くあることで、今日のインドでは有名です。しかしマラッカに発つ前に、異端審査をゴアに招いたのは彼でした。異端審査がゴアに到着した頃、地元住民の大多数がヒンドゥー教を信仰し、そこには女神シャンタ・ドゥルガーを祀る寺院が無数にありました。イエズス会に扇動されたポルトガル人は数えきれないほどの寺院を破壊することになります。大勢のヒンドゥー教徒が殺害されたり、強制的にキリスト教に改宗させられたりしたのです。小さな子どもがたくさん連れ去られ、洗礼を強要されました*16。破壊された寺院跡が今もゴアに残り、中にはその上に教会が建てられているところもあります。近年、こうした寺院のほんの一握りが現地のヒンドゥー教徒の手によって再建されました。その一つに挙げられるのが、ヴェルナ村にあるマハラ・サナラヤニ寺院です。１５６７年に破壊され、２０００年から２００５年に再建されました（ちなみに、ここには新石器時代のものと思われる巨大な石の女性像もあります）＊17。

やがて異端審査はシリアのクリスチャン・コミュニティに矛先を向けました。ポルトガル人到来まで彼らはインドの西海岸で、千年にわたって平和に暮らしていました。彼らの古くから行われてきた儀式は異端とされ、ラテン系の儀式を受け入れるよう強要されました。シリア語で書かれた本や記録は燃やされてしまいました＊18。当然、異端審査は新キリスト教徒も精査するようになりました。ガルシア・ダ・オルタの妹カトリーナや他大勢が拷問を受け殺されたのです。カトリーナは「不適切なユダヤ人」とされ、ガルシアの死の翌年、火刑に処されました。彼女の夫は拷問され、かの有名な医師が「安息の土曜日」を行っていたことを白状してしまいました。オルタの遺体は墓から掘り起こされて燃やされ、マンドヴィ川に遺灰がばらまかれました。これは異端審査の執念深さを反映しています＊19。

ヴィジャヤナガル――勝利の街＊20

ポルトガル人が初めてインドにやって来た頃、亜大陸の北部や中部のほとんどは、チュルク系、アフガン系、ペルシャ系ムスリムが支配していました（ただし、メーワール王国のような抵抗勢力もいくらか残っていました）。しかし、インド半島の南半分にはヒンドゥー大帝国がありました。首都ヴィジャヤナガルは、今もその名を人々の記憶に残しています。トゥンガバドラー川のほとりに建てられたこの都は、当時世界最大の都でした。カリカットもコーチンも、名目上はこの都市を統治していた王の属国でした。

この都市は１３３６年、デリー・スルタン朝が南インドの旧王国を襲撃した後に、フッカ（ハリハラとも呼ばれる）とブッカという二人の兄弟が設立しました。フッカとブッカは捕らえられ、強制的にイスラム教に改宗させられましたが、後に逃亡し、ヒンドゥー教に改宗しなおしました。そして彼らは戦に破れてまばらに残っていた兵たちを集めて編成しました。やがて、彼らは大帝国を築き支配下におくようになりました。

ヴィジャヤナガルの伝統的な建国神話によると、二人の王子がハンピの近くで狩りをしていたところ、猟犬が野兎を捕らえようとして追いかけました。野兎は追い詰められたと思いきや、突然振り向きざまに猟犬に飛びかかりました。猟犬は慌てて逃げだしました。兄弟がこの話を導師（グル）ヴィディヤーラニヤに話すと、それは縁起がいい、ここが首都にふさわしいという証しだと諭されました*21。事実はこの伝説の通りではなかったのかもしれませんが、この地が選ばれたしかるべき理由は他にもあります。ハンピを訪れたことのある人なら誰でもご存知のように、そこには露出した岩と低い丘からなる奇妙な風景が広がっています。フッカとブッカは、この地形がトルコ騎兵に対する防衛に最適だと気づいていたのです。さらに、ヒンドゥー教の伝統的な考えでは、この地域には特別な場所がありました。川を渡ればキシュキンダーがあり、そこは叙事詩ラーマーヤナに登場する猿の王国とされていたのです。

15、16世紀の町の様子については、多くの外国人客が目撃情報を残しています。ペルシャのティムール朝支配者の使者アブドゥル・ラザクは、町には7つの同心円状の壁があり、広大な領域を囲っていたと書いています。1枚目から3枚目の壁の間は半農村で、耕作地や庭がありました。3枚目から7枚目の壁の領域には家、大寺院、工房、賑やかなバザールがあり、中央には宮殿や大議事堂のある王城がありました。ラザクは、岩を削って造られた水道橋や水路が川から宮殿へと水を運んでいたと語っています。ハンピの都市遺跡は実に壮観で、アンコールに匹敵します。しかし、ここに鬱蒼としたカンボジアのジャングルはなく、代わりに巨大な岩が一帯に露出した風景となっています。このユネスコ世界文化遺産の中では今も農業がさかんに営まれ続けています。その多くは中世の水利施設を利用しています。旅行者はアブドゥル・ラザクやその他の旅人が記した多くの特徴を、たやすく見つけることができるでしょう。

ポルトガル人がインド沿岸に進出すると、ヨーロッパ人が大勢ヴィジャヤナガルを訪れるようになり、詳しい記録を残していきました。馬商人のドミンゴ・パイスやフェルナン・ヌーネスたちは、おそらく支配者の中でも最高の名君だったクリシュナデーヴァ・ラヤ統治下のヴィジャヤナガルについて書いています。マハナバミ祭にまつわる祝祭や踊り、儀式についても記しています。また彼らは宮廷生活についても書いています。面白いことに、ヌーネスは宮殿内で催事を取り仕切っていた女性たちには、

女戦士、占星術師や占い師がいた。城内で発生した諸経費を記録する女性、王国の出来事を全て書き記し、外部の作家と本を比較することを業務とする女性たちもいた。楽器を奏でたり、歌う女性もいた。王の妻たちでさえ音楽に長けていた*[22]。

と書いています。

またクリシュナデーヴァ・ラヤの傑出した人柄に関する記述もあります。パイスは、彼が筋トレマニアだったと語っています。

彼は腕に土器でできた大きな重りを持ち、そして剣を手に取ると油汗を流すまで一人剣の稽古をし、

　それからお抱えの格闘家と戦った。運動の後、彼は馬に乗って朝日が昇るまで野原を縦横無尽に駆け回った。この全てを夜明け前に行っていた。

クリシュナデーヴァ・ラヤはまた、果敢な軍事指導者であり、デカン・スルタン朝に対し幾度も直々に軍事遠征を指揮しました。ポルトガルの馬商人は、ヴィジャヤナガル軍の規模のあまりの大きさに驚愕しました。面白いことに、ヴィジャヤナガルもデカン・スルタン朝も、どちらもマスケット銃士として名高いヨーロッパ人傭兵を相当数従えていました。はっきりとは書かれていませんが、こうした軍隊にはアフリカ人奴隷部隊も含まれていたことが分かっています。ムスリムの支配者は長く奴隷兵を使っていましたが、どうやらヴィジャヤナガルやポルトガル人もその慣わしに従っていたようです。中には、エチオピア生まれの将軍、マリク・アンバーのように高官に昇進する者もいました。このアフリカ人の子孫は今日でもカルナータカ、ハイデラバードやグジャラートにシッディという小集団として残っています。彼らは通常、仕える君主の文化に従ってきました。そのためヴィジャヤナガル帝国の前領域ではたいていヒンドゥー教徒でしたし、もっと北になると概ねムスリムかキリスト教徒でした。近年の遺伝子調査からは、ほとんどのシッディが東アフリカのバントゥー語族に起源を持つことが分かっています*[23]。

　不幸にも、この大都市はクリシュナデーヴァ・ラヤの死からわずか数十年で、略奪され荒廃してしまいました。1565年、ムスリムの全スルタンによる大同盟軍がヴィジャヤナガルに侵攻しました。町の100㎞北にあるターリコータでの接戦後、ヴィジャヤナガル軍は撤退を余儀なくされました。将軍たちは首都の防衛よりも南への撤退を選び、その優れた防衛設備が役立つことはありませんでした。この世界最大の都市は6カ月の間無残に略奪され、二度と復活することはありませんでした。この惨劇の後、かなり縮小した王国が数十年残りましたが、王の権威は失墜していました。

１６３９年、シュリーランガ・デーヴァ・ラーヤという後代の王が、イギリス東インド会社のフランシス・デイへ、マドラスパトナムという漁村にある小さな狭い土地に交易拠点の建設許可を与えることになります。イギリス人はこの狭い土地にセント・ジョージ要塞という砦を築きます。王はこの新しい入植地に、彼の名をとって「シュリーランガラーヤラパタナム」（つまり、シュリー・ランガ・ラーヤの町）と名付けるよう命じましたが、そこの首長ナヤックは衰退していた王の権威を無視し、彼の父親の名をとってチェンナパタナム、つまりチェンナイと名づけました。今日私たちの知る都市、チェンナイです*24。もしもヴィジャヤナガルがターリコータの戦いに勝っていたとしたら、スリランガライと呼んでいたのかもしれません。もちろん、歴史の歯車が全く違った方向に回り、この都市は建設されなかったのかもしれません。

戦うウラル女王

ポルトガルとヴィジャヤナガルの関係は歩み寄ったり離れたりしましたが、帝国の衰退はインド洋沿岸部の大半で無遠慮な開拓の引き金となりました。ターリコータの戦い以前から、ポルトガル人は基地を求めてカルナータカ海岸（これはゴアとケララの延長上にあります）を探ぐり回っていました。しかし、マンガロール付近のウラル小王国を治めていた戦士の女王は有能で、ポルトガルの努力は妨害を受けました。

彼女はグジャラートのジャイナ教に由来するチャウタ王朝に属し、この地域の母系制度に習っていました。伝統により王の後継者は、王の妹の息子と定められていましたが、ティルマラ・ラーヤ王には甥がいませんでした。そのため、代わりに姪のアバッカを後継者として育てることにしました。彼女はマンガロール付近の統治者と結婚しましたが、支配者としてウラルに留まっていました*25。

１５５５年、ポルトガル人はマンガロールとウラルを征服しようと、ドン・アルバロ・ダ・シルビエラ指揮のもと艦隊を派遣してきました。ラニ・アバッカは夫と緊張した関係にあったのかもしれませんが、共に攻撃を退けました。マンガロールとウラルの両王国は名目上ヴィジャヤナガル領にあり、ポルトガル人は基地の問題を押し付けないことにして、停戦協定に同意しました。しかし、ヴィジャヤナガルがターリコータで敗れた後、彼らは再度運試しに出ることにしたのです。１５６７年、ジョアン・ペイショット将軍指揮のもと、ゴアから大艦隊が派遣されました。ウラルの町や宮殿は占領されましたが、女王は何とかモスクに逃れ潜伏しました。そして女王は２００人の家来を集め反撃に出ました。これによってペイショットら大勢のポルトガル人が命を落としました。次にアバッカは船に戻った生存者を追い、マスカレンハス提督も殺害しました。

アバッカはその後15年間、南はコージコードのサムドリン、北はビジャールのスルタンとの同盟から援助を得て、カナラ海岸を支配したようです。女にやられたというのは、ポルトガル人にとってはショックだったのでしょう。彼らは機会をうかがい、１５８１年、マンガロールの支配者となった彼女の夫の甥から援助を得て再来したのです。今度は、ウラルは略奪され、アバッカは戦闘で殺されました。しかし、彼女の娘、そして孫娘は近海用の小船で、自分たちよりもはるかに大きなヨーロッパの船舶を攻撃し、さらに40年間抵抗を続けることになるのです。海戦で火矢を用いたとされるのは彼女たちが最後でした。

彼女たちの偉業は数多くの民謡や舞踊など、カナラ海岸の伝承の中で鮮明に記憶されていますが、３人の女王について学者が書いていることは驚くほどわずかです。問題なのは、伝承ではよく３人の女王の偉業が一人の所業のように混同され、実際の年代を算出するのが困難だということです。戦士の女王は、ピエトロ・デラ・ヴァッレのようなヨーロッパ人の記述にわずかに登場しますが、それも繋ぎ止められていない情報の断片に過ぎません。そのため、偉大なウラルの女王たちに関する歴史は今なお書き上げられてはいないのです＊26。

第9章 ナツメグとクローブ

16世紀の主役といえばスペインとポルトガルでした。そして両国の王位が併合すると、この連合王国は久しく難攻不落であろうと思われました。しかし、16世紀が終わる頃、新しく2カ国がその覇権に異議を唱えることになります。オランダとイギリスです。１５８０年、フランシス・ドレークが世界周航後、イングランドへ帰還しました。彼はスペインの戦利品やインド諸国の香辛料を持ち帰っただけではなく、それまで考えられていたほどポルトガルのインド洋支配は盤石ではないという情報も持ち帰ってきました。数年後、イギリスはスペインの無敵艦隊をイベリア半島の海洋覇権神話とともに沈めたのです。

イギリスは香辛料貿易の利権を主張する時が来たと判断しました。１５９１年、ジェームズ・ランカスター指揮のもと3隻の船から成る艦隊が派遣されました＊1。船はインドを迂回し、直接マラッカ海峡に向かいました。イギリスは交易をしようという素振りすら見せず、ポルトガル船や地方の船をただ略奪して帰国しました。しかし、帰路で3隻の船のうち2隻が嵐で難破するという災難に見舞われ、奪い取った積み荷は失われてしまいました。３隻のうち一番小さい船だけが、ランカスターを含むたった25人の生存者を乗せ何とか帰還できたのです。こうして、インド洋へ割り込もうとするイギリスの初挑戦は終わりました。

一方、オランダも無数の艦隊を送り出し、船はいつも高値な積み荷とともに戻ってきました。これを羨望の眼差しで眺めていたイギリス商人は、再挑戦の価値ありと判断しエリザベス１世に王室許可状を申請しました。１６００年の大晦日に許可が下り、「ロンドン商人東インド交易会社」が設立されました。今で言う東インド会社です。オランダ商人も同じように団結し、連合東インド会社（オランダ語のイニシャルをとってＶＯＣとも言います）を結成しました。この二つの会社はどちらも、かつてないほど巨大で強大な多国籍企業へと成長していったのです。

オランダの支配

１６０１年2月、イギリス東インド会社（ＥＩＣ）は4隻の艦から成る初の艦隊を派遣しました。前回惨敗したにもかかわらず、ランカスターが再度指揮を執りました。彼は再びインドを迂回し東南アジアへ直行しましたが、今度はスマトラ島北端のアチェへ上陸しました。イギリス人はスルタンに大相温かく迎え入れられました。フランシスコ・ザビエルらにそそのかされ、マラッカを拠点にアチェへ残虐な攻撃を行ったポルトガル人の事を思えば、これは至極当然のことでした。スルタンは、イギリス人がポルトガル海軍の対抗勢力になってくれることを願っていました。こうしてランカスターと部下たちは、水牛、虎、象同士を戦わせる催事や大宴会でもてなされました。間違いなくアチェ人のアクア・パーティーも経験したことでしょう。川や湖に沈んだ椅子に、客は胸まで水に浸かって座るのです。召使たちは客の間を漕いで、スパイスのきいた料理や火のようなアラック酒を給仕しました。こうしたパーティーに参加したヨーロッパ人客は「泥酔して暴飲にはしり」死ぬ目にあうこともあったそうです*2。

イギリス艦隊は次にマラッカ海峡を南下し、道すがらポルトガル船を略奪しながらジャワ島へ向かいました。オランダ人は既にジャワ島のバンタムというところに入植していました。そこからスンダ海峡を通る代替航路を支配することができたのです。オランダ人にとってはかなり迷惑な話でしたが、バンタムの支配者はイギリス人にも同じ場所への基地建設を許可していました。やがてイギリス人はバンタムを利用し、香辛料の育つさらに東の島々へ船を送り出すようになりました。１６１０年、イギリスはナツメグの繁るバンダ諸島に船を出しました。イギリス船が本島・ネイラ島に到着すると、オランダ東インド会社が既に店舗を構え、住民に対し強制的に独占体制を強いているところでした。

オランダに敵意を向けられたイギリスは、バンダ諸島の代わりにアイ島、ルン島という二つの小さな離島と貿易することにしました。島の住民たちは、それまでオランダの圧力に対抗し続けてきました。大きさについて言えば、ルン島はたった７００エーカーのナツメグ農園で、わずかな人口を賄うのに必要な水や米さえ十分にありませんでした。現地の首長らはオランダ東インド会社を大相怖れていて、イギリスの保護下に入りました。こうして、アイ島とルン島はイギリス東インド会社初の植民地となりました。この島々が商業的に重要視されていたことは、ジェームズ1世が高らかに「イングランド、スコットランド、アイルランド、フランス、アイ島、ルン島の王」を称していたことからも推し図ることができます。

イギリスはやがて、この島々の領有権をオランダ東インド会社や残酷と悪名高いヤン・ピーテルスゾーン・クーン提督から懸命に守らなければならないことに気づきました。30歳で提督となったクーンは、東方にオランダの勢力基盤を築き、香料諸島にいたイギリス勢に激しく反発していました。１６１６年、イギリスは常駐軍を置こうと、同じように若いナサニエル・コートホープ船長を2隻の船とともにバンダ諸島に派遣しました。彼は部下と真鍮製の大砲一基をルン島に陸上げし、珊瑚礁が露出しているところを利用して小さな要塞の建設を進めました。オランダ領ネイラ島とロントール島から成り行きを見ていたオランダ東インド会社長官は激怒しました。激昂する長官を前に、イギリス主権を示す聖ゲオルギウス十字旗が高らかにたなびいていました。

イギリスはこのように対抗的な態度をとりましたが、やがてオランダがルン島を封鎖する力を持っていたことが明らかとなりました。月日が経つにつれ、イギリス駐留軍のみならず島民への物資供給も不足し始めました。コートホープは島の貿易商を使って、ますます必死になってバンタム島にいる上司に援助要請を送りましたが、不運にも東インド会社司令官は内部紛争とバタヴィア（つまりジャカルタ）にあるオランダ東インド会社新本部の包囲戦に気をとられていました。包囲攻撃が失敗すると、不可解にもイギリス艦隊の大半はルン島に救助を送ることなく帰国しました。こうして、ナサニエル・コートホープと部下に対する封鎖は厳しくなりました。やがて彼は微力ながら補給を再開しようとしましたが、オランダはこれをやすやすと食い止めてしまいました。1618年の年は雨が降らず、事態はさらに悪化しました。島の貯水量は危険なほどに減り、熱帯寄生虫や虫が山ほどわいていたので、歯を食いしばって水を飲まなければなりませんでした。こうして3年半が過ぎ、イギリス駐屯軍は病気と栄養不足に苛まれ続けました。極度に緊迫した状況下にあったにもかかわらず、部下や住民は彼につき従っていました。これはこの若き船長のリーダーシップの証だと言えるでしょう。実際に、イギリス軍とバンダ島民の同盟軍は縮小しつつありましたが、オランダの再三にわたる上陸作戦を阻みました*3。

ついに追い詰められたコートポープは危険を冒して近くのオランダ領の島へ行き、同情的な島民から食糧を確保しようとしました。不幸にもコートホープを乗せた小舟は見つかり、彼は殺されてしまいました。しかしコートホープの部下と島民の同盟軍は、１６２１年４月にクーンが大艦隊を引き連れて襲来するまで持ちこたえたのです。クーンの初めの標的はオランダ領バンダ島民でした。クーンはバンダ島民がオランダ東インド会社の独占を妨害していると考え、批難していました。後に起きた出来事は、虐殺としか言いようがありませんでした。１万５０００人の島民のうち、虐殺や国外追放を免れて生き延びたのはわずか１０００人でした*4。バタヴィアに移送された者の多くは拷問を受け殺されたのです。

クーンは次にルン島へ目を向けました。そこにはまだ12人のイギリス人兵士が潜伏していました。バンダ島民は最後の一人になるまで戦う思いでいましたが、オランダ東インド会社の兵士５００人がこの島に上陸してくると、イギリス軍は戦意を喪失し降伏しました。こうしてイギリス東インド会社初の植民地は終わりを迎えました。クーンはヨーロッパ人のライバルも島民も恐怖支配しようと、冷酷な政治戦略を用いて東インドに対する支配を着々と強めていくことになります。１６２４年には、マルク諸島のアンボンに駐在していた15人のイギリス人が容疑捏造により拷問を受け斬首される事態となりました。これはアンボイナ事件と呼ばれ、イギリスでも大騒ぎとなりました。１６４１年、オランダはマラッカ諸島からポルトガルを立ち退かせ、香料諸島へ至る両ルートの支配を確立しました。

しかし、ナサニエル・コートホープの勇敢な抵抗は思いがけない結果を招きました。島の領有権を主張できるようになったのです。１６６７年、イングランドとオランダがブレダ条約を締結した際、ある二つの島を交換することで合意しました。オランダは東インド諸島のルン島を手に入れました。これと交換したのは、ルン島よりやや大きな北アメリカのマンハッタン島だったのです。ここに史上最も重要な教訓があります。過去の業績から不動産に投資してはならないということです。17世紀の不動産業者が過去２０

0年のナツメグ生産に関する情報を武器に、オランダに有利な取引だと言い張ったことは想像に難くありません。

企業街

イギリス東インド会社は当初、インドよりも東南アジアを重視していました。オランダ人の他に大きな問題となっていたのは、この地域でイギリス製品の買い手が少なかったことでした。イギリスが毛織物のブロードで有名だったことを思えば、高温多湿な香料諸島でなぜイギリス東インド会社が商品を売るのに苦労したのか、さっぱり分かりません。きっと、毛織物の宣伝がものすごく下手だったのでしょうね。結果として、イギリスは香辛料と引き換えにずっと大金を払い続けなければなりませんでした。これはローマ人が1500年前に直面したのと同じ問題でした。しかしイギリス東インド会社は、東南アジアではインド産綿織物の需要が尽きず、アジアの域内貿易に参入すれば利益が上がることに気づいたのです。やがて彼らはヨーロッパにもインド産綿織物の市場を見いだしました。インド綿は人気となり、毛織物の生産者は輸入品に関税と非関税障壁を課すよう強く求めるようになります。したがって、イギリス東インド会社がインド本土に恒久施設を建設する原因となったのは、黒胡椒ではなく、むしろ綿織物の方だったのです。

イギリス人はただちにアンドラ海岸のマチリーパトナム、ベンガルのフーグリーやグジャラートのスーラトに簡素な商館を建てはじめました。トーマス・ロー卿はムガル皇帝ジャハーンギールの宮殿に大使を派遣しました。しかし商業が発展するにつれ、イギリス東インド会社はインド人支配者からも、ヨーロッパ人のライバルからも防衛が可能な要塞施設を建設する必要があると判断したのです。その第一号はマドラス（現在のチェンナイ）にあります。既に書きましたように、海岸線の細長い土地は1639年、イギリス東インド会社商館長フランシス・デイが現地の支配者から得たものでした。ここは防衛に適しているわけでもなく、安全な港もなく、ここに要塞を置くとは実に奇妙な選択でした。船は海岸から離れて投錨しなければならず、激しい波の中、小舟で人や品物を運ばなければなりませんでした。小舟が転覆し、人命や財産が失われることも珍しくはありませんでした。デイがこの場所を選んだのは、彼が愛人を囲っていたサントメのポルトガル植民地に近かったから、というのが当時もっぱら流れていたうわさです。なのでインド有数の大都市ができたのは、この名もなき女性のおかげなのです*5。

イギリス人はこの地に商館兼要塞を建設し、ものものしくセント・ジョージ要塞と命名しました。当初は質素な建物で、現在の要塞は18世紀に建設されたものです。観光で行くなら、絶対にお勧めしたいのが博物館です。そこには古い地図、写真や大砲などの収蔵品が充実しているほか、時とともに要塞が変遷していく様子も分かるようになっています。現在、敷地内には他にも植民地時代の建築物や官庁の区画が無秩序に混在しています。古い建築物の中には面白い形で再利用されているものもあります。例えば古い武器庫は現在、酒保になっています。激しい爆撃に耐えられるよう設計されているので、中は細長くて薄暗く、分厚い壁に囲まれた窓のない広間でコーヒーを飲むことができるのです。砦の裏まで歩いていけば、放置されていたにもかかわらず、18世紀の城壁の大部分が残っているのが分かります。建築業者の集団が新しいトイレ設備を取り付けるために、壁の一部を壊しているのを見かけました。様々な面で象徴的です。

次に大きな植民地はボンベイでした。ボンベイは、チャールズ2世がキャサリン・オブ・ブラガンザと婚姻を結んだ際、持参金の一部としてポルトガルから獲得したものでした。ボンベイは当時小さな島の集まりで、１６６８年、王はイギリス東インド会社に年10ポンドで貸与しました。マドラスとは違って、既にボンベイには小さいながらも集落が整い、良港もありました。海軍国イギリスはこの島が地理上防衛しやすいことに気がついたのでしょう。スーラトのムガル帝国総督の予測不能な要求や、シヴァージー率いるマラーター王国の襲撃を考えると、イギリス東インド会社の商館長達はやがてボンベイを拠点とした活動を望むようになりました。こうしてさらに堅牢な要塞が本島に建設され、今なお要塞で有名な地域となりました。しかし、様々な戦略的要所には小さな要塞群もありました。現存する一例としては、北方からの侵入を防ぐために建設されたウォーリ要塞があります。現在そこへ行くには、旧漁村の細長い道を通っていかなくてはなりませんが、要塞自体は最近修復が行われました。頂上からは、マヒム湾や最近できたバンドラ・ワーリ・シー・リンクの全景を望むことができます。ここが砲台の立地に適していたことはすぐにお分かりだと思います。私は夕暮れの城壁に立ち、自分がイギリス砲兵となってバンドラのポルトガル人を疑惑の眼差しで見張っているところを想像してみました。

イギリス東インド会社第三の重要拠点はベンガルに建設されました。またしてもムガル帝国総督と対立したイギリスは、フーグリー旧河川港に地位を確立することは不可能と判断しこの決断に至ったのです。イギリスが平身低頭で謝罪しようやく平和が宣言されると、彼らは戻って新しい施設を建設することを許されました。１６９０年、イギリス東インド会社商館長、ジョブ・チャーノックは、彼がガンジス川最西端の支流と考えていたある地に戻ると、地主のマズムダー家から３つの村の利権を１３００ルピーで買い上げました*6。こうしてカルカッタ（コルカタ）は誕生しました。なお、ここはただの田舎ではなく、ここでセッツ家やバサック家のような商家がすでに大事業を興していたことに注意する必要があります。

イギリス人はやがてウィリアム要塞を建設しました。これは現在インド軍東部本部として使用されている18世紀の星型要塞ではなく、現在郵便局のある場所にその前身にあたる建物が建てられていました。それでも、ムガル帝国と後期マラーター王国の接近は、イギリス東インド会社重役たちの悩みの種でした。さらに、ヨーロッパ人は高温多湿な湿地帯で多大な犠牲を強いられました。ジョブ・チャーノックでさえ基地を建設してから3年内に亡くなっています。すぐさまインド商人、店員、労働者、船乗り、職人、傭兵、そしてその他サービス業者らが、前述したイギリス東インド会社の各地施設めがけて続々と集まってきたことは特筆に値します。こうして、マドラス、ボンベイ、そしてカルカッタにそれぞれ、インド人の住む「ブラック・タウン」が発展していきました。

もちろん、この時代に交易拠点を建設したヨーロッパ人はイギリス人だけではありませんでした。フランス東インド会社は比較的遅れて参入しましたが、ポンディシェリ（現在のプドゥチェリー）の基地など数多くの居留地を建設することになります。これはローマ時代のアリカメードゥ港のすぐ近くに建設されました。もっとも、18世紀のフランス人入植者がヨーロッパとの古の関連性を知っていたのかどうか、また気にかけていたのかどうかは疑わしいところです。ポンディシェリは１９５０年代までフランス領だったため、今もフランスの影響を色濃く残しています。

しかしながら、この時代のヨーロッパ人居留地の中で私が一番気に入っているのは、トランケバルのデンマーク要塞です。そう、デンマーク人さえこのゲームに参入していたのです。トランケバル（つまりタランガンバーディ）はポンディシェリの南、古代チョーラ朝の港ナーガパッティナムに非常に近いところにあります。イギリスやフランス要塞のできる遥か前の１６２０年、デンマークのオーヴェ・ジェッデ提督がここにダンスボーグ要塞を建設しました。デンマーク東インド会社は早期に着手したにもかかわらず、インド洋の事業で成功を収めることはならず、トランケバルは無名のまま終わりました。したがって、巨大な都市へと成長していったマドラスやボンベイとは違い、トランケバルは辺境の基地といった雰囲気を醸し出しています。海岸を歩いていると、ホームシックになったデンマーク人が自分を連れ帰ってくれる船を探して、水平線をじっと眺めているところを今も想像することができます。

髑髏と骨

こうした植民地の急増から、東インド会社の数々がまるでよく油ののった機械のように、常に巨大な利益を上げていたかのような印象を受けるかもしれません。実際には、巨額の利益を上げる年もあれば、莫大な損失を出す年もありました。戦争、難破、商品価格の変動により、決算書に穴が開いていたのです。例えば、イギリス東インド会社は何度か倒産しそうになっています。長年の問題の一つに、社員が会社の巨益を追求するのではなく、私的取引の方に興味を持ってしまったことが挙げられます。イギリス東インド会社は、給与が低いことへの補償として、ある程度の個人取引を公式に承認していました。しかし、商館長達はしばしば会社の設備やネットワークを悪用し、さらなる個人取引に利用していました。こうして、会社の費用負担で個人が巨額の利益を手に入れるようになりました。マドラス知事エリフ・イェールはこうして巨万の富を築き、汚職の疑いで地位を追われたのです。不正に得た財産の一部は、彼の名を冠した大学の設立に充てられました。北米の一流大学は、こうしてインド洋のいかがわしい取引で得た金で建てられたのです。

17世紀末には、ヨーロッパ人海賊がインド洋にはびこるという新たな問題が起きました。彼らの起源は大西洋における私掠行為の文化にあります。様々なヨーロッパ人君主が個人団体に委託し、ライバル国家に対して海賊行為を行うことを私掠船に認めていたのです。たとえばイギリスは、カリブ海でスペイン人に対し、私掠船を用いて絶大な効果を得ていました。しかし、この私掠船の文化がひとたび確立されると、完全武装したヨーロッパ人海賊がマダガスカルの基地からインド洋で頻繁に活動を展開するようになるまで、そう時間はかかりませんでした。おそらく彼らの中で最も成功したのはジョン・エイヴリー船長（ヘンリー・エヴリーともいいます）でしょう。キャプテン・キッドや黒髭に影響を与えた伝説的人物です*7。

イングランドのプリマスで生まれたエイヴリーは帝国海軍下士官として勤務していました。１６９３年、彼はカリブ海のフランス船舶を狙った私掠船による遠征に志願し、大砲46門を備えた旗艦に配属されました。しかし、船の所有者が船員の給与を期日までに払わず、エイヴリーは反乱を起こして船を乗っ取り、船をファンシー号と改名しました。船の火力を利用して、彼らは略奪に強奪を繰り返しながら大西洋を下り、人里離れたマダガスカルの港へ向かいました。元々反乱を起こしたのはイギリス人でしたが、道中で海賊志願のデンマーク人やフランス人の船員を乗せていきました。そしてインドとイエメンのモカ港（コーヒーの輸出で有名）間を航行する船舶に狙いを定めました。

ファンシー号はバブ・エル・マンデブ海峡に向かいましたが、到着すると同じくイギリス国旗をはためかせた小さなスループ帆船がモカ艦船を待ち受けているのが見えました。このスループ帆船は大西洋における敵船舶の襲撃許可を持ち、ロードアイランド州やデラウェア州で私掠行為を行っていましたが、インド洋で海賊行為を行うことにしたのです。ファンシー号の火力を見た彼らは、エイヴリーの下で働くことにし、その後数カ月はオオカミの群れがごとく略奪を行いました。拿捕した船の一つにファス・マフママディ号がありました。ファス・マフママディ号はファンシー号より大きかったものの、大砲をたった６門しか備えていませんでした。この船は裕福なスーラト商人アブドゥル・ガフールのものでした。そして、金銀にして5万～6万ポンド、ファンシー号を何度も購入できるほどの財を乗せていました。

そのわずか二日後、ムガル皇帝アウラングゼーブ個人所有の、巨大なガンジ・イ・サワイ号にこの海賊たちは接近しました。この船は重武装しており、戦闘には自信がありました。しかし戦闘が始まると、ムガル帝国の大砲が暴発し、砲撃手の数名が犠牲になりました。ちょうどその時、ファンシー号が激しい片舷斉射を行いました。ガンジ・イ・サワイ号のメイン・マストは破壊され、主甲板は艤装品と帆で目茶苦茶になりました。混乱の中、海賊達は自由を失った船に乗り込み、占領しました。ムガル側の船長は後に臆病者呼ばわりされ非難を受けることになります。

後にイングランドの酒場で出回った話によれば、船には目を見張るほど美しいムガル皇帝の孫娘が乗っていました。エイヴリーはすぐにプロポーズし、承諾が得られると拿捕船で結婚しました。美しい侍女たちも同じように、海賊の乗組員たちに嫁ぎました*8。これが様々なハリウッド映画の元になった話です。本当のところ、エイヴリーは乱行を繰り返したので海に飛び込んで自殺する女性もいました。ガンジ・イ・サワイ号で彼らが見つけたお宝は、金、銀、象牙、宝石で15万ポンド相当の価値があったと言われています。海賊船は次にレユニオン島に向かい、そこで戦利品を分け合って袂を分かちました。エイヴリーと彼の船員たちもバハマ諸島のナッソーに向かい、そこで別れました。捕まった海賊もいましたが、船長自身は忽然と姿を消しました。こうしてエイヴリーは伝説となりました。その後数十年間、世界中の船乗りの間では、エイヴリーはマダガスカルに戻り、厳重な海賊の砦にムガル帝国の姫と暮らしているという噂が広まりました。この伝説は次世代の海賊を刺激することになります。

おそらく、アブドゥル・ガフールほど海賊行為に苦しんだ者はいませんでした。アブドゥル・ガフールはスーラト一裕福な商人で、インド洋最大を誇る商船団の持ち主でした。彼は再三、ムガル帝国当局に苦情を申し立てましたが、ムガル帝国は逆に、ヨーロッパ企業が海賊を助長していると非難しました。ガンジ・イ・サワイ号事件で堪忍袋の緒が切れたスーラトのムガル帝国政府は、オランダとイギリスの東インド会社に対し、モカ・スーラト間の航路に巡視船を派遣するよう要請しました。またヨーロッパ側は、ヨーロッパ人海賊に船を奪われたインド商人に対し賠償金の支払いを命じられました*9。制裁は続き、18世紀初頭に処刑されたキャプテン・キッドら海賊や海賊行為にある程度の効果が現れはじめました。

商人の娘

17世紀、権力の変遷において重要だったのが、ポルトガルの衰退です。その一因となったのは、インド洋に他のヨーロッパ勢が参入してきたことと、また現地の支配者が大砲を導入し、ヨーロッパの軍事戦略に対抗する術を学んだことでした。ポルトガルは１６２２年、ペルシャにホルムズ海峡を奪われ、オマーンのマスカットに拠点を移しました。そこを守っていたのは、ミラニ砦、ジャラリ砦という泥でできた二つの要塞でした。二つの要塞はどちらも港を見渡す露岩の上に建てられていました。砦は今も残っており、スルタンの宮殿の両端に見られます。宮殿は比較的最近建てられたもので、古い写真では20世紀の半ばまでは、両砦間の水際にまで旧市街が広がっていたことが分かります。

マスカットへ移転しても、ポルトガル人はその立場が安泰ではないことに気が付いていました。イマーム・ナシル・イブン・マーシッド率いるオマーン人は内部再編成を行い、沿岸部を着々と奪還していきました。１６４９年にマーシッドが亡くなった時には、ポルトガルにはマスカットしか残されていませんでした。マーシッドと同じくらい野心家のいとこ、スルタン・イブン・サイフが後継者となり、この最後の拠点を攻略しようとしていました。残念ながら、ポルトガルが港を支配しゴアから補給が可能な限り、攻略は困難でした。この問題は非常に珍しいある状況の変化によって解決したのです。

ポルトガル人は、ナルッタムと言うインド商人に食糧の補給を頼っていました。彼には美しい娘がおり、ポルトガル人司令官ペレイラは彼女に恋焦がれていました。ナルッタムと娘はこの縁談に乗り気ではありませんでしたが、ペレイラは圧力をかけてきました。とうとうナルッタムは脅されて結婚を承諾してしまい、そして盛大な結婚式のため、準備に時間がほしいと言い出しました。一方、ナルッタムはミラニ要塞を片付けて修繕する必要があるといってポルトガル当局を説得しました。これを口実として、ナルッタムは要塞から食糧を全て運び出し、そしてオマーンのスルタン・イブン・サイフに、守備隊が包囲攻撃に対し備えがないことを知らせたのです。オマーン軍は直ちに攻撃を開始し、１６５０年、要塞と町を奪還しました[*10]。こうして、愛娘を守ろうとするインド人の父親が下した決断により、オマーンのポルトガル人は撤退していったのです。

ポルトガル人はインドでも同様に、ムガル帝国や後にはマラーター族に圧迫されていきました。フーグリーの拠点から追いやられ、ベンガルで海賊をするようになったポルトガル人らはチッタゴンへ撤退し、そこでアラカン国王ティリと同盟を結びました。ティリは自身をブッタと称し、彼のもとで世界が統合される定めにあると信じていました。こうしてまたしても、ビルマ人仏教帝国主義者とポルトガル人カトリック海賊というありえない歴史的な組み合わせが生じました。彼らはともにベンガル河口のデルタ地帯で残忍な襲撃を行いました。これは何世代にもわたって、この地域の記憶に焼き付けられることになるのです。「悪名高い海賊」を意味するベンガル語の表現「harmad」は、「armada（艦隊）」という言葉に由来すると言われています[*11]。

香辛料貿易の支配権を失ったポルトガル人は、アフリカ人奴隷を取引するようになりました。彼らはインドの子供たちを誘拐し、遥か遠くの市場で売ることとさえ恥じませんでした。特に興味深いのが、ミーラという11歳の少女です。ミーラはインドの西海岸で誘拐され、マニラのスペイン人に売られました。彼女はメキシコに連れていかれ、そこでカタリーナ・デ・サン・ファンとして歴史に名を残しました。彼女を崇拝することは異端審査によって厳しく禁じられていましたが、それでも彼女は聖女として人気を博しました。彼女の人生は、はるか遠くの地で厳しく困難な状況の中、小さな少女がたった一人で生き延びるために順応していった、驚異的な物語でした。

ポルトガル人はスリランカにも入植し、コロンボに堅牢な基地を築き上げました。彼らは近隣のコーッテ王国（実質コロンボ郊外にあり、現在はスリランカの公式首都）の支配者、ダルマパーラに洗礼さえ受けさせました。しかしながらこの成功は、ダルマパーラが仏教徒の土地やヒンドゥー教の施設を全て没収しフランシスコ会に寄贈すると、次第に怒りへと変わっていきました。ダルマパーラがポルトガル王室に王国を寄贈すると遺言を残すと反感は高まりました＊12。シンハラ人抵抗勢力はライバル国の支配者、ラジャシンハが率いていました。ラジャシンハは島が外国人の手に渡るまでは、スリランカの大部分を統治していました。彼はポルトガル人を何度もコロンボまで追い込みましたが、ゴアから船舶で補給が継続されていたため、要塞を抑えることはできませんでした。しかしラジャシンハの後、スリランカの抵抗勢力は崩れ、ポルトガル人は海岸線の大部分に支配を広げるようになりました。そしてシンハラ人はキャンディ付近の山にある要塞へと撤退しました。ポルトガル人がジャフナのタミル王国を占領すると、南インドの伝統的同盟国との連絡は絶え、ますます孤立していきました。

この厳しい状況を考えると、１６３８年にキャンディ王国がオランダと同盟を結んだのは当然でした。

彼らは結託してスリランカからポルトガル人を追い出しました。しかし、シンハラ人が初めから恐れていたように、これはある外国人入植者を他の外国人入植者に変えただけのことでした。翌世紀、オランダ人はスリランカを拠点として、徐々にインドの沿岸部、とくにケララ州の胡椒貿易港に支配を広げていきました。おそらくオランダ東インド会社は、長い目で見ればインドネシアの時のように、インドの大半に支配を広げることができると夢に描いていたのでしょう。しかしこの世界最強の多国籍企業は、偉大なマルタンダ・ヴァルマによって妨害を受けました。マルタンダ・ヴァルマというのはインド南端の小国、トラヴァンコール王国の支配者です。

王と船長

マルタンダ・ヴァルマは歴史書にあまり登場しない人物ですが、彼がオランダ東インド会社に断固として反対していなければ、この本は英語ではなくオランダ語で書かれていたかもしれないのです。彼は小国の王家に生まれました。ナーヤル族の母系制度に従い、１７２９年23歳の時、母方のおじから王位を継承しました。問題だったのは、ケララ州の繁栄が胡椒貿易に依存し、オランダの厳しい貿易管制下にあったことでした*[13]。この地域は極めて小さな王国に分かれていたため、住民は反抗することができませんでした。王国内でも、ナーヤル貴族内で権力が分散し、王の発言権は限られていました。

マルタンダ・ヴァルマは領内の旧徴兵制に頼るのをやめ、近代戦の訓練を受けた常備軍を作り上げることから始めました。また彼は次々に隣国を占領していきました。当然、隣国の支配者たちは、トラヴァンコールに対し再三警告を送っていたオランダ東インド会社に訴えました。とうとう、セイロンのオランダ東インド会社総督は、オランダ海兵隊の大軍を派遣してコラッチャルの小さな港に上陸し、１７４１年パドマナーバプラムの王宮に進軍しました。マルタンダ・ヴァルマは不在でしたが、なんとか舞い戻ると首都の防衛にまわりました。オランダ軍はコラッチャルへ追い詰められ、屈辱的な敗北を味わうことになりました。コラッチャルの戦いが転機となり、インド洋のオランダ勢は徐々に衰退していくことになりました。１９０５年に日本海軍がロシア軍を破るまでは、他のアジア諸国がヨーロッパ勢を決定的に破ったことはありませんでした。現在のコラッチャルは小さく平凡な漁村で、降伏地点には柱が建っています。２０１３年12月に私がこの町を訪れた時には、この戦勝記念碑は建築廃材の山に埋もれていました。

　パドマナーバプラムにあるマルタンダ・ヴァルマの宮殿は良い状態で残っており、ケララ州に伝わる伝統的木造建築の好例と言えます。マルタンダ・ヴァルマがオランダ軍司令エウスタキウス・デ・ラノイの降伏を受け入れる場面を描いた絵も収蔵されています。面白いことに、王はヨーロッパ式に王軍を訓練することを条件に、ラノイを将軍として雇用したいと申し入れました。オランダ軍司令ラノイはこの申し入れを受け、30年以上もトラヴァンコール王国に忠誠を尽くし仕えることになりました。彼は軍の近代化だけでなく、当時最先端だったヨーロッパの設計技術を用いて要塞のネットワークを築き上げました。その中で最も保存状態の良いものが、カンニャークマリの町外れにあるバタコタイ要塞です。海の先端に建てられているため、海岸線に巡らされた素晴らしい景色を望むことができます。この近くでは無数の風力タービンが回っているのを見かけると思います。妙にラノイの国発祥の風車を彷彿とさせます。

　ラノイの訓練を受けた軍は、北はコーチン（コーチ）に至るまでトラヴァンコール王国を拡大し、そしてオランダの独占を破るのに貢献することになります。そして半世紀後、マイソールのティプー・スルタンからトラヴァンコール王国を守るのに一役買うことになります。勇猛果敢なリーダーシップにより、ラノイは部下から「ヴァリヤ・カピサーン」、つまり偉大な指揮官の称号を得ました*14。彼は王宮からそう遠くないウダヤギリ要塞に自分で墓を建てており、今でもこの墓を訪れることができます。碑文はラテン語とタミル語の両方で刻まれ、正に彼の二重のアイデンティティを反映していると言えます。驚くべきことに、コラッチャルでマルタンダ・ヴァルマのためラノイと戦った部隊は、インド軍マドラス連隊の第9大隊として今も残っているのです。新聞の報道によれば、この連隊は最近、記念碑を手入れするよう手配したそうです。

企業帝国

オランダがトラヴァンコールに押されている間、イギリスやポルトガルは別の先住民族の反乱分子と戦っていました。1707年、ムガル皇帝アウラングゼーブが没すると帝国は急速に崩壊し、大部分がマラーター王国に占領されました。マラーター王国はムガル帝国に対し山岳ゲリラとして反乱を起こしましたが、まもなく他の戦術に関する能力も伸ばしていきました。1712年、カナージ・アングリアはサークハイル、つまりマラーター海軍の総司令官に任命されました。ヨーロッパの文献では、彼はよく海賊として片付けられてしまいますが、彼はれっきとしたマラーター王国の役人で、コンカン海岸を支配する全権を握っていました。イギリス人が抵抗すると、彼はイギリス東インド会社の船を何隻も拘束し罰金を支払わせました。彼はポルトガルにも同じことをしました。

アングリアがヨーロッパ人を思いのままにすることができた理由は、マラーター王国が海上戦で挑むようになったからです。小さい一方で機動性の高い船を用い、大砲のある舷側を避けて船尾からヨーロッパ船に接近するという戦術を好みました。また時には、大砲を搭載した大型船を牽引し、帆や偽装品を砲撃し船の自由を奪ったりもしました。ヨーロッパの砲兵が目茶苦茶になった索や帆をなんとかしようとしている間に、行き足の速いマラーター帝国の船が接近してヨーロッパ船に乗り込んでしまうのです*15。

イギリス東インド会社は当初、アングリアの要求に合意しましたが、やがて様々な条項を破っていたことが判明しました。非難と反論がひっきりなしに飛び交い、ボンベイでは戦闘の準備が始まりました。１７１８年、イギリス東インド会社は大艦隊を結成し、ヴィジャイドゥルグにあるアングリアの本拠地へ向かいました。それはアラビア海に突き出た、岩だらけの半島に建つ強固な要塞でした。攻撃は大失敗で、包囲網はたったの4日間で破られてしまいました。イギリスやポルトガルは、数年に渡り幾度もヴィジャイドゥルグを抑えようとしましたが、いずれも失敗に終わりました。イギリス東インド会社は１７２２年、ついにイギリス帝国海軍に援助を要請しました。ヴィジャイドゥルグはイギリス東インド会社、イギリス帝国海軍、ポルトガル軍の合同艦隊による総攻撃を受けることになったのです。しかしまたしても攻撃側は決着をつけることができず、撤退を余儀なくされました。イギリスを除くヨーロッパ勢はそれぞれアングリアと和解することになりました。

カナージ・アングリアは１７２９年に亡くなり、彼の子孫がイギリス東インド会社をその後20年に渡って煩わせることになります。ある時など、トゥラジ・アングリアは３６隻以上の艦隊と交戦していました。しかしマラーター王国の内政がイギリス東インド会社に味方しました。トゥラジ・アングリアはマラーター王国の最高権力者、宰相（ペーシュワー）のバーラージー・バージー・ラーオと対立していた一派でした。１７５６年、イギリス東インド会社の艦隊が海上を封鎖し、マラーター王国が陸上を封鎖してヴィジャイドゥルグは包囲されてしまいました。要塞や港は陸海から激しい砲撃を受け陥落しました。マラーター王国はその後、さらにもう半世紀は陸上の大国として存続しましたが、もはやインド洋の大国ではありませんでした。

18世紀半ばになると、ポルトガルとオランダは衰退し、イギリスが最強の海軍国としてインド洋に台頭しました。しかしイギリス東インド会社の指導者たちは、海岸沿いのわずかな要塞基地のもとで大陸国家を築く構想には依然としてためらいを感じていました。初めに内陸の領域を支配しようとしていたのは、彼らの主だったライバル国フランスでした。この新しい戦略の背後にいたキーパーソンは、ポンディシェリ総督ジョセフ・フランソワ・デュプレクスでした。当時、イギリスとフランスはヨーロッパで戦争をしていましたが、当初、両者はインドでの相互攻撃を控えていた事実に注意してください。これは1745年、マラッカ海峡でイギリス艦隊がフランス船舶を攻撃したのをきっかけに一変しました。デュプレクスは直ちにモーリシャスのフランス海軍基地に援助を要請しました。翌年援軍が到着すると、フランス軍はマドラスに進軍し難なくこれを抑えました。

そこでイギリス東インド会社はこの地域のムガル帝国総督だった、アルコットの太守(ナワーブ)に対し苦言を呈しました(しかし、この頃にはムガル帝国は急速に崩壊しつつありました)。太守(ナワーブ)は大軍を率いてマドラスに到着しましたが、フランスの大砲によって壊滅しました。これは産業革命が迫り、ヨーロッパでは軍事技術面での劇的な改良が起きていたことをはっきりと反映していました。デュプレクスは最大のイギリス植民地を支配下に置き、インド人もその火力を恐れていたことから、フランス領を劇的に拡大できる立場にあったかのように思えました。しかし、彼は幾度も同僚や上司のために力を削がれてしまうことになります。1749年、彼はヨーロッパにおける和平協定の一環として、マドラスをイギリスへ返還するよう強いられたのです。

デュプレクスはこれで終わらせはしませんでした。1年もたたないうちに、自分の候補者をハイデラバートとカーナティック海岸の支配者にすることに成功しました。マラーター王国海軍が西海岸でイギリスの言いなりになっていたちょうどその頃、フランスは東海岸を掌握していたようです。ヨーロッパの2社は戦争の準備を始め、そして両社ともインド兵を大勢募集し、現代兵器の訓練を行いました。そして起きたのが、カーナティック戦争という一連の戦闘でした。この海岸で起きた戦争から、フランスはついにデュプレクスを呼び戻すことにしました。一方イギリスは1757年、ベンガルの支配者に対し決定的な勝利を収め、イギリスの支配力は増大しました。イギリスはベンガルのフランス植民地、シャンデルナゴルを占領し、数年後ポンディシェリも占領することになります。後に両方とも平和条約の一環としてフランス領に返還されましたが、かつてほどの重要性を取り戻すことはありませんでした。

インドの歴史に少しでも興味を持っている方なら誰しも、1757年のプラッシーの戦いを聞いたことがあるでしょう。ロバート・クライヴ率いるイギリス軍が、ベンガルの太守(ナワーブ)シラージュ・ウッダウラを破った戦いです。クライヴの配下には800名のヨーロッパ人兵士、2200名のインド人セポイ、そして砲兵派遣団がいました。太守(ナワーブ)の軍隊には3万5000名の歩兵、1万5000名の騎兵隊、大砲53門とフランスの小隊がいました。裏切り者ミール・ジャアファル率いる太守(ナワーブ)軍の大半が戦闘に加わらなかったことを除けば、数的にかなり優位に見えました。フランス軍も忠臣ミール・マダンやモハンラルの二人が率いる配下たちが、いくらか抵抗を示しました。しかし、どれくらいの兵力がまだ配下にいるのか分からなかったため、シラージュ・ウッダウラは戦場から逃げ出しました（後に彼は捕まって殺されました）。イギリス側の被害は「イギリス兵4名死亡、9名負傷、2名行方不明、セポイ15名死亡、36名負傷」でした*16。史上最大の戦勝は小競り合い程度で終わったのです。ミール・ジャアファルは新たなベンガルの太守(ナワーブ)となりましたが、その黒幕がロバート・クライヴであったことに疑いの余地はありませんでした。このようにして、イギリス東インド会社はインド領域の大部分を支配するようになったのです。

プラッシーの戦いには奇しくも、ほとんど忘れ去られたエピソードがあります。クライヴの勝利を聞きつけたオランダは、カルカッタに奇襲攻撃を仕掛ければ命運を取り戻すことができると判断したのです。ミール・ジャアファルが密かに後押ししていた可能性は十分にあります。そして１７５９年、オランダ東インド会社はバタヴィア（現在のジャカルタ）から、ヨーロッパ人兵士３００名、マレー人兵士６００名を載せた艦隊７隻を送りこみました。彼らは川を遡上しましたが、イギリスに敗れました。オランダが何を考えていたのかは定かではありませんが、カルカッタは１００年前のラン島でなかったということは確かでした。

ティプー・スルタン—英雄か暴君か

ベンガルでの成功や海洋支配にもかかわらず、イギリスはインドの主とは程遠い存在でした。マラーター王国は１８１７年〜１８１８年の第三次マラーター戦争でついに敗れるまでの半世紀、イギリスの覇権に対する最大の脅威でした。東インド会社は、例えばマイソールの統治者ティプー・スルタンのような、山ほどの支配者と戦わなければなりませんでした。ティプーはインドの歴史書ではイギリスの植民地活動に抵抗した愛国者と描かれることが多いのですが、彼に関する記録はそう単純ではないのです。彼がイギリスと戦ったのは事実ですが、彼は常に他のインド勢を征服しようとしていました。ほんの数例ですが、マラーター王国、ハイデラバード王国の支配者（ニザーム）、トラヴァンコール王国、コタグ王国のコタヴァ族等が挙げられます。国民の多くからも彼は簒奪者と見なされていました。

ティプー・スルタンは１７８２年、父ハイダル・アリーの死によって王位に就きました。ハイダル・アリーは軍司令官として仕えていたオデヤ朝から、マイソールの王位を簒奪しました。その後数年、ティプーは国内の異議を全て押さえ、マイソールの隣国だった小王国の数々を征服しました。カルナータカ海岸とコタグ王国（現在のカルナータカ州コタグ）のコタヴァ族は間もなく残忍な急襲を受けることになりました。ティプー軍の無差別的かつ残忍な性質は、インド、ヨーロッパ双方の記録で証明されているだけでなく、ティプー自身が戦場の司令官に送った書簡や指示書にも表れています＊17。

コダグ王国に総攻撃を仕掛け、全員を剣にかけるか、捕虜にせよ。そして生きていようが死んでいようが、女子供もろともムスリムにするように。10年前、１万から１万５０００人がこの地区の木々に吊り下げられた。以来、ここの木は人がぶら下げられるのを待っているぞ。

１７８８年頃、ティプー・スルタンはケララ海岸に目をつけ、大軍を従えて進軍しました。カリカットの古い港町は焼き払われてしまいました。何百もの寺院や教会が片っ端から破壊され、無数のヒンドゥー教徒やキリスト教徒が殺害されたり、無理やりイスラム教に改宗させられたりしました。繰り返しになりますが、これはティプーの敵だけでなく、彼自身の記録や彼の宮廷歴史家ミール・フセイン・キルマニの記述からも証明されています＊18。興味深いことに、ティプーが自分の残忍性を正当化するため声高に非難したことの一つに、この地域の母系制の風習がありました。

当然ながら大量の難民が南のトラヴァンコール王国に流入し始めました。ティプーは、マルタンダ・ヴァルマが半世紀前に建国した王国を侵略しようと、見え透いた言い分を唱えました。トラヴァンコール軍はマイソール軍よりもはるかに規模が小さかったのですが、ラノイが鍛え抜いた軍や要塞のネットワークを残していました。要塞の一部はわずかに現存しており、コーチの北部に見ることができます。かつて栄えたムジリスの古代港からそう遠くないところです。ティプー軍はナーヤル軍に幾度も敗れていましたが、さらなる大型兵器にさらされていることを知ったトラヴァンコールは、イギリス東インド会社に援助を求めざるを得なくなりました。

これに対し、イギリスはマラーター王国やハイデラバードの支配者等（ニザーム）、ティプーの敵と大同盟軍を結成することで応じ、１７９１年、マイソールへ進軍しました。数カ月のうちに、この同盟軍はティプーの王国の大部分を征服し、首都シュリーランガパトナを制圧しました。そしてとうとうティプーは屈辱的な条約を結ばされたのです。彼の王国の半分は没収され、莫大な賠償金を支払わされました。ティプーが条約を履行しなかったという記録を踏まえ、イギリス東インド会社は彼が賠償金を支払うまで彼の息子のうち二人を人質にとりました。

インドで孤立したティプーは海外に味方を求め始めました。彼はナポレオンと書簡を交わし、フランスの援助を大いに期待していたことが知られています。彼はまた、イスタンブールのオスマン帝国スルタンへ手紙を書き、異教国イギリスに対しともにジハードを行おうと誘いました。問題だったのは、ナポレオンがエジプトを占領したために、オスマン帝国はフランスを異教の敵国と考えており、イギリスを同盟国と考えていたことでした。オスマン帝国スルタンの返答はというと、後にマドラス官報に掲載された中で、「陛下はイギリスに対し、いかなる措置も取られませんよう何卒お願いいたします」とこの点を明確に述べていました[*19]。

イギリスの諜報機関はティプーの行動を完全に把握していました。そして、これを期に彼を抹殺することにしたのです。１７９９年、同盟軍は再度シュリーランガパトナに進軍しました。マイソール軍にかつての面影はなく、同盟軍は難なく首都に到着しました。３週間の砲撃を受け、城壁は破られました。ティプー・スルタンは剣を手に、戦いの中死んでいきました。同盟軍はティプーの父が王位を簒奪した旧オデヤ朝に、マイソールを返還することにしました。ナポレオンは同盟国への援助をほとんど行いませんでしたが、シュリーランガパトナの包囲でアーサー・ウェルズリーという30歳のイギリス人大佐の名声が上がることになりました。今ではウェリントン公爵として知られる彼は、16年後、ワーテルローの戦いでナポレオンを破ることになるのです。

シュリーランガパトナ要塞は、バンガロール・マイソール間高速道路近辺の川の中州にあります。最終包囲戦はよく記録されているので、この地域を見て回って、最後の数週間が展開されていった様子を十分に感じることができます。ティプーの個人資産は勝者に没収され、そのほとんどはイングランドに輸送されたので、様々な博物館で見学することができます。

ティプーは最後の瞬間まで砦を守り戦死しました。さらに、ケララ州とコダグ王国のヒンドゥー教徒やキリスト教徒に対する残虐極まりない行為にもかかわらず、様々な寺院へ莫大な助成金も出していたのです。彼に批判的な人々の多くは、この大部分が１７９１年の敗戦後に出たものだと言っています。これが本当に心境の変化だったのか、それとも窮地に立たされたいじめっ子が躍起になって新しい仲間を探すように引き下がる作戦だったのか、判断するのは困難です。それでも、インド人の同胞に対する彼の残虐な記録からは、彼を偉大な自由の闘士と考えるのは難しいでしょう。彼はせいぜい、歴史の中に多く残るグレーゾーンに入るのだと私は思います。

第10章
ダイヤモンドとアヘン

オランダ香辛料独占の終焉

オランダ東インド会社はインドまで帝国を広げることには失敗しましたが、18世紀末までスリランカや東南アジアを支配下に置きました。しかし、他の地域にプランテーションが出現したことで、香辛料の独占貿易は大打撃を受けようとしていました。高価なアジアの香辛料を原産地以外で栽培しようとする試みは、何年にもわたって幾度も行われてきました。南インド原産の胡椒はスマトラなどの地域に広まりましたが、クローブやナツメグは原生地域以外での栽培が不可能だと分かっていました。さらに、オランダは他のヨーロッパ諸国がオランダの独占を奪おうとしていることを察知し、苗木を密輸入しようとする動きに目を光らせていました。

この香辛料を初めて計画的に移植しようとしたのは、フランスの冒険家ピエール・ポワブルでした。ポワブルは中国で宣教師として生活を始め、モーリシャスで行政官に昇りつめた人物でした。面白いことに、彼の努力はデュプレクスに始終妨害を受けていました。デュプレクスも同様に、私的に種を盗み出そうとしていたのかもしれません。ポワブルは自ら船を率いて香料諸島へ向かい、オランダ巡視船の摘発をかろうじて免れると、わずかばかりの苗木を手に入れました。残念ながら、この植物はモーリシャスでは長くもちませんでした。数年後、ポワブルは苗を入手すべくプロヴォストという部下を新たに送り込みました。このフランス人はオランダ東インド会社の支配水域を航行し、ある小さな島を見つけました。そこの島民はオランダに知られず、クローブとナツメグの移植に成功していました。プロヴォストは島民から苗を手に入れ、モーリシャスに向かいましたが、オランダの税関当局に止められてしまいました。密輸入で捕まるとその代償は死刑でしたから、それは緊迫した瞬間だったに違いありません。しかし、このフランス人は針路から外れてしまったといって職員をなんとか説得し、検査を免れたのです*1。

プロヴォストは根の付いたナツメグの木400本と、同じく根付きのクローブの木70本をモーリシャスに持ち帰りました。数十年の内にザンジバル、マダガスカル、カリブ海に香辛料のプランテーションが出来上がりました。オランダ東インド会社による香辛料の独占支配は瓦解したのです。ポワブルは大金持ちになってフランスへ戻りました。ポワブルの死後、彼の未亡人は自由主義的な政治家であり出版者でもあったピエール・サミュエル・デュ・ポンと再婚しました。フランス革命のさなか、夫婦はすんでのところでギロチンから逃れ、北アメリカへ向かいました。そこでデュポンは妻の財産を利用してデラウェア州ウエリントンの近くに火薬工場を設立し成功を収めました。デュポンの事業は今日でも世界最大級の化学会社として繁栄し現存しています。対照的にオランダ東インド会社の命運は尽き、1799年、会社は解散しました。

経済スパイの例は香辛料の移植に限りませんでした。インドの織物技術もまた、ヨーロッパ人に盗用されていました。インドの織物技術、特に「更紗」と呼ばれるウッド・ブロック・プリントはヨーロッパで人気があり、各国政府は頻繁に厳しい輸入規制や使用禁止令を出していました。ケールドゥー神父というフランス人宣教師は、キリスト教に改宗したインド人の織工に、技法の秘密を明かしてもらいました。やがて、フランス東インド会社のスパイはさらに詳しい情報をよこしてきました。このようにして、１７６０年代には、フランスとイギリスの工場は工業規模で更紗を乱造するようになりました*2。今日の欧米諸国は知的財産権を侵害しているとしてアジア経済を批判しますが、自分たちの経済成長が他者のアイデイアを盗用して成り立っていったことを覚えておく必要があるでしょう。

シンガポールの自由港

一方、イギリス東インド会社は戦場では成功したものの、インド経営ではあまり収益が上がりませんでした。絶え間ない戦争やスパイによる不正取引により、個人は裕福になりましたが、つまるところ会社は苦境に立たされていました。ロバート・クライヴとその後継者ウォーレン・ヘースティングズは共に汚職で告発されることになります。18世紀後半には、中国との貿易はイギリス東インド会社の事業で唯一利益の出る部門でした。しかし、中国はヨーロッパでは入手困難な紅茶、陶器等の製品代を銀貨で支払うよう要求していました。貿易格差が拡大するにつれ、イギリスはローマ人がインド貿易で直面したのと同じような貴金属不足に陥りました。ロンドンのリーデンホール・ストリートでは、会社の本部に座したイギリス東インド会社の取締役たちがこうした問題を議論していたのでしょう。

そして彼らはアヘンに解決法を見出したのです。中国は古代より微量のアヘンを輸入し、伝統療法に使用してきました。しかし、18世紀後半からアヘンの吸引が流行したのです*3。大衆文化の描写としてはいかがわしいアヘン窟が描かれる傾向にありますが、実際にはあらゆる社会層で消費され、複雑に彫刻されたパイプや銀の加熱ランプ、赤い絹張りの安楽椅子は愛好家の象徴だったのです。アヘンの需要が急増すると、イギリスは支配下にあるインドを利用してケシの栽培ができることに気づきました。こうして三角貿易のシステムが生まれたのです。イギリスは工場で生産した安価な織物をインドに売り、不自然に低い価格でアヘンを購入しました。そしてヨーロッパに持ち帰って販売する商品と引き換えにアヘンは中国へ売られていきました。これでイギリス東インド会社の銀に関する問題は解決しましたが、インド経済は崩壊してしまいました。イギリスの紡績工場で大量生産された安価な織物により、古くから職人が手作業で行ってきた織物産業は荒廃していきました。この衝撃は非常に大きく、１００年後、インド独立運動の指導者達は手回しの糸車を抗議活動の象徴に選ぶことになります。一方、イギリス東インド会社管轄地域の農民は（染料として使用される藍といっしょに）アヘンを栽培させられ、低く設定された価格で会社の代理店へ売るよう強いられました。貿易により農民は逆に貧しくなりました。農作物を自由に育てられなかったことでさらに事態は悪化しました。ほんの少しの気候変動でひどい飢饉に見舞われることになったのです。

三角貿易のシステムは対中貿易の支払い問題を解決しましたが、それでもイギリスは地政学的な危機にさらされていました。インドから中国へ行く海路ではマラッカ海峡を通らなければならず、オランダがこの地域を支配していたので通行が遮断される危険性が常にあったのです。イギリスはこの地域にペナンとベンクーレン（現在のブンクル）という小さな領地を持っていましたが、これだけでは不十分だと認識していました。このため、ナポレオンがオランダを支配すると、イギリスはアフリカ南端のケープ植民地、スリランカ、ナツメグの繁るバンダ諸島、クローブの生育するテルナテ島等、インド洋のオランダ領を次々と占領し始めました。オランダは自国領が占領されてもほとんど抵抗を示さず、１７９９年にはオランダ東インド会社の存在自体が消滅しました。残ったオランダ領は一時バタヴィア共和国というフランスの属国が支配しましたが、平和な時期は短く、イギリスはバタヴィア（ジャカルタ）のオランダ本部を占領し、１８１１年にはジャワを占領しました。イギリス軍の大半は東方イギリス軍の主力となっていたインド人兵士で構成されていたことに留意してください。

トーマス・スタンフォード・ラッフルズという若い将校が率いるインド軍部隊は、ジャワ中央部に侵攻し、ジョグジャカルタにあるスルタンの宮殿を襲撃しました。かつての宮殿はイギリスの攻撃で何度も破壊され、大規模修繕をする必要がありましたが、この建築物は今も存在しています。宮殿の敷地や風の通り抜ける別館を歩くと、ヨーロッパの植民地化やイスラム教への改宗にもかかわらず、マジャパヒト王国の影響が今日まで残っていることに驚かされます。ラッフルズもまた、ジャワ島に古代ヒンドゥー・仏教王国遺跡が数多くあることに驚いていました。彼が「発見」した遺跡の一つはボロブドゥールでした。彼はジャングルに覆われていた場所を整え調査するよう手配しました。ラッフルズはこの地域の自然や文化史に強い関心を寄せ、初めて体系的な研究を始めた人物の一人でした。この頃ラッフルズはフリーメイソンに加入していました。ラッフルズがこの寺院遺跡に興味をひかれたのは、フリーメイソンが古代異教徒の遺跡研究に強い関心を持っていたためだったのかもしれません＊4。ラッフルズはボロブドゥールの石版に描かれた商船を見ていたのでしょうか。この壁画を見ると、グローバル化が進んでいった遠い昔が偲ばれます。

ラッフルズはイングランドに一時帰国後、イギリス植民地の総督としてスマトラ島ベンクーレンに戻ることになります。ナポレオンが敗北すると彼はすぐに、オランダがインド洋の領土返還をイギリスに要請してくるだろうと感付きました。そうなれば、マラッカ海峡を通って中国へ向かう海路は再び脅威にさらされることになります。この地域を調査したラッフルズは、新拠点の設立にはシンガポールが適しており、ここならイギリスの通航権を永久に支配できると判断しました。ジョホール州王室内で起きた内紛を利用して、ラッフルズは１８１９年、島を手中に収めました。重要だったのは、ラッフルズがシンガポールを自由貿易港とする、と宣言したことです。「我々の目的は領土ではない。貿易である。シンガポールの自由貿易港は商業の中枢であり、柱である。そして今後の状況に応じ政治的影響力を発信する中心地である」*5。

イギリス保護下の自由貿易港という着想は非常に魅力的で、数週間のうちに数千人のマレー人や中国人がマラッカからシンガポールへ移住してきました。オランダは激怒し、自由港はオランダの伝統的な勢力圏内にあると言ってロンドンに抗議しました。ペナンのイギリス総督も、シンガポールは彼の領地を弱体化させると言って反対していました。しかし、この植民地は短期間で大成功を収め、無視できない存在となりました。カルカッタやロンドンの当局は、マレー半島先端の戦略的重要性を把握し、ついにはラッフルズを支援するようになりました。いずれにせよオランダには自らの言い分を押し通す力はありませんでした。１８２４年の英蘭協約によりイギリスはシンガポールとマラッカを含むマレー半島を支配するようになりました。オランダは現在のインドネシアにあたる領域を奪還しました。また、オランダはシンガポールの代償としてベンクーレンも手に入れました（都市不動産については、イギリスが常にオランダより上だったと再度証明されたのでした）。

イギリスがシンガポールに初めの拠点を設立した頃、海岸線は私たちが現在目にしているものとは全く違っていました。ビーチ・ロードは何度も埋め立てられたため今はずっと内陸にありますが、その名前が示す通り、もともとはビーチ沿いにありました。そのため、かの有名なラッフルズ・ホテルの滞在客は、ベランダに座って海を眺めることができたのです。同様に、今日ビジネス街の中心にあるテロック・エア・ストリートも、かつては海岸に面していました。この通りで最も有名な建物はティアン・ホッケン寺院です。１８３０年代に建設され、中国人船乗りは上陸するとすぐに、航海の安全に感謝を捧げるためここを訪れていました。その隣にはナゴール・ダルガー寺院があり、インド人のムスリムが全く同じ目的で訪れていました。ヒンドゥー教徒もこの通りに寺院用の区画を与えられていましたが、そう遠くない別の場所に、マリアマン寺院を建設することになりました。このように、シンガポールは当初から、文化が泡立つほどに混ざり合う国だったのです。

イギリスにとってのキャンディ

ナポレオン戦争中、イギリスが占領したオランダ領の一つに、スリランカがありました。ヨーロッパ人は海岸線を支配していましたが、内陸の山地はまだキャンディ王国の支配下にありました。この王国はナーヤカ朝が支配していました。面白いことにこの王朝はシンハラ人ではなく南インドに起源をもっていました。キャンディ最後のシンハラ人支配者には直系の息子がおらず、１７３９年、彼の死後マドゥライ（かつてのパンディア朝の首都）支配者層出身だった王妃の兄弟が王位を継承しました。ご存知のように、シンハラ人とマドゥライ人の関係は非常に深く、そして長く続いているものなのです。それにもかかわらず、外国人という立場を自覚していたナーヤカ朝は、自身の立場を固めるため、仏教の復興を強く推進しました。

タミル人とシンハラ人が密接な関係にあったように、ヒンドゥー教と仏教もまた、島の歴史を通じて非常に深い関係にありました。既に書きましたように、最も有名な聖佛歯寺など、スリランカの古い仏教寺院のほとんどにヒンドゥー教の神々を祀る祠堂があります。ポルトガル人と戦ったシンハラ人の英雄ラジャシンハ自身も実はヒンドゥー教徒を称していたようです。また、スリランカ仏教を復興するために多大な投資をしたのはインドの王朝でした。18世紀まで、仏教の制度は絶え間ない戦争やキリスト教宣教師の圧力により、長い間衰退していました。そこでナーヤカ朝の王は、様々な制度を再建するためにタイから僧侶を招きました*6。歴史家のK・M・デ・シルヴァによると、キャンディの有名なエサラ・ペラヘラ祭の行列は、もとはシンハラ人王朝下でヒンドゥー教の神々に捧げる行列でしたが、ナーヤカ朝の王達は佛歯寺へ奉納するため開催するようになりました。

一方、海岸線を確保したイギリスは、ポルトガルとオランダが失敗したキャンディの征服に乗り出しました。1803年5月、臨時軍が山々に送られましたが、到着した時には既に町民は避難していました。次にどうするかを司令官が議論している間にモンスーンが到来し、イギリス軍は補給のない状態で、泥まみれの湿地に取り残されてしまいました。とうとう彼らはコロンボに撤退することにしましたが、ぬかんだ山道を戻る際、シンハラ人ゲリラの攻撃に始終苛まれ、イギリス将校と部下のほぼ全員が殺されてしまいました。このエピソードはもっと知名度の高いズールー戦争中に、カブールからイギリス軍が撤退した時の出来事に似ていないでもありません。40年後のアフガニスタンと同様、最初に獲得した勝利は長くは続きませんでした。1815年、イギリスはキャンディに戻り、王と貴族間の摩擦を利用して、ほとんど抵抗に会うことなく王国を占領しました。こうして、スリランカ全土が大英帝国の一部となったのです。

アヘンの煙

18世紀から交易は隆盛しましたが、中国当局はヨーロッパとの交易を珠江デルタの広東（カントン）（Canton, Guangdong）という港一つに厳しく制限しました。ここでは、商業は公行（こうこう）という裕福な中国商人のカルテルに管理されていました。貿易のシーズン中（9月から1月）、ヨーロッパ人は公行の仲間が貸し出す港の宿に滞在を許されました。意図的に広東の城壁外に配置されたこうした「夷館（ファクトリー）」には、商館や居住区画もありました。この期間以外は、外国人は帰国するか、ポルトガル領マカオへ撤収するよう求められていました*7。つまり、中国政府はヨーロッパ人と一定の距離を置いていたのです。

こうした制限にもかかわらず、東インド会社やその商館長は、公行との長期にわたる良好な関係から恩恵を受けていました。しかしながら、イギリスではライバル企業の反対運動により東方貿易に対する独占は崩壊し、突如、中国でアヘンを売ろうとする新たな商人が大勢現れるようになりました。アメリカ人でさえこのビジネスに参入してきました。新参者の多くは古くからある取り決めを無視し、本土に麻薬を密輸するようになりました。その結果、アヘンの価格が下落し、中国での使用量が急増しました。銀貨の流れが逆転し、アヘン中毒が広まっていったのです。

中国帝国政府はとうとう行動を起こさざるを得なくなり、１８３９年5月、中国当局は虎門（フーメン）で２万箱のアヘンを押収し処分しました。これをきっかけとして第一次アヘン戦争が勃発したのです。イギリスは兵士７０００人を乗せた宿泊艦15隻を派遣してきました。そのほとんどはインドから送られてきていました。兵は近代的なライフルで武装し、蒸気艦メネシスの援護を受けていました。装備が時代遅れでなおかつ分散していた中国軍は、イギリス艦隊が海岸を北上し砲撃してくると惨敗しました。風向に関係なく動く、まるで魔法のようなメネシスの能力はパニックを引き起こしたに違いありません。最終的に、満州国皇帝は南京条約で屈辱的な条件を受諾せざるを得なくなりました。港のいくつかは対外貿易のために開港させられ、イギリスは香港の支配権を獲得しました。没収されたアヘンの補償を含む戦争賠償も支払われました。

中国がイギリス率いるインド兵と東部海岸で戦っていたころ、中国はチベットのインド兵とも同時に戦っていたことは特筆に値します。ラダックに支配を広げた後、ゾロワール・シンという有名な将軍が１８４１年、ドーグラー軍をチベットへ侵攻させることにしました。彼は聖マーナサローワル湖に向け北上しましたが、綿密な計画にもかかわらず、最終的には過酷な地形を通る供給路を維持できなくなってしまいました。チベット人は中国の援軍とともに反撃するようになりました。ゾロワール・シンはその場を守りきれず、捕まって殺されてしまいました。ドーグラー軍はラダックに押し戻されましたが、今度はチベット・中国軍を破りました。この時点で両軍は疲弊しきっていたようで、チュシュル条約により和平が成立しましたが、この印中間の国境は今日でも論争が続いています。

中国軍とドーグラー軍間の和平は（１９６２年のインドシナ戦争まで）続くことになりますが、イギリスとの和平は数年後に崩れます。１８５６年、緊張は頂点に達しましたが、イギリス人はその後数年は対応ができませんでした。イギリス領インド軍が１８５７年から１８５８年の間、北インドの広域で反乱を起こしていたからです。拡大の一途にあった大英帝国の治安維持を担っていたのはインド兵士でした。その重要性を考えると、イギリスは反乱を徹底的に鎮圧した後でなければ中国に注意を向けることができなかったのです。第二次アヘン戦争は一連の暴動から始まり、１８６０年にとうとう大規模な遠征軍が派遣されました。フランスとアメリカの積極的な支援を受け、イギリスは幾度も中国帝国軍を破り、北京へと進軍していきました。清皇帝は首都から逃れ、頤和園は故意に破壊されました*8。今回も、イギリス軍の大半を占めていたのはインド人部隊でした。彼らは40年後に再来し、１９００年から１９０１年、義和団の乱鎮圧のためイギリスを援助することになります*9。

これから世界史上、インド兵士がいかに重要であったかが分かります。特に大英帝国はインド兵士に大きく依存していました。だからこそ、インド独立運動の趨勢は、インド兵士の忠誠心を覆すことに数十年も焦点を当ててきたのです。

ボンベイの大物

東インド会社はアジアに大英帝国を築き上げましたが、19世紀中旬には事実上消滅しました。絶え間ない戦争、蔓延する汚職、そして最終的には独占権の喪失によって、会社の利益は着々と蝕まれていったのです。１８５７年から１８５８年に起きたインド大反乱により、東インド会社には自らが築き上げた大英帝国を治める能力が無いということが明白になりました。１８５８年9月1日、リーデンホール・ストリートのイギリス東インド会社本社で最後の取締役会が開かれました。その数週間後、植民地は王室に引き継がれることになりました*10。イギリス東インド会社本社があったリーデンホール・ストリートの建物は、かつて世界最大を誇る商社の中枢でしたが、今はもう存在しません。私はある冬の午後、古いスケッチを手にこの通りを歩き回り、その場所が現在、ロイド社の建物がある場所だと気づきました。20世紀の石油化学工場のような、似つかわしくない建物でした。

東インド会社の命運は傾きましたが、すぐにフォーブス&カンパニーやブルースフォーセット&カンパニーなどの新しい商社や代理店が代わりに台頭してきました＊11。中でも最大級だったのがジャーディン・マセソン・アンド・カンパニー（コングロマリットのジャーディン・マセソン・ホールディングスとして現存）でした。チャールズ・マニアック、ジェームス・マセソン、ウィリアム・ジャーディンが設立し、当初は技術的な抜け穴を利用してイギリス東インド会社の独占を回避し、広東からのお茶と引き換えにインド綿やアヘンを取引していました。１８３４年にイギリス東インド会社が独占権を失い、そして第一次アヘン戦争後、香港へ移転すると事業は隆盛していきました。

大半のインド人農民や織工はこの三角貿易システムによって損害を受けましたが、一部のインド人は、代理人や仲買人としてヨーロッパ商人のために働き恩恵を受けていました。彼らの多くはパールシーのコミュニティに起源を持ち、何世紀も前にイランからインドへやって来たゾロアスター教難民の子孫でした。18世紀末以降、多くのパールシーがボンベイへ移住し、供給業者、軍への食品供給業者、造船業者として成功を収めました。アヘン輸出業は当初カルカッタが独占していましたが、マルワの綿農家がアヘン栽培へ転換したため、次第にボンベイが代替拠点として台頭していきました。やがてパールシーの代理人は、遥か香港にまで至る供給網の中で重要な役割を担うようになりました。香港の古い施設の多くをパールシーが設立したのはこのためです。例えば、香港島から九龍を結ぶ有名なフェリーはドラブジー・ナオロジー・ミタイワラが設立しました。インドの仲買人や代理人は「シュロフ」と呼ばれていました（ヒンディー語の「サラフ」が語源で、代理人や仲買人、両替商などを幅広く指していました）。「シュロフ」という言葉は今も香港に残っていますが、今では主に駐車監視員の意で使われています。妙な歴史遺産の一つです。

おそらくボンベイのパールシー商人の中で最も成功をおさめたのはジャムシトジー・ジージブホイでしょう。１７８３年に生まれた彼は、まだ少年の頃にナブサリからボンベイへ移住したと言われています。

ボンベイはカルカッタに比べて随分小さな集落でしたが、マラーター王国の脅威が減り、急成長を遂げていました。１７８０年、ボンベイの人口は推定4万７１７０人でしたが、１８１４年までに16万２５７０人へ増加し、１８４９年には56万６１１９人へと急増しました*12。片言の英語と簿記の知識をたよりに、この冒険心溢れる少年はやがて町の貿易業界に身を投じていきました。ジャムシトジーは巨大事業についても、また信用できるパートナーとしても着々と評価を得ていくことになります。

１８０５年、イギリスがトラファルガーでフランス海軍に圧勝する数カ月前、ジャムシトジーとウィリアム・ジャーディンはスリランカ沿岸を航海中、フランスに拿捕されてしまいました。フランスは後に、アフリカ先端の喜望峰付近にあり中立の立場にあったオランダの基地で捕虜を解放することに同意しました。しかし捕虜の移送中、突然の強風によって喜望峰の近くで船が大破してしまいました。ジャムシトジーとジャーディンはともに生き残りましたが、この経験を共有したことで、長い事業提携の元となる絆が生まれたのです。ジャムシトジーはやがてジャーディン・マセソン商会のインドにおけるメイン・パートナーとなり、大艦隊を手に入れました。また彼は、ボンベイ市民の尊敬を非常に多く集め、イギリス東インド会社理事会により女王の叙勲者名簿に記載されました。１８４２年５月、総督邸で行われた盛大な式典で、ジャムシトジー・ジージーブホイは叙勲されました*13。

現代ではジャムシトジー・ジージブホイ卿について、私腹を肥やすためにインドや中国の同胞、大勢の人生を狂わせる事業に携わり、植民地列強に同調した麻薬王に過ぎないという批判の声が上がるかもしれません。そして彼の支持者たちは、当時の状況に適応した単なる実業家だと主張することでしょう。さらに、彼らはジャムシトジーが慈善事業に多くの財産を寄付した事実も指摘するでしょう。今でもムンバイが経営するジャムシトジー・ジージブホイ芸術学校、ジャムシトジー・ジージブホイ病院が残っています。

いずれにせよ彼について言うならば、確かに彼はムンバイ史上、注目に値する時代に生きた、注目に値する人物でした。

あまり知られていないことですが、ジャムシトジーがムンバイへ貢献したことの一つに、アイスクリームの導入があります。これは、１８３０年代ボストンから氷を定期的に供給できるようになったことで実現しました。氷を貯蔵するために「氷室」が建設されましたが、溶けてしまったり、供給網の遅延によって在庫はよく品切れとなったりしていました。自然と氷は富の象徴とされるようになり、ジャムシトジーは晩餐会でアイスクリームを出し始めました。彼が初めてアイスクリームを出した時には、客はみな風邪をひいたと言われています*[14]。19世紀半ば、この町ではエリート層の社会競争は、今日と同じくらい熾烈でした。

ボンベイの豪商にもう一人、デイヴィッド・サスーンがいます。バグダード出身のユダヤ人で、ダウード・パシャの専制支配から逃れて来たのでした*[15]。１８３３年にサスーンがボンベイへ到着した頃、町は既に莫大なユダヤ人人口を抱えていました。彼はすぐに綿とアヘンの事業帝国を築き上げましたが、アメリカの南北戦争で１８６１年から１８６５年の間に安価な綿の供給が途絶えると、サスーン家の命運は急上昇しました。ランカシャーの製造工場は代わりにインドへ安価な材料を求め、ボンベイは好況に沸きました。デイヴィッド・サスーンは１８６４年に亡くなりましたが、彼や息子たちがムンバイやプネーに建てた数々の施設によって、サスーンの名は今なお人々の記憶に残されています。

サスーンの宮殿のような邸宅は、バイキュラの近くにマシナ病院として残っています。ムンバイについてよくご存知の読者方は、なぜ町一番の金持ちがそんな雑踏の中に家を建てたのかと不思議に思われるかもしれませんが、19世紀のバイキュラは実に流行りの郊外だったのです。本館の外観は良い状態で残っていますが、内部は無造作に仕切られ、様々な医療用の個室に分けられています。しかし、私は木製の大階段がほとんどそのままの状態で現存し、豪邸の佇まいが変わらないまま残っていることに気が付きました。ムンバイのカラ・ゴーダ地区に建つデイヴィッド・サスーン図書館も、この時代の優美な建築様式の一例です。コラバのサスーン・ドッグはデイビッドの息子、アルバート・アブドラが建てました。ここは現在、ムンバイへ供給する鮮魚の水揚げに利用されています。そのため暑い日に東から風が吹くと、ムンバイの高級地区カフ・パレード近隣は強烈な生臭さに包まれます。

ボンベイの大物全員がアヘンで儲けていたわけではありません。プレームチャンド・ロイチャンドは不動産と金融市場で財を築き、失い、また取り戻すことになったのです。彼の父はグジャラートから家族を連れてボンベイへやって来て、すし詰め状態だったカルバデヴィ地区の借家に住み着きました。少年の頃、プレームチャンドはデイヴィッド・サスーンやジャムシトジー・ジージブホイの功績を聞いていたに違いありません。１８５０年代には、彼は綿の仲買人として相当な資産を築き上げていました。同じころ、インド人仲買人の小さなグループが、市役所前にあったベンガル菩提樹の下で金融証券や地金の取引を始めました（これが後にボンベイ証券取引所に発展しました）。

この投機とリスク・テイキングという環境の中、プレームチャンド・ロイチャンドは土地の埋め立て計画を推進し始めました。この頃には、元々あったボンベイの7つの島は既に埋め立てによって一つの土地になっていましたが、人口増加や商業活動により、さらなる埋め立てが必要とされていました。アメリカの南北戦争により起きた綿花の高騰は火に油を注いだようなものでした。プレームチャンドがバックベイ埋立会社を立ち上げた時、その株価は投機の嵐で急騰しました。間もなく、町には新しい銀行、会社、そして建設事業計画が山ほど立ち上げられ、プレームチャンドはいくつもの事業に携わりました。それはかってないほどの狂乱でしたが、１８６５年に北アメリカの綿供給が再開すると突如終焉を迎えました。バックベイ埋立会社の株価は５万ルピーから２０００ルピーに下落し、ボンベイの株価は２８５０ルピーから８７ルピーに落ちました。多くの投資家が破産し、経済の崩壊が甚大だったために、町の人口は１８６４年の81万６０００人から１８７２年には64万４０００人にまで減少しました*16。

プレームチャンド・ロイチャンドは全てを失っただけでなく、経済的混乱が広がったことについても非難を浴びました。それにもかかわらず、彼は全事態へ冷静に対処し、数十年後、債権者に払い戻しを行い、次第に財産を取り戻していきました。１９０６年に彼が亡くなると、その並外れた回復力と、慈善事業や公共事業に巨額の寄付をしたことで、人々の記憶に残されることになりました。例えばムンバイを代表する建築物、ラジャバイ時計台は、プレームチャンド・ロイチャンドの資金提供により建てられ、彼の母の名をとって命名されたものでした。

この３人の偉人たちの物語は、19世紀にボンベイがどのように進化し発展していったのかをいい具合に表しています。彼らは大きな、というより無謀ともいえる危険を冒しましたが、幸運を分かち合う心意気を持った英雄たちでした。町で親しまれている建物や施設の多くは彼らや、似たような者たちが建てたものなのです。一番大切なことは、彼らがこの町に危険を顧みない精神を遺し、それが今日まで生き続けているということです。デイヴィッド・サスーン、ジャムシトジー、プレームチャンドらは皆、町にそんな精神を育んだ移民たちだったのです。ムンバイのスラムには今でも山ほどの移民がいて、自分たちにもできると思っているのです。そのため、ムンバイのスラムは人が思うような絶望的な場所ではなく、むさくるしくも産業と企業で溢れている場所なのです。

オマーンからザンジバルへ

ヨーロッパ人がインド亜大陸や東南アジアに対し抑圧を強めていた頃、ペルシャ湾では地政学の再編成が行われていました。前章で見てきましたように、オマーン人は17世紀中旬にポルトガル人を撃退することには成功しましたが、数十年後には、ナーディル・シャー（ナーディル・シャーと同一人物）率いるペルシャ人に占領されてしまいました。１７３９年にデリーを襲撃し、ムガル帝国から有名な孔雀の玉座を奪ったナーディル・シャーに占領されてしまいました。１７４７年、アフマド・イブン・サイードは確執し合っていたオマーンの様々な派閥を統合し、ペルシャの将軍を晩餐会に招きました。食事の最中に、事前に申し合わせていた合図で主催者側が突然客を襲撃し、虐殺しました＊17。占拠されたペルシャ軍は指導者を欠き、あえなく追い散らされてしまいました。しかし、オマーン人は依然として自分たちが脅威にさらされていることを知っていたので、イギリスと長期の戦略的同盟を結ぶことにしました。一方イギリスは、アラビア半島のワッハーブ派に対する防波堤として、地方との同盟締結に熱心でした。このイギリスとの特別な関係は、20世紀後半まで存続することになります。

１８０４年、スルタン・サイードが王位に就きました。彼の52年の治世はオマーン人にとって全盛期とされています。彼の成功は、彼が時間をかけて計画的に築き上げた海軍力によるものでした。スルタン・サイードはマスカット、スール、ムトラ、シナースの造船所に支援を行い（スールの造船所は今でも木製のダウ船を建造しています）、またヨーロッパ式に設計しボンベイで建設した船舶をたくさん輸入していました＊18。オマーンはこの成長著しい艦隊を利用し、イギリスによる暗黙の支援を受けて、マクラン海岸のグワダル（現在のパキスタン）からアフリカ東海岸のザンジバル（現在のタンザニア）に至る海洋帝国に着々と支配を広げていきました。

帝国の経済的な原動力となっていたのは、ザンジバルで生育するクローブと、アフリカ内陸部から連行されてくるアフリカ人奴隷でした。つまり、スルタン・サイードはスワヒリ海岸を支配し続ける必要があったのです。中世にオマーン人がこの海岸線の多くを探検、定住し、ある程度の関係性が断続的に維持されていたことを思い出して下さい。スルタン・サイード以前にも、オマーン人はこの海岸の数か所を名目上支配していましたが、１８３０年代にオマーン宮廷はザンジバルに移り支配を強めました。島のストーン・タウンには、豪商やオマーン人貴族の邸宅など、当時の面影が色濃く残っています。バルコニーはマスカットやアフマダーバードのさらに古い地区で見かけるものとそっくり同じで、インド洋を越えたつながりが感じられます。また、新たに捕まった奴隷が入れられていた、暗い小屋の跡も見ることができます。奴隷を収容していた地下牢に降りていくと、連行されてきた奴隷が鎖で一緒に繋がれ、先の見えない未来に感じたであろう恐怖を今でも感じることができます。

しかし、やがて奴隷貿易はイギリスからの圧力を受け廃止されました。この卑しい慣行を終わらせた帝国海軍の役割は実に賞賛に値するものでしたが、イギリスの動機というのが全くもって利他主義によるものではなかったことは明記しておく必要があります。イギリス経済はすでに産業革命に入り、ライバル国ほど非技術職労働者の大量雇用に依存していませんでした。石炭と蒸気はもはや経済を支える影響力を持っていたのです。さらに、イギリスはインドから安価な契約労働者を無尽蔵に供給する手段を持っていました。インドではイギリスの政策が人々を組織的に困窮させていました。つまり、イギリスが反奴隷制度を掲げたのは、少なくても一部にライバルを弱体化させるという利己的な狙いがあったのです。

オマーン貴族は１９６４年に革命で倒れるまでザンジバルを支配し続けました。暴動で大勢が殺害され、残っていたアラブ人の大半が去ることになりました。ザンジバルは本土のタンガニーカと合併し、タンザニアとなりました。かつて繁栄していた島のインド・コミュニティもまた、この革命によって被害を受け大勢が他の海岸へと逃げていきました。しかし私はストーン・タウンの狭い路地に小さなグループが今も残り、ヒンドゥー教寺院がわずかに残っているのを見つけ、前時代の名残に嬉しい驚きを感じました。

蒸気船と漁船団

19世紀半ば頃から、インド洋世界の商業、人間の力関係は突如、急激な転換期を迎えました。ヴィクトリア朝時代、輸送技術によって世界情勢が再編成され始めたためです。石炭で動く鉄道や蒸気船は、ヒトやモノが陸海の移動に要する時間を劇的に短縮しました。また蒸気機関を持つ鋼板被覆軍艦が建造されたことによって、海戦の情勢も変貌しました。そんな第一号の戦艦は大英帝国海軍の戦艦ウォーリアでした。驚いたことに、ウォーリアは綺麗に復元されて今も残っているのです。海洋史の通の方ならぜひポーツマス港にあるウォーリアを見物してみてください。設計はまだハイブリッドで、ウォーリアにはセールを張るマストがあり、大砲は舷側側面に並んでいました。それでも同じくポーツマス港に係留されている戦艦ヴィクトリーと比べると、前世代の船との差は一目瞭然です。後者は当時最新鋭の戦艦で、トラファルガーの戦いでネルソンの旗艦として参戦していました（実際にネルソンはその甲板で殺されました）。面白いことに「戦士（ウォーリア）」は一度も戦争に出たことがありません。ウォーリアの設計は非常によくできていて、以後すべての船が蒸気機関、鉄製の船体で設計されるようになり、ウォーリア自体はたちまち時代遅れなものとなってしまっていました。

インド洋の情勢を変えたもう一つの要因は、スエズ運河でした。これまで見てきたように、運河の構想は新しいものではなく、古くから様々な案が構築されてきました。しかし、古い案はみな紅海とナイル川を接続することに焦点を当てており、いずれの場合も数年後には砂と泥で埋まってしまいました。これとは対照的に、フランスとエジプトが共同建設した19世紀の運河は、紅海と地中海を直接接続するものでした。スエズ運河は１８６９年、フランスの統治下で開通しましたが、深刻な財政難に直面していました。共同経営者のエジプトはとうとうイギリスへ株を売却してしまいました。蒸気力が加わったこともあり、船舶はアフリカを周航する長く困難な旅から解放され、スエズ運河はたちまち大西洋―インド洋間の貿易戦略を一変させました。アデンは数世紀ほど衰退した後、重要な中心地として再登場したのです。

スエズ運河開通により、若い未婚のヨーロッパ人女性がインドなどの植民地へ夫を探しに押し寄せてきました*[19]。これは予想外の展開でした。「漁船団」と呼ばれるこの女性たちは、あらゆる社会層の出でした。彼女たちは階級によってイギリス人官僚や軍の将校、商人、事務員などと結婚しました。中には現地の王子が所有するハレムに入る道を選ぶ者さえいました。ヴィクトリア朝時代の社会は階級意識が非常に高かったのですが、東洋では進取の気性に富んだ女性が出世の階段を上る事が可能だったのです。平凡な容姿に一般家庭出身の少女でも、はるか彼方の植民地まで行けば、誰もが羨む美女になることができたのです。大勢の女性が到着したことで、アジアに滞在するヨーロッパ人は植民地領域内に暮らす族内婚の支配カーストとなり、現地民の慣習や作法と完全に分離しました。そしてトラ狩り、アマチュア演劇、避暑地でのお茶会など、イギリス領インド帝国時代に書かれた様々な本の舞台が整いました。

一方、船はインド洋全域、さらにはインド洋を越えてますます多くのインド人を運びましたが、彼らが経験したことは全く違っていました。この人間の激流が起きた主な原因は、１８３３年、イギリスが奴隷制を廃止した後、砂糖栽培の植民地で起きた労働力不足でした。1年もたたない内に、インド人契約労働者をカルカッタからモーリシャスへ運ぶために就航していた船は14隻にも上りました*[20]。当初の契約は5年間で、1カ月あたり10ルピー、食事と衣服付きでした。契約終了時には無料で復路につく選択肢もありました。やがて、インド人の年季奉公労働者はカリブ海やフィジーのような遠方にも運ばれるようになり、フランスなど他のヨーロッパ諸国も労働者を募集するようになりました。1840年代には、当局は女性に就業契約を結ぶよう推奨し始めました。そうすれば持続可能なインド・コミュニティを築くことができ、母国インドから定期的に人を補填する必要が減るからです。

年季雇用者の採用は、インド人下請け業者のネットワークによって行われていました。さらにその下請け業者も事業を下請けに出していました。例えば、ブクサールにいた英領ギニアの下請け業者ギュラ・カーンは、募集係に月5〜8ルピー、さらに男性には5ルピー、女性には8ルピーを追加で支払っていました（明らかに女性は募集が困難でした）。供給網全体が偽の契約や悪習の横行に満ちていましたが、インドで飢饉が繰り返し発生したことで、さらに多くの人々が危険を冒し旅に出たのです。1870年から1879年の間だけでも、カルカッタは14万2793人、マドラスは1万9104人、ポンディチェリは2万269人の労働者を送り出していました*[21]。

インド人で動き出したのは年季雇用者や兵士たちだけではありませんでした。19世紀後半には空白の世紀を経て、インド商人や経済のネットワークが再び活気を取り戻したのです。タミル人チェティアーの商人や金融業者は東南アジア全域に広がりました。彼らはマラヤでスズ鉱山の中国人労働者やヨーロッパ人農園主に、そしてビルマでは農夫に信用貸しをしていました。彼らはギルドのような商会や機関といった組織を通じて運営し、通常は身内で経営していました。最大手の商会は1900年代初頭にムティア・チエッティにより設立されました。タミル・ナードゥ州チェッティナード地方のカナドゥカンタに本部を置いていましたが、スリランカ、ビルマ、マラヤそしてフランス領インドシナにも支部がありました。同じように、グジャラートの貿易商や金融業者は東南アジアからオマーンまでの海岸沿いに拠点を構えていきました。

南アフリカのダーバン周辺には大勢のインド人が密集して住んでいました。年季雇用者として来て留まる者もいれば、経済的機会を求めて自ずからやって来た者もいました。19世紀末には、インド人人口は白人に匹敵するのみならず、会計士、弁護士、事務員、貿易商などとして白人と競合するほどに成長しました。そのため白人の利益を守ることを目的とした差別的な法律が次々と作られるようになったのです。1893年、このような環境の中モーハンダース・K・ガンディーという若い弁護士がやってきました。彼はグジャラート実業界の名士、ダダ・アブドゥーラの助手として南アフリカへ同行していました。しかし、彼はやがて反インド人法に反対する運動に身を投じていきました。1894年、ガンディーが書記となり、ナタール・インド人会議が設立されました。こうして長い道のりが始まっていったのです。

アフリカ分割

19世紀はインド洋のアフリカ沿岸諸国にとっては激動の時代でした。アフリカ南端の喜望峰は長い間オランダの植民地でしたが、ナポレオン戦争中、イギリスに占領されました。1814年の条約によりイギリスの支配は確実となりましたが、そこにはオランダ人入植者のコミュニティが多くあり、そのままに暮らし続けていました。アフリカーナー、つまりボーア人と呼ばれる彼らは、常に新しい支配者の動機を疑っていました。イギリスが奴隷制を廃止した時、アフリカーナーはこれを自分たちの弱体化を狙う策略と見なしたのです。1830年代からついに彼らの大多数が、家族や家畜を連れ銃を携え、アフリカ人奴隷（現在は使用人と呼ばれています）とともに内陸部へ向けて長い旅に出る決断をしました。ある放浪者が後にこう記録しています。

奴隷の自由に関するこの恥ずべき不当な出来事（のせい）で、我々は土地や家屋敷、国や親族を捨てた。奴隷たちにとっても神の法や人種、宗教の自然な区別に反し、長きにわたって我々キリスト教徒と対等な立場に置かれることは自由とは言えない……我々の主義をこうして純粋に保つためには、撤退した方が良い＊22。

アフリカーナーが現在の南アフリカ内部へ移動していたちょうどそのころ、この地域へは北東部からバントゥー族も大勢流入してきました。この集団は19世紀初頭に干ばつが長引いたことで移住してきたのですが、より差し迫った原因としてズールー族の台頭がありました。ズールー族は有名な指導者、シャカの下で軍事改革を行いました。ズールー族は槍と、機動性の高い訓練を受けた部隊を組み合わせて使用し、銃を使用することも可能でした。ズールー族が領土を拡大するにつれて、他のアフリカ人部族は撤退を強いられました。これは「ムフェカネ」、つまり離散と呼ばれています。現在、南アフリカの様々な部族の位置はこのエピソードの直接的な結果なのです。スワジランドとレソトはどちらも、難民集団が自身を守るため、強力な指導者の下で団結した結果として建国されました。コサ人（ネルソン・マンデラの出身部族）はズールー人と白人入植者の間に挟まれたため、最もひどく影響を受けた部族の一つです。

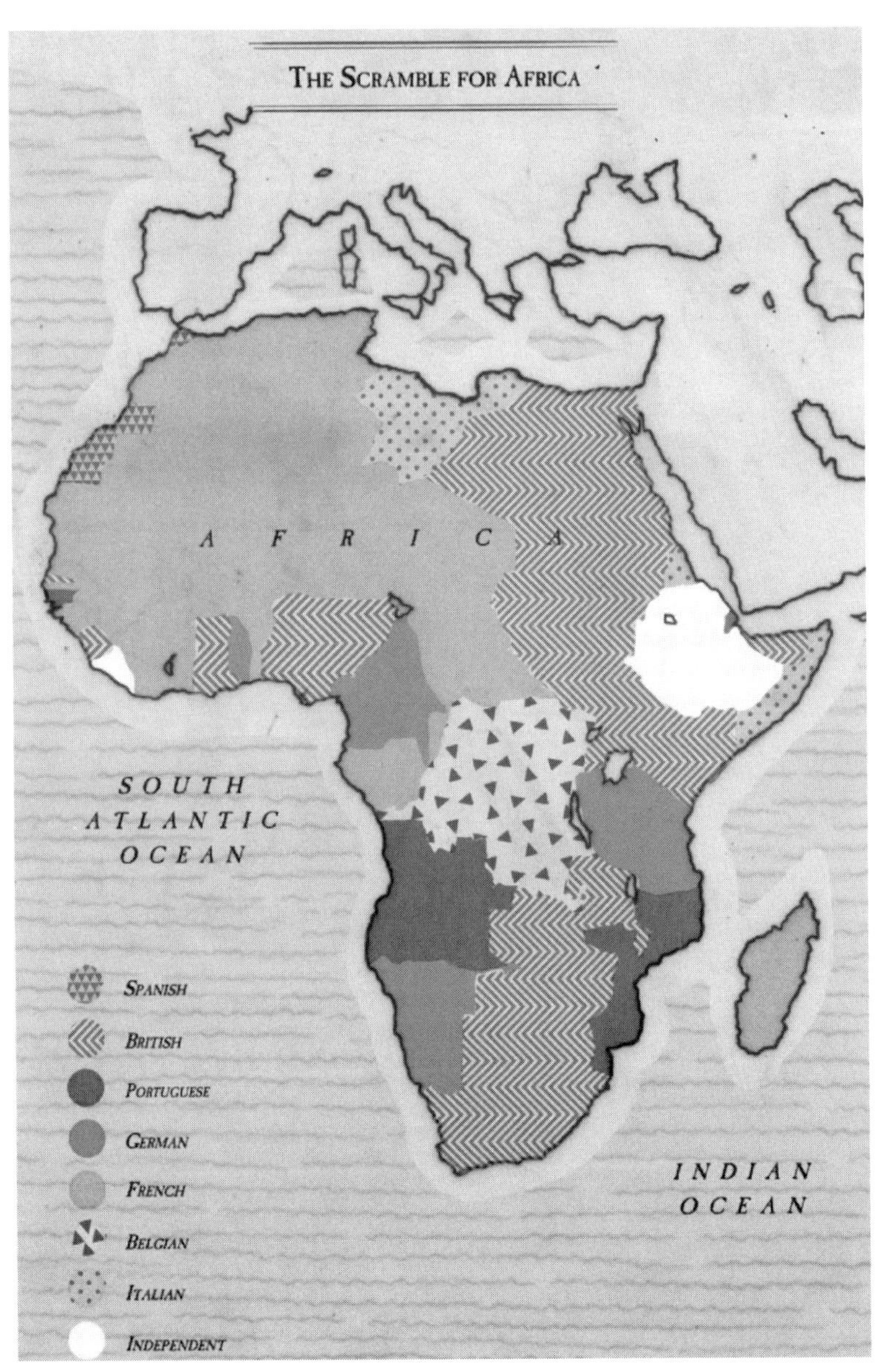

アフリカ分割（上から　スペイン領、イギリス領、ポルトガル領、ドイツ領、フランス領、ベルギー領、イタリア領、独立国）

そのため、南アフリカの政治力学は（悪い冗談を許していただけるなら）単なる白黒の問題ではなかったのです。それぞれの人種内にも、人種間と同じくらいの対立関係や流血の惨事が数多くあったのです。この国の原住民であるコイサン人は、最も気の毒な犠牲者でした。疎外され、奴隷となって分散してしまい、もはやその後の出来事に何の役割も果たせなくなってしまったのです。

次に、南アフリカでダイヤモンドと金の鉱脈が見つかったことで事態は急展開を迎えました。18世紀には新しい鉱脈がブラジルで発見されていましたが、インドは長らく世界で唯一のダイヤモンド産出国でした。しかし、南アフリカ産ダイヤモンドの質と量は類を見ないものでした。これにより大ラッシュが起きました。１８６７年に初めてダイヤモンドの発見が公になってからわずか1年の内に、５万人の人々がキンバリーのテントや仮設小屋などに住むようになりました。１８７１年、キンバリーにはケープ・タウンよりも多くの人がいました*23。その年だけで、南アフリカは26万９０００カラットのダイヤモンドを輸出していました。そのブームの裏には流言飛語や経済の市場操作、大規模な武器弾薬の密輸入があり、１８７３年4月から１８７４年6月の間には、推定7万５０００丁の銃がキンバリーで販売されていました。

やがて秩序が回復すると、キンバリーの全事業はたった一つの会社の管理下に置かれました。１８８８年に合併したデ・ビアス統合鉱山有限会社です。この合併の背後にいた人物は、セシル・ローズでした。

ローズは極貧のティーンエージャーのころキンバリーに到着しましたが、時とともに優秀な実業家、先見の明ある投資家として地位を築き上げました。ロスチャイルド家のような裕福な資産家の後援を受けて、彼はついにキンバリーのダイヤモンド鉱山全てを管理下に置くようになりました。１８９０年、彼はケープ植民地の首相に就任しました。ローズは、今度は彼の莫大な富と政治権力を利用し、鉱山王として利益を上げるとともに、ボーア人とアフリカ人部族双方を犠牲にして大英帝国を拡大していきました。ローズはケープ・タウンからカイロまで帝国を広げようとしたと言われています。1886年に金の大鉱床が発見されたことで、欲望と帝国の野心は急に一つとなりました。

イギリス人とアフリカーナーの軋轢はついに第二次ボーア戦争（1899〜1902）へと発展していきました。ボーア人は先制攻撃を仕掛け、キンバリーなど多くの町を包囲攻撃しました。イギリス人はインドから援軍を送り込んで反撃しました。またしてもインド兵士は歴史の中で重要な役割を果たすことになるのです。興味深いことに、モーハンダース・ガンディーも地方のインド人住民を集めてナタール・インド救援隊という組織を結成し、イギリス軍を支援して戦争に参加していました。

1900年半ばには、ボーア人の抵抗勢力は崩れ始め、イギリス人は首都プレトリアを占領しました。ボーア人は次にゲリラ戦術へ移行し、敵軍を悩ませました。イギリス人は巨大な強制収容所を作りボーア人ゲリラの家族を収容することで反撃しました。強制収容所には多い時で11万2000人が収容されていました。収容所の状態は劣悪で、1年の間に推定2万8000人のボーア人が栄養失調と病気で死亡しました*24。そのほとんどが女性や子どもでした。民間人の犠牲者が報道されるとヨーロッパで騒ぎとなり、イギリス政府を当惑させました。ボーア軍は1902年5月ついに降伏し、ボーア人の共和国二つがイギリス帝国に合併されることになりました。

セシル・ローズはその年の3月に亡くなっていたので、戦争の終結を見ることはなりませんでした。彼は資産の大半を、現在の有名なローズ奨学制度設立のため残すことになります。そこにはオックスフォードで教育を受けたアングロ・サクソン人のエリートを作り、大英帝国を永久支配するという構想があったようです（アメリカがイギリスとともにこの大事業に加わってくれるのではないかという期待もありました）。ローズはイギリス覇権の最盛期に生きていたので、彼の愛する帝国が半世紀後には消滅するなどとは考えもしなかったのでしょう。

私が受けた教育のほとんどが、フランシスコ・ザビエルとセシル・ローズのおかげだったとは、なんとも皮肉な話です。私はフランシスコ・ザビエルの名がついた高校に通い、オックスフォードにいたころはセシル・ローズの名を冠した奨学金を受けていました。どちらの際も、私が創設者の意向に沿った学生ではなかったことは十分に自覚しています。これは歴史上の人物をどのように判断するかという難題を私たちに投げかけています。彼らの意図から判断したらいいのでしょうか、それとも行動の結果から判断したらいいのでしょうか。当時の基準から判断するべきでしょうか、それとも絶対的な基準で判断するべきでしょうか。私はその答えを知っているわけではありません。しかしこれは歴史学者が常に抱えている問題なのです。

それにしても、本書について調査をしていた際に、ローズの遺言で次の一節を見つけた時に

ボーア戦争時の南アフリカ

（★印　上：マフェキング包囲線、下：エランスラートの戦い）

は驚きを隠せませんでした。

「奨学金の選考において、全学生の人種や宗教的見解が合否に影響しないものとする*25」

これは当時の時代背景とローズの人種差別主義者としての評価を考えると、かなり進歩的な声明でした。おそらくアショーカのように、彼は後世の人々から良い評価を得たかったのでしょう。あるいは、もしかしたら私が思っている以上に玉虫色の側面を持っていたのかもしれません。初の黒人ローズ奨学生は1907年と早い時期に選考されました。これはアメリカで反発を招いたため、アメリカの選考委員会は1963年まで黒人学生に奨学金を授与しませんでした。しかしローズ信託財産の功績は、開放的な方針を貫き、別の地域から非白人を選出し続けたことにあります（クイーンズランド1908年、ジャマイカ1910年など）。

19世紀後半にアフリカ地域を支配したヨーロッパ人はイギリス人だけではなかったことに留意してください。かつてアフリカはアジアへの障壁と見なされ、占領された地域は海岸線沿いの補給地点に限られていました。スエズ運河は補給港の必要性を低下させましたが、アフリカの内陸部は今や、産業経済を担う原材料の供給源であり、帝国のエゴを満たし容易に征服のできる地域と見なされていました。フランスはアフリカ北部及び西部地域の大部分を征服しました。ドイツは1870年に統一国家となったばかりでしたが、即座に現在のタンザニア、ルワンダ、ブルンジ、ナミビア、トーゴ、カメルーンの領有権を主張しました。ザンジバルのオマーン人スルタンがアフリカ東部の領土略奪に抗議すると、オットー・フォン・ビスマルクは艦隊を送り込んできました*26。おそらくスルタンは同盟国イギリスの援助を望んでいたのでしょうが、イギリスは見てみぬふりをし、現在のケニアにあたる地を手に入れました。数年後、イギリスは自分たちの候補者を王位に就かせ、ザンジバルを事実上保護領としました*27。小さなベルギーでさえ行動を開始し、現在のコンゴ民主共和国にあたる中央アフリカの広大な一帯を占領しました。

アフリカの占領があまりに迅速だったので、植民地政府はよく後手に回らないよう苦労をしていました。例えば、イギリスが所有していた領土ニヤサランド（現在のマラウイ）の年間予算はわずか1万ポンドでした。ヨーロッパ人文官10名、武官2名、パンジャブ連隊のシク教兵士70名、ザンジバル海岸から来た85名の労働者にはこれで十分でした*28。100万から200万の人口を抱える9万4000km²の領土を運営するために手に入ったのは、これが全てでした。植民地企業の道徳性はさておき、その規模と度胸は賞賛に値します。大陸中の国境は今でも、様々なヨーロッパ勢が獲得したことを示そうと地図上に勝手に引いた直線で記されています。こうした国境はその地の地理的、あるいは文化的な意味を持ちませんでしたが、ヨーロッパ人入植者はアフリカ人には歴史や文化など無いと考えていたので、これは問題ではなかったのでしょう。

植民地国家到来以前の全てが邪悪で無知な時代だったことにするには、歴史や文化を否定するのがぴったりなやり方でした。このように征服された領域は無主地、つまり誰のものでもない土地と呼ばれ、先住民の権利は否定されることがありました。実際に無主地の議論は、1992年と最近、法廷がやっとアボリジニの土地所有権を認め始めるまでオーストラリアで使われていたのです。

アフリカの部族や王国全てが戦わずに国を手渡したわけではなく、ヨーロッパ人が敗れた例が少なくとも一つあります。アラブ人に取り囲まれていたにもかかわらず、エチオピアだけが何世紀もの間独立を維持してきた様子を、私たちはこれまで見てきました。イタリア人までがアフリカ争奪戦に参入してきた頃、残念ながらアフリカに残された最後の独立領がエチオピアだったのです。1885年、イタリアは紅海のマッサワ港を事実上占領し、エチオピアを陸の孤島にしてしまいました。皇帝メネリクはこれに抗議しましたが、主要国からの援助は得られませんでした。やがて内陸部の高地にメネリクの主権を認めるかわりに、イタリアへエリトリアを割譲する、という条約に署名せざるを得なくなりました。

しかし、イタリアは沿岸部だけで満足するつもりはありませんでした。彼らは条文のイタリア語版とアムハラ語版の誤差を指摘し、エチオピア北部を占領しました。メネリクは次に近代的なライフルを密輸し軍隊を訓練し始めました。最初に何度か衝突が起き、その後1896年3月、アドワで最終戦が起きました。イタリアはエチオピアに惨敗し、イタリア人3179名、現地で採用した援軍2000名が犠牲になりました*29。さらに大勢が負傷し、捕虜となりました。この段階でメネリクはエリトリアへ進軍することができましたが、彼は補給線が伸びたことを認識していました。さらに、エチオピアは勝利したものの死者7000名と負傷者1万名以上を出していました。そのため、皇帝はエチオピアの独立を明確に承認した、より有利な新条約を受諾したのです。

こうして、エチオピアはアフリカで唯一、植民地国家の猛攻撃から自国を守ることに成功したのでした。イタリアはエリトリアを保持していましたが、それは非常に愚かしく見えました。ムッソリーニは敗北の記憶を消し去ろうと1930年代にエチオピアを侵略し短期間占領しましたが、第二次世界大戦中に支配力を失うことになります。多大な犠牲を払ってアラブ人とヨーロッパ人双方から国を守った長い歴史を考えると、エチオピア人が独立を保ってきた歴史を誇るのも当然なのです。

偽りの終焉

20世紀が幕を開けた時、インド洋沿岸のほぼ全域が既にヨーロッパの支配下にありました。イギリスはインド亜大陸、ビルマ、マラヤ、オーストラリア、そして東アフリカ沿岸部の大部分を支配していました。フランスはインドシナ（現在のベトナム、ラオス、カンボジア）に定着していきました。ドイツのような新参者も東アフリカとニューギニアの北東地区になんとか植民地を見つけました。おそらくオランダは劣等感を覚えたのでしょう。かつてオランダは有力な国家でしたが、次第に領土や影響力を失っていきました。イギリスはアフリカ南部、スリランカ、マラヤの旧オランダ領を奪っていきました。オランダはインドネシア諸島に残された領土の支配を強化したものの、歴史の中で後れを取ったと感じていたに違いありません。そしてオランダは機嫌を損ねた悪童のように、クラスで一番小さい子をいじめて叩きのめすことにしたのです。

小さなバリ島はさらに小王国のネットワークに分かれており、オランダの干渉が頻繁にあったにもかかわらず、事実上独立を保っていました*30。１９０６年、オランダは些細なことを口実に、近代的なライフルと機関銃で武装した大軍を島に上陸させてきました。彼らは、バリ人の武器が槍と盾、マスケット銃数丁しかないのを知っていました。バリ人は小さな大砲もわずかながら持っていました。その大砲はデンパサールのバリ博物館で今も見ることができます。大砲は龍頭で美しく装飾されていましたが、18世紀の設計で、現代兵器に対しては絶望的でした。つまり、両軍ともバリ側に勝算がないことを知っていたのです。

オランダ軍はサヌール海岸に上陸し、ほとんど抵抗を受けず内陸部に上陸しました。その道中、全集落が放棄されていました。しかし、彼らがデンパサールの王宮に近づいた時、初めて人の気配がありました。彼らと対峙する軍はありませんでしたが、王宮の塀の中からは煙がもうもうと立ち上ぼり、太鼓の音が響いていました。侵略軍は布陣して待機しました。しばらくすると、王、王妃たち、王の子ども、司祭、召使と家臣らが行列となって表門から現れました。彼らはみな喪服をまとい、一番良い宝石を身に付けていました。次にある女性が並んだオランダ兵に歩み寄り、宝石や金貨を投げつけて罵声を浴びせました。すると司祭がクリスという伝統的な短剣を抜き、大衆の目前で王を刺し殺しました。バリ人にとってはこれが合図だったようで、クリスを抜き最後の突撃を開始しました。オランダの機関銃とライフルが数分で全員をなぎ倒しました。王宮から男、女、子どもが押し寄せ、オランダ軍は彼らを撃ち続けました。すぐに千を越えるであろう死体の山ができ上がりました。

オランダ軍が目の当たりにしたのはバリ・ヒンドゥー教の儀式「ププタン」、つまり最後の抵抗でした（インドのジョウハルにあたります）。この尋常でない出来事は、現在のデンパサール、バリ博物館前に広がる野原で起きました。現場には追悼記念碑が建っています。私は長い時間そこに立って、外国の支配下で生きるよりも死を選んだ人々の心情に思いを寄せました。近くの博物館には、大虐殺の直後の様子を写した写真が数枚展示してあります。

しかし、オランダの司令官はたった今目の当たりにしたことにさほど心を痛めはしませんでした。兵士が宝飾品を集め王宮を略奪するのを待って火をかけました。彼らは隣国へ進軍し、そこでも同じような出来事が起きました。彼らはバリで最上位の支配者クルンクンの王に屈辱的な条約へ署名を強いて去っていきました。当然のことながらバリ人は怒りに沸き、暴動へと発展しました。これは１９０８年にオランダが再来しクルンクンを攻撃する口実を与えてしまいました。またしてもバリ人はププタンを行うことを選びました。王はクリスを振るって２００人の臣下とともに攻撃を行い、そして全員が射殺されました。王の６人の后は自害し、宮殿は略奪され崩れ落ちました。

オランダは自由主義的な伝統を誇っていますが、インドネシア占領の歴史が語るのは別の物語でした。

バリでの出来事がついにヨーロッパへ報告されると、かなりの騒動となりました。その残虐行為を自分たちで写真に収めていたとは救いようがありません。その頃には、ヨーロッパ植民地企業の掲げていた文明化の使命は、ますます虚ろに響くようになりました。バリでの出来事はそのとどめだったに過ぎませんでした。数年のうちに第一次世界大戦という蛮行が、上辺ばかりの道徳的、文化的優越性さえ剥ぎ取っていくことになるのです。

第11章

黄昏から新たな暁へ

20世紀はヨーロッパ列強がインド洋沿岸を掌握したところで幕を開けました。バリ島のように一番小さな独立領でさえ手ひどく潰されたのです。南北アメリカで多くの植民地を失ったことから、ヨーロッパ人は大西洋ではなくインド洋の支配を一層強めていくことになりました。この体系の成立については戦争と植民地化に数世紀を要し、数十年でこれら全てが崩壊すると予測できた者はほとんどいなかったでしょう。初めてこの流れが変わる兆候が見えたのは1905年、日本がロシアに勝利した時のことでした。アジア人がヨーロッパ列強に対し決定的な勝利を収めたのは、マルタンダ・ヴァルマがオランダに勝利して以来、これが初めてでした。この勝利は後に日本の軍国主義を助長したようですが、ヨーロッパ人の人種的、文化的優越性の神話を打ち砕くものでした。こうして始まったのが第一次世界大戦でした。

侵略者

第一次世界大戦（ＷＷⅠ）に関する歴史はたいていインド洋を無視する傾向にあります。ヨーロッパの塹壕や地中海周辺で数多くの戦いが繰り広げられた一方で、環インド洋地域でも多くの重大事件が起きていました。歴史から除外され、事件の起きた当事国からさえもほとんど忘れ去られた事件がいくつもあったのです。ドイツの軽巡洋艦エムデンには興味深い逸話があります。数カ月のうちにインド洋の連合国艦隊をたったの一隻で麻痺させてしまったのです。

１９１４年７月に戦争が始まったころ、エムデンは世界の反対側、青島（チンタオ）（Tsingtao, Qingdao）に取り残された数少ないドイツ艦艇の一つでした。青島は中国沿岸にあったドイツ支配下の飛び地で、今でもドイツ人が設立したビール醸造所で有名です。しかし、やがて青島をはじめとする東洋のドイツ植民地は防衛が困難と判明し、船は自力で母国への帰路につかなければならなくなりました。護衛艦エムデンは太平洋を横断する計画の下出航しました。南アメリカを周って大西洋へ出るつもりだったのです。しかしエムデンの司令官カール・フォン・ミューラーは、西のインド洋へ向かう許可を求めました。許可は降り、エムデンは中立国オランダの支配水域を抜けて、インド洋へ向かいました。ミューラーは自艦に偽物の煙突を追加し、イギリス船に偽装していました。

エムデンは９月初旬にはベンガル湾に入り、そこでイギリスや同盟国の船を次々と攻撃して沈め始めたのです。パニックが起きました。何が起きているのか誰にも分からなかったのです。イギリスの諜報機関は、エムデンは他のドイツ艦艇とともに太平洋にいると思い込んでいました。興味深いことですが、カール・フォン・ミューラーは犠牲を最小限に抑え、捕虜を丁重に扱い、機会があればまず解放してやっていたので、紳士的な私掠船艦長として名声を上げました*1。カルカッタ当局は解放された船員から情報を集め、初めて何が起きているのかを把握しました。

9月22日、エムデンはマドラス海岸沖に突如現れ、港へ砲撃を開始しました。砲撃はたったの30分でしたが、125発あまりの砲弾が石油コンテナを燃やし、街を混乱に陥れました。そしてエムデンは現れた時と同じように忽然と姿を消したのです。被害は限定的だったものの、この攻撃は街に深い心理的影響を残しました。「エムデン」という言葉は世代を超え、タミル語のスラングで狡猾な一匹狼、知略を意味する言葉として使われるようになったのです。しかしこの話を知るチェンナイの若者はほとんどおらず、記念碑の場所を教えてくれる人もいなかったので私は驚きました。結局、記念碑は高等裁判所の東側、壁沿いにありました（携帯電話など電化製品を売っている露店街の向かい側です）。それは砲弾の一つが着弾した地点を示していました。

次にエムデンはスリランカに向かって沿岸部を南下し、途中でさらに多くの船を拿捕し沈めていきました。最終的にエムデンはインド洋南部にイギリスが所有する離島、ディエゴガルシアへ向かっていきました。島民が戦争の事を知らなかったのは、ミューラーには驚きであり幸いでもありました。近代のコミュニケーション技術はまだ地球上の全地点を結んではいなかったのです。そのためエムデンは無事に修理と補給を行うことができました。この段階でミューラーは喜望峰を周って帰国するか、紅海にオスマン帝国が所有する港へ進むかを決めるところでしたが、またしても彼は今までで最も大胆な攻撃を選びました。マラッカ海峡のペナン島襲撃です。

10月28日の夜明け頃、エムデンは偽装用の煙突を使ってペナン港に滑り込みました。すぐにエムデンは、修理のために停泊していた古いロシアの巡洋艦に狙いを定めました。ドイツ側はロシア船が反応を示す前に発砲し、船を撃沈しました。その時エムデンは無数のイギリスやフランスの艦船と交戦していましたが、退路を求めて戦い、途中でフランスの駆逐艦を沈めました。ペナン襲撃はミューラーの伝説に華を添え、

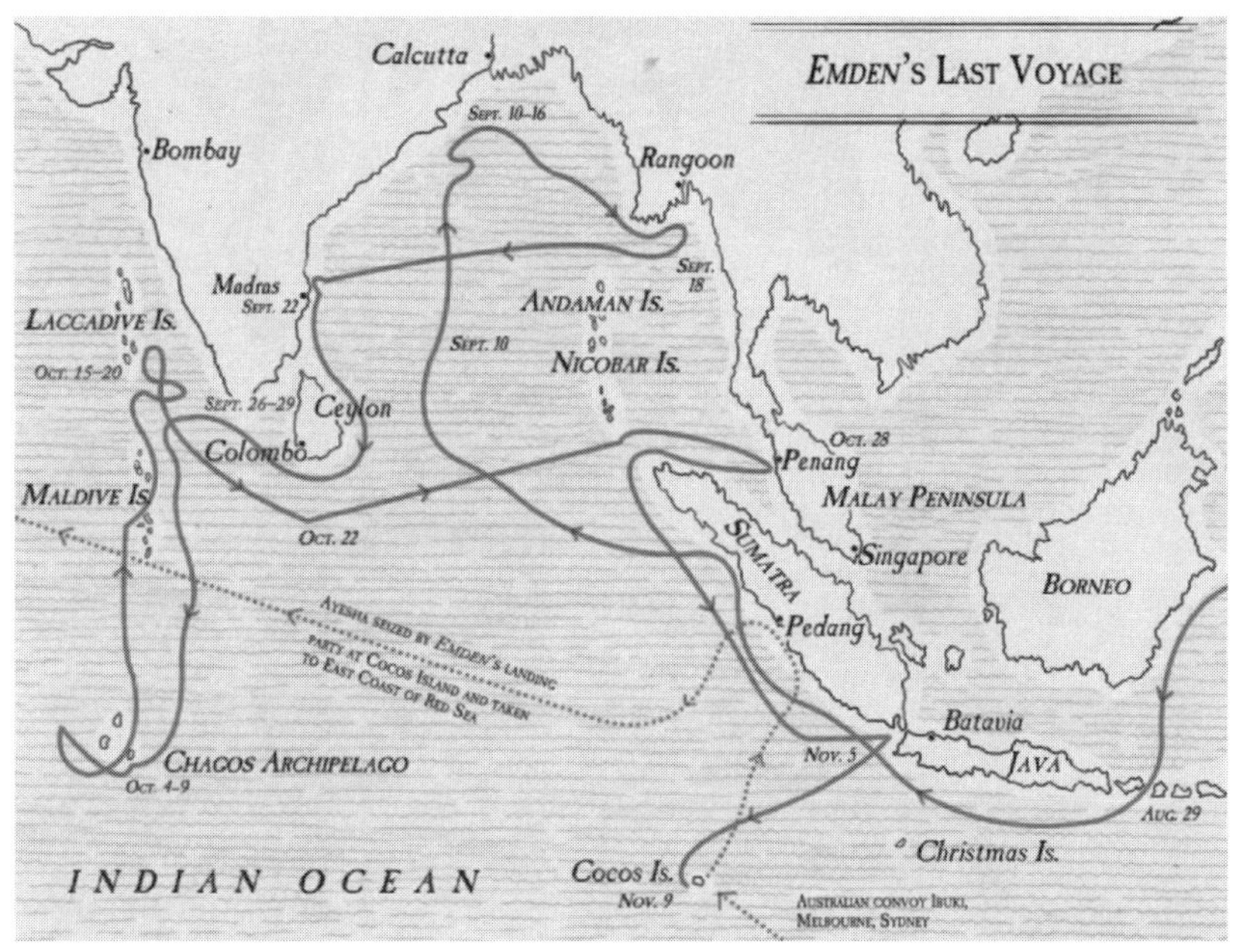

エムデンの最終航路（実線：エムデンの航路、点線：伊吹、オーストラリア護衛艦メルボルン、シドニー。ココス島にいたエムデンの上陸部隊に強奪されたスクーナー船アーイシャは紅海東海岸へ向かった。）

連合国の威信に大きな打撃を与えました。ドイツ艦隊がマラッカ海峡に侵入しただけでなく、単独で大損害をくらわせて逃亡していったのです。今やインド洋の全艦隊がエムデンの捜索に追われていました。

ミューラーは次に、スマトラ島の南にあるココス諸島に向かいました。連合国はそこに主要な無線及び有線通信局を持っていました。ドイツ軍は通信ハブの破壊を計画し、設備を破壊するため小数部隊を陸上に送り込みました。ここでミューラーの命運はついに尽きました。ドイツ軍が基地局を占領する前に、島の技師がたまたま近くにいたオーストラリア海軍の護衛艦隊へ、ＳＯＳ信号と警告を発信しました。この護衛艦隊には、エムデンの火力を上回る、最新鋭の巡洋艦ＨＭＡＳシドニーがいたのです。

シドニーが突如出現したことにより、ミューラーは上陸部隊を見捨て出撃せざるを得なくなりました。2隻の巡洋艦は相互に砲撃を行いましたが、シドニーはより機動性に優れ武器も重装備でした。2、3時間砲撃が続いた後、ミューラーは自艦が沈み始めていることに気付き、残った乗組員を救助するためやむなく艦を浜辺に上げました*2。その後しばらくして彼は降伏しました。エムデンの大砲のうちいくつかは戦利品として持ち去られ、その一つが現在シドニーのハイドパークに展示されています。

ここで話は終わりではありません。ドイツの上陸部隊が島に見捨てられていたのを思い出してください。この部隊はスクーナー船の徴用に成功し、はるばるイエメンへ渡っていきました。そこからはベドウィン族と戦いながら、トルコの支配地域へたどり着きました。トルコ側が鉄道でイスタンブールまで行けるよう取り計らってくれ、そこで彼らはこの信じがたい体験を話しました。一方、カール・フォン・ミューラーは戦争捕虜として捕まってマルタに抑留され、終戦時に帰国すると英雄として歓迎されました。残りの乗組員のほとんどはシンガポールに捕虜として拘束されていました。シンガポールへ彼らが到着した時にはかなりの騒ぎとなりました。数か月後、この乗組員たちはシンガポールを拠点としたインド兵士の大反乱を目撃することになるのです。

第一次世界大戦

このように、大英帝国の礎を築き上げたのはインド兵士でした。しかし、1857年に起きたインド大反乱の記憶は未だに新しく、植民地国家当局は兵士たちが忠誠心を覆すのではないかと常に懸念していました。通常であれば、植民地国家はみな植民地内にヨーロッパ人の大規模連隊を予備として保有しているのですが、第一次世界大戦が起きたため、この部隊の多くは撤収せざるを得なくなりました。イギリスがインド兵士を大々的に募集し戦争で戦わせたため、バランスが悪化しました。イギリスはマハトマ・ガンディーのようなインドの政治指導者にも募集運動を支援させたのです。当初ガンディーは非戦闘員を募集していましたが、後に兵士の募集にも手を貸すようになりました*3。約130万人のインド軍人、軍属が従軍し、約7万4000人が命を落としました。イーペルでドイツ軍の進撃を阻止したのはインド兵士だったのです。何千人ものインド人がヨーロッパの塹壕やガリポリで犠牲となりました。悲しいことに彼らの貢献は今や、インドですらほとんど忘れ去られ、認知されていません*4。ましてや彼らがインド洋沿岸部で戦った戦闘のことなど記憶に残されているはずがありません。

インド兵士が初めに配置された場所の一つに、ドイツ領東アフリカ（現在のタンザニア）がありました。そこで彼らはパウル・フォン・レットウ＝フォルベックの猛烈なゲリラ戦術に対抗して戦いました。物資や援軍が遮断され、イギリス軍のインド人部隊が血眼になって追跡していたにもかかわらず、狡猾なレットウ＝フォルベックや部下らドイツ軍は戦争が終わるまでアフリカで抵抗を続けていました。

軍隊や物資の供給源としてインドの重要性を認識していたドイツとトルコは、なんとかして反乱を扇動しようとしていました。その戦略の一つに、中東、そしてインド亜大陸じゅうのムスリムを扇動して、イギリスに反乱を起こさせようというものがありました。オスマン帝国スルタンが全ムスリムの「カリフ」とされ、その地位が誇張されました。ヴィルヘルム・ヴァスムスというドイツのスパイはペルシャ湾に潜入し、イラン南部の部族を扇動して、この地域のイギリス権益を攻撃するよう仕向けました。ヴァスムスはドイツ皇帝がイスラム教に改宗して「ハジ」、ヴィルヘルム・ムハンマドに改名したという噂さえ流しました*5。私の作り話なんかではありませんよ。

ヴァスムスは、トルコ・ドイツの大軍がすぐにイランを通過してインドへ進軍し、イギリスの異教徒らを追い払うだろうと部族に語って回りました。やがて有力なバローチの首長が既にドイツと連絡を取り合っているという報告がクエッタに届き始めました。イギリスの諜報機関はこれを真に受け、侵略を先に阻止すべくインドからイラクへ遠征軍を派遣しました。イギリスは同時にトルコ人と対立していたアラブ人を扇動するため、「アラビアのロレンス」として有名なトーマス・エドワード・ロレンスというスパイを使いました。

タウンゼント少将率いるイギリスのインド人部隊は当初イラク内陸部に進み、いとも簡単に戦勝を重ねていきました。しかし、１９１５年11月にバグダッドを包囲した際、トルコはクテシフォン（イスラム教が普及する前はペルシャ帝国の首都でした）で予想外に激しい抵抗を示しました。タウンゼントは援軍を待つ間、要塞都市クートまで撤退せざるを得なくなりました。一方トルコ軍は街へ包囲攻撃を行いました。12世紀も前に、インド傭兵はカルバラーの戦場でシーア派のために戦い、包囲され追い詰められていきました。これはその恐ろしい過去が再現されたかのようでした。ガリポリの撤退で連合国側は突然難局に立たされました。そしてトルコ軍はチグリス川の反乱で難航していたイギリスの救援隊を阻むことができたのです。失敗に終わりましたが、Ｔ・Ｅ・ロレンスはトルコ軍司令官に贈賄しようとさえしていました。

イギリスはクート包囲戦で5カ月も苦しめられ、１９１６年4月29日、イギリスの守備隊はついに飢えから降伏しました*6。トルコ軍の指揮官エンヴェル・パシャはこの勝利を祝して自身をガーズィー（聖なる戦士）と称しました。約３０００名のイギリス兵と６０００名のインド兵部隊が拘束され、捕虜としてトルコへ強制連行されました。タウンゼントは拘束中丁重に扱われましたが、部下の多くは病気と虐待で命を落としました。イスタンブールのハイダル・パシャ墓地にはわずかながらこの兵士たちの墓があり、その下に遺骨が眠っています。ある墓石には、「このインド軍、ヒンドゥー教徒の兵士をここに讃える。ランス・ナイク・ダン・バハドゥール・リンブー、第六グルカ小銃部隊」と刻まれていました。

今では彼らのことや、遠い地で彼らが命を落としたことを知っているインド人はほとんどいませんが、官僚であり作家でもあったデニス・キンケイドが１９３０年代にこの言葉を記した時、彼らの話はまだ記憶に新しかったのです。

「マラータの丘を歩いていくと、小さな村で戦争記念碑に遭遇します。この村から11人の兵士がイラクへ従軍するため出兵したと書いてあるのを読むと、衝撃を受けずにはいられませんでした。この村の男たちの多くはクートにいたのです。捕虜になった者が戻ってきたり、消息が分かったりすることはほとんどありませんでした。これは人道的な戦い方をするトルコの計らいでした。」*7

ムンバイの町に第一次世界大戦で亡くなったインド人水兵の記念碑があることを知っている住人はほとんどいません。それは旧港地区の船員用宿泊施設にひっそりと佇み、訪れる者は稀です。インド海軍のオダッカル・ジョンソン准将と私は、激しいモンスーンの雨の中ここを訪れ、長らく忘れられていた水兵の名前を調べ一時間ほど過ごしました。それは興味深くも、イギリスが当時インド人部隊を募集し配属したパターンを物語っていました。クートで犠牲になった陸軍のほとんどがヒンドゥー教徒でしたが、海軍の犠牲者は大体ムスリムでした。

ガリポリとクートでの出来事は、トルコ軍の評価と士気を復活させました。イギリス軍は今や決定的な勝利を必要としており、屈強な兵士が15万人も召集されました。兵士たちは大英帝国で最も経験豊富な将軍の一人、スタンレー・モードの配下につきました。１９１７年初頭、モードの大軍は激しく抵抗していたトルコに対処するためバグダッドに押し寄せました。３月10日の夜、ついにイギリスの前線部隊はバグダッド上空に閃光を目撃しました。トルコ軍は軍事的、経済的価値あるもの全てを焼却して撤退しました。翌日の正午には、モード将軍の部隊は市街地を占領しました。歴史浪漫あふれる街バグダッドは廃墟と化したのです。政府の主要な建造物はほぼ焼失し、商店や住宅は略奪され、至る所に腐った死体が転がっていました。

バグダッドの陥落は、ドイツのスパイ、ヴァスムスがイラン南部で孤立することも意味していました。トルコとドイツの大軍がインドに進軍しているというヴァスムスの話を信じた部族はほとんどいませんでした。しかし、彼の最大の失敗は、タンジスタンの部族に対する求心力を失ったことではなく、ある小さな失敗をしてしまったことでした。それはドイツの戦争努力に大きな影響を与えることになります。ある時ヴァスムスはイラン南部を探索中、親イギリス派の部族に捕らえられてしまいました。彼は大胆にも脱走を果たしましたが、ドイツの外交暗号書が入った所持品を残して逃げざるを得ませんでした。この暗号書は最終的に「ルーム40」というロンドンの暗号解読を専門とする部隊に送られました。

ヴァスムスの暗号書を手に、暗号解読の専門家たちはドイツの作戦を解明しました。連合国に対し潜水艦総力戦を仕掛け、同時にメキシコと日本を戦争に巻き込むというものだったのです。ドイツはメキシコ側に、もし参戦するならアメリカからアリゾナ、テキサス、ニューメキシコの奪還援助をすると約束していました。イギリスは嬉々としてこの情報をアメリカに回しました。１９１７年3月1日、全米の新聞の見出しでこの話が暴露され、アメリカ国民は怒りに沸きました*8。その後数週間にわたってＵボートによるアメリカ商船の沈没が続くと、アメリカはもはやこれ以上中立を保つことができなくなりました。４月６日、ウィルソン大統領はドイツに宣戦布告しました。こうして同盟国の命運は封じ込まれたのです。

このように、ペルシャ湾にいた秘密工作員の小さなミスが、世界史の流れに大きな影響を与えてしまいました。蝶の羽ばたきがハリケーンを巻き起こしたのです。

大いなる陰謀

既に述べたように、マハトマ・ガンディーをはじめとするインド国民会議幹部の多くは、第一次世界大戦中、イギリスに協力することにしました。これには、この大幅な政治的譲歩が戦後に報われるだろうという期待があったのです。しかしながら、全てのインド人がこの方法に賛成したわけではありませんでした。この戦争を植民地支配のくびきを断ち切る絶好の機会だと考える者は少なくありませんでした。インド解放を目指すこの新たな反対運動の先頭にいたのは、武装蜂起によってイギリス打倒を目指す革命家たちでした。従来の歴史書や教科書の多くからは、インド独立運動はマハトマ・ガンディーやインド国民会議が率いる、この上なく平和なものだったという印象を受けます。革命家の役割はだいたい無視されるか、脚注に留められています。しかしこれから見ていくように、革命家たちもまた歴史の展開に重要な役割を果たしていたのです。

パンジャーブ州とベンガル州は革命運動の二大拠点でしたが、バラナシを筆頭に革命運動の盛んな地が全国に散在していました。独立運動は当初、独自に活動する無数の自治集団で構成されていましたが、ラス・ビハリ・ボースと彼の若き副官サチンドラ・ナス・サンヤルの奮闘により、開戦前には既にネットワーク化されていました。彼らはまた、世界中に散った在外インド人の活動家仲間と連絡を取り合っていました。その中にはオックスフォード大学セント・ジョーンズ・カレッジで学んでいたハル・ダヤルがいました（偶然にも80年後、私はこのカレッジに在籍することになります）。イングランド滞在中、ハル・ダヤルは当時ロンドンのインド・ハウスで活動をしていた革命家、ヴィナヤク・ダモダール（ヴィール）・シャヴァルカールの思想に影響を受けました。

シャヴァルカールは１９１０年に逮捕され、マルセイユで劇的な脱出を試みたものの、アンダマン諸島のポートブレア刑務所に送られました。危険を感じたハル・ダヤルはカリフォルニアに移り、そこで新たに渡米してきたインド人学生や移民で、革命の支援活動を行い続けました。この中には特にパンジャーブ州からやって来たシク教徒が多くいました。つまり、宣戦布告の前からすでに、綿密な革命のネットワークが整っていたのです。実際に、革命家たちは１９１２年12月、デリーのチャンドニー・チョークで儀礼用の象に乗っていたインド総督、ハーディング卿を殺害しようとしました。総督は爆弾で重傷を負いましたが一命をとりとめ、犯人は誰一人捕まりませんでした。

宣戦布告後、イギリスがインド人部隊に依存し過ぎていたことが明らかになりました。革命家たちは直ちにこの状況を利用し、インド連隊の内に組織的反乱を扇動する計画を思いつきました。ラス・ビハリ・ボースとサチン・サンヤルは、現場で入念な準備にとりかかりました。彼らは相当数の参加者を秘密裏に調整しました。北アメリカから帰国したシク教徒、ベンガルの革命家、そしてパンジャーブ州からビルマにかけて反乱のために準備された連隊などでした。ガダル蜂起として知られることになる反乱の日付は１９１５年２月21日とされました。

残念ながら、蜂起は起きる前に瓦解してしまいました。はじめに北西辺境州のミアン・ミールとパンジャーブ州の連隊で反乱を起こして、次々と事件の引き金が引かれていくように計画されていました。しかし、反乱の５日前、キルパール・シンという密告者がラホールの植民地当局に計画を暴露してしまいました。ボースは次に２月19日に計画を前倒しすることにして、当局に対応する時間を与えまいとしましたが、イギリスの諜報機関はすでに万全な警戒態勢を敷いていました。警察の襲撃部隊は陰謀の主導者数名を捕らえ、インド人の武器庫番は全員イギリス人に替えられてしまいました。奇襲分子は完全に失われてしまったのです。こうした徹底的な行動を見て、兵士たちは尻込みし、勢いはあっけなく削がれてしまいました。

本格的な反乱を起こしたのはシンガポールだけでした。2月15日、ムスリムが多くを占める連隊が反乱を起こし、島の大部分を占領しました*[9]。彼らはまた捕らえられていたエムデンのドイツ人乗員を解放し、参戦を要請しましたが拒否されてしまいました。当局が援軍の支援を得て戦い、反乱を鎮圧するのまでにまる一週間もかかりました。何十人もの暴徒がアウトラム通りの壁沿いに並べられ、銃殺刑執行隊によって公開処刑されました。

ボースの計画が明かされると当局の追手が迫り、ボースは初めにバラナシの狭い路地に避難先を探しました。そこならサンヤル一族が家族や友人のネットワークを使って、一時的に逃亡者をかくまうことができたのです。しかし、警察の捜査が厳しくなると、彼は日本への亡命を決意し、日本で30年間革命に尽力することになりました。サチン・サンヤルは5月にカルカッタの埠頭で彼を見送りましたが、残りの革命家達を組織するため、後に残りました*[10]。ドイツから兵器の支援が受けられることになったと聞いて、彼らの士気は高まりました。インド独立委員会という組織がベルリンに設立され、正式に在外公館の地位が認められました。この段階ではまだアメリカは中立だったので、ワシントンDCのドイツ大使館は3万丁のライフルとピストル（および弾薬）を入手し、秘密裏にインドへ送る手配を進めていました*[11]。

アニー・ラーセン号というスクーナー船と、マーベリック号というタンカーの二隻が雇われ、太平洋を横断しアジアへ武器を輸送後、小型船に移し替えてインドへ運ぶことになっていました。１９１５年のクリスマス、武装した革命家たちがカルカッタを占拠するという計画でした。しかし、またしても計画通りに物事は進みませんでした。２隻の船は約束の日時と場所で落ち合うことに失敗したのです。更に悪いことに、ヴィンセント・クラフトというドイツのスパイがシンガポールで逮捕されました。彼は大金と新しい身分、アメリカへの移住許可を条件に、全てを話してしまいました。タイ、ベンガル湾を航行しインドへ武器を運んでいた船は途中で拿捕されました。そして電光石火で襲撃が行われ、３００人の陰謀者がカルカッタやビルマで逮捕されたのです。クリスマスの陰謀はとうとう潰えてしまったのです。

このように、ガダル蜂起とクリスマスの陰謀は、インドにおけるイギリスの植民地支配を打倒しようとする壮大な計画でした。どちらも失敗に終わりましたが、多くの人が考えているよりもずっと実現に近づいていました。もしほんの少しでも運が味方をしていれば、うまくいっていたはずだったのです。元来ヴァスムスやボースはアラビアのＴ・Ｅ・ロレンスの活躍に勝るとも劣らないほどの大胆さを持っていましたが、ロレンスは成功し、ヴァスムスとボースは失敗しました。これは個人の能力差を考慮に入れても、運命のわずかなもつれが歴史の流れを変えうることを示しています。しかし後述のように、革命家たちが発動した推進力はここで消えることはなく、第二次世界大戦中の出来事に影響を与え、最終的に１９４７年のインド独立に貢献することになるのです。

ブラック・ウォーターに囚われて

１９１６年の初頭までに、インド植民地政府は大勢の革命家を逮捕しました。絞首刑になった者もいれば、長期懲役刑を受けた者もいました。サチンドラ・ナス・サンヤルもアンダマン諸島ポートブレアにある、恐ろしいセルラー監獄で無期懲役を受けていました。ここはイギリスが最も危険と判断した常習犯や、帝国に深刻な脅威を与えうると考えた政治犯を収容したところでした。インドでは黒い水を意味する「カラパニ」と呼ばれていました。

アンダマン・ニコバル諸島はベンガル湾にあるインドの島々です。広大な水域によって本土と隔てられていますが、ごく早い段階から人類が入植していました。そして現地の部族の中には今でも、人類最古の移住を示す遺伝子を持つ者がいます。主要な海上交易路に近いという立地から、古代、中世の船乗りがこの島を知り、古文書に幾度となく登場するのも不思議ではありません。ヒンドゥー教には「ハヌマン」という猿の姿をした神が存在し、「アンダマン」という名前は、ハヌマンのマレー語での発音に由来すると考えられています。18世紀にはなぜかデンマーク人がこの島を支配するようになりましたが、経済的に持続可能な集落を設立することはできませんでした。最終的に彼らは島をイギリスに引き渡し、イギリスはこの島を流刑地として使用するようになりました。セルラー監獄施設はこのような目的で建設されたのです。有名な精神指導者、スリ・オーロビンドの弟、バリンドラ・ゴーシュは革命運動を理由に１９０９年にここに送られ、10年以上を過ごしました。彼は獄内の生活を鮮明に記録しています*12。

各部屋には扉がなく、鉄格子で閉ざされている。部屋の奥の壁には4キュビット半の高さのところに小さな窓があり、ここにも2インチ間隔で鉄の柵がはまっている。部屋の家具は1キュビット半の広さの低い寝台と、部屋の隅にタールが塗られた陶器の壷があった。こんなベッドではこの上なく慎重に眠らなければならない。眠っている間にうっかり寝返りをうとうものなら、床に叩きつけられてしまう。そしてタールの壷は匂いで言うなら驚異の発明品だった。壷から漂う匂いで、精神は静まりかえるのだった。その壷は、便器であった…

バリンドラ・ゴーシュが非常に長い年月苦しんだ場所について、ユーモアたっぷりに書いていることには驚きを隠せません。囚人たちはコイアロープを作ったり搾油器を回したりと、過酷な肉体労働を強いられたと彼は綴っています。しかし、囚人たち、とくに革命家たちは常に精神的、肉体的な拷問を受けていました。これはイギリス人の刑務所長が直接行ったのではなく、パサン族の部下、特にコイダッド・カーンという人物が行っていました。こうした小役人は、礼状を駆使して囚人の中からさらに執行人を募いました。革命家たちの意欲を徹底的に破壊するつもりだったのです。ゴーシュは、この小役人や執行人たちが10代の少年や若者たちを性的に虐待し暴行していたと語っています。「そのあまりの屈辱から、彼らは当局に訴えることができなかった。そしてもし訴えられたとしても、たいてい聞き入れられなかった。」

マハトマ・ガンディーとインド国民会議は戦後、大幅な譲歩を期待していましたが、やがて彼らの協力に対し、きわめてわずかな見返りしか得られないことを悟りました。それどころか、イギリスは１９１９年、厳しいローラッド法を導入し、当局は活動家たちを逮捕し拘留する全権を獲得しました。これはインド兵が戻ってきて革命の思想に影響を受けるのではないかと懸念していた植民地政府の対策でした。この法律は激しい抗議を巻き起こし、政治情勢が悪化する中、１９１９年4月のジャリヤーンワーラー・バーグ事件で頂点に達しました。オランダ人がバリ島で行った大虐殺のように、非武装の男女、子どもを無慈悲にも大勢殺害したことで、イギリスの言う文明的優越性は終わりを告げました。

植民地政府はサチンドラ・ナス・サンヤルら政治犯数名に寛大な恩赦を与え、事態の収拾を図ろうとしました。帰還した革命家たちは、今度はマハトマ・ガンディーとともに非暴力・不服従運動に参加することにしました。この抗議行動は瞬く間に広がり、インド亜大陸は膠着状態に陥りました。イギリス当局はとうとう追い詰められたかのように見えましたが、勝利が目前に見えてきた頃、ガンディーは一方的に運動を中断してしまいました。この決定の直接の理由はチャウリ・チャウラ事件でした。この事件で暴徒たちが警察署を襲撃し、警官数名を殺害してしまいました。ガンディーはこの事件が非暴力の原則に反していると主張しましたが、これを偽善とみなした革命家たちとの間に、埋めることのできない溝が生じてしまいました。革命家らは、なぜガンディーはそんな暴力事件一つに騒ぎ立てるのか、たった二、三年前までガンディーは、イギリスのために兵士を募集していたではないか、と主張しました。

特にインドの革命家たちを激高させたのは、アイルランドがわずか数週間前にイギリスに英愛条約を署名させ、アイルランド共和国独立への道を切り開いたことでした。アイルランドのような小国がイギリスと目と鼻の先で自由を獲得することができるのなら、インドのような遠く離れた大国が、躊躇する必要などあるでしょうか。サチン・サンヤルは１９２４年、今度はヒンドゥスタン共和国協会と呼ばれる組織の傘下に様々な革命家集団を組織することにし、その組織のもとでヒンドゥスタン共和軍を設立し始めました。この名前が選ばれたのは、もととなったアイルランド共和軍の成功が当時インドの革命家たちをいかに鼓舞したのかをよく示しています（後の時代のものと混同しないでください）。アイルランドがインド自由闘争へ与えた影響は、今ではほとんど思い返されることはありません。

この期間サチン・サンヤルは後にネタジ（文字通り、指導者）として知られる国民会議派の若き星、スバス・チャンドラ・ボースと接触し始めていました。サンヤルは数年後刑務所に戻され、彼の支持者の多くは殺害されたり、処刑されたりしましたが、スバス・ボースは第二次世界大戦中、イギリスに対し武装蜂起を起こそうと、革命家たちが開拓した内部ネットワークを駆使していくことになるのです。

シンガポール陥落

ハリウッド映画の多くは、真珠湾攻撃が日本の第二次世界大戦参戦を示しているかのように描いていますが、実際には１９４１年12月７日午後10時20分に、マレー半島北東部のコタバル海岸で最初の攻撃が行われました*13。時差を考慮すると、これは真珠湾に最初の爆弾が落ちる少し前の出来事でした。この地域のインド人部隊は抗戦しましたが、日本軍はただちに海岸を襲撃し、兵や装備を上陸させてきました。午前４時30分には、日本の爆撃機がシンガポールを空襲していました。

公平な目で見ると、マラヤのイギリス軍司令官はこのような攻撃の可能性を憂慮していたのですが、どこに上陸してくるかが正確には分からず、配備した部隊は手薄でしかも分散していました。さらに、インドで一番優秀な連隊はすでにインド洋の反対側、アフリカに配備されていました*14。エチオピアからイタリア軍を追い払った後、リビアでロンメルの指揮するドイツ・アフリカ軍団と交戦していたのです。マラヤに駐留していた連合軍は、インドやオーストラリアから来た経験の浅い新兵で、多くは基本教練も修了していない未熟な部隊でした。さらに悪いことに、航空、海上どちらの支援も得られませんでした。アジアに配備されていたわずかな旧式の航空機では、三菱の零戦にかなうわけがありませんでした。

すぐに日本軍は思うがままに上陸し、半島を南進していきました。防衛側が一瞬で崩れたために、侵略軍は多くの地域で激しい抵抗にあうことなく、長距離を進攻することができました。事態を把握したイギリスの首相チャーチルはシンガポールを最後まで守り抜くよう命じました。この島が難攻不落の要塞であるという一般論に基づいた命令でした。また、巡洋艦ＨＭＳレパルスと戦艦ＨＭＳプリンス・オブ・ウェールズに対しシンガポールへの出航を命じました。12月２日、二隻がシンガポールに到着すると防衛側か

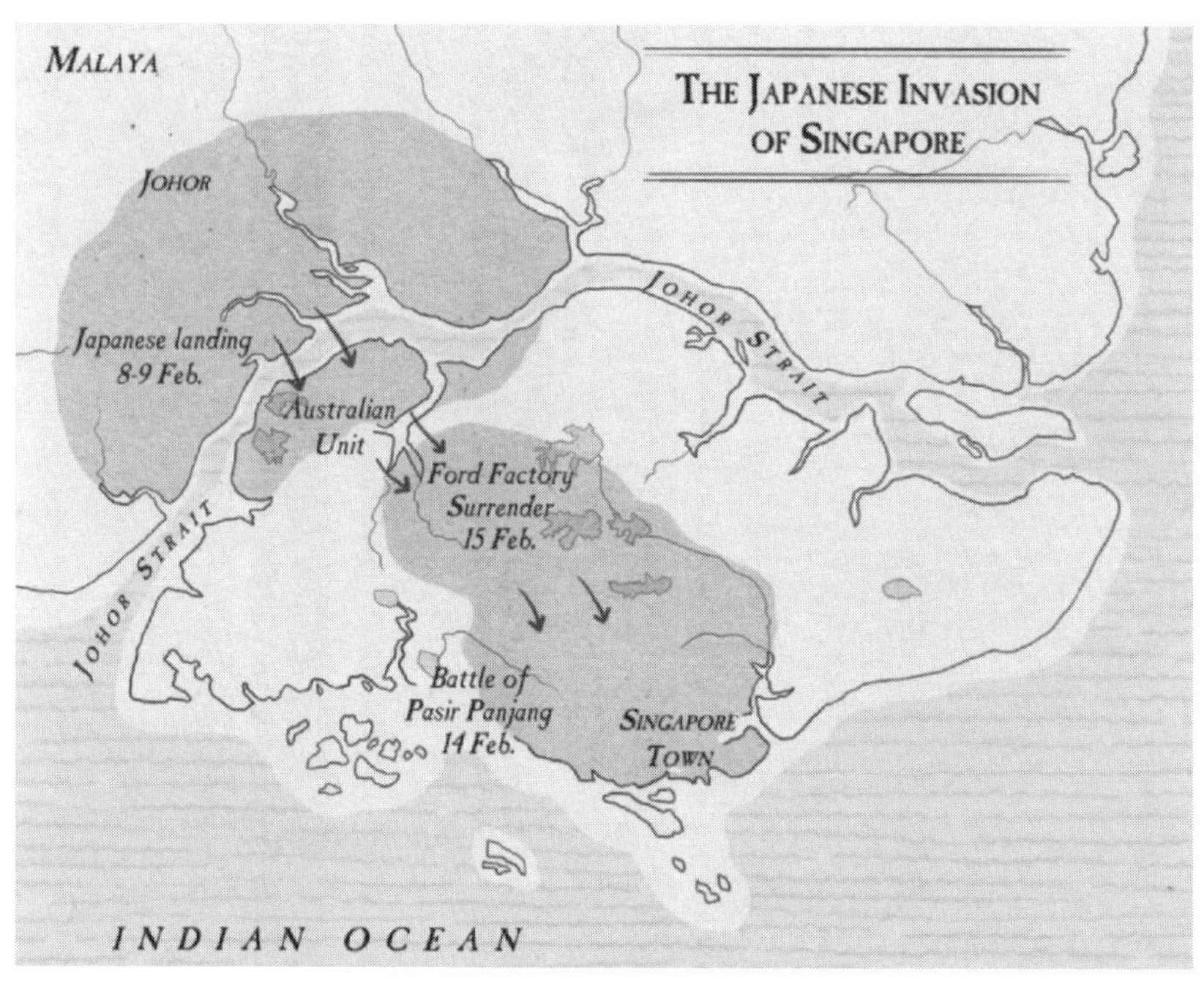

日本軍のシンガポール侵略

らは喜びの声が上がりましたが、航空支援がなければ二隻は恰好のカモだと、戦略担当は気づくべきでした。12月10日には、2隻とも雷撃機に撃沈されてしまいました。

悪化する状況を鑑み、アーサー・パーシバル中将は残った部隊をシンガポールへ撤退させるよう命じました。とはいえ、シンガポールには持ちこたえられるという自負があったのです。1942年1月中旬、日本がシンガポールに迫って来た時でさえも、ロビンソンズ百貨店は「昼夜とも着用可、素敵なアメリカン・ドレスが12・5ドル」と宣伝し、ラッフルズホテルではまだダンスを開催していました。P&O社はカルカッタへの定期便を運航しており、一等席が185ドル、二等席が62ドルでした[*15]。

しかし、2月の第1週目には、日本軍はジョホール島を占領し、シンガポールへ空爆や砲撃をしかけてきました。シンガポールの大砲は海戦を想定して海の方角である南に向けられ、北からの攻撃に対して向きを変えることができなかったという噂が人口に膾炙していましたが、これは全く違います。問題だったのは、彼らが供給されていたのは対艦用徹甲弾で、これは歩兵隊には有効ではなかったことでした。大砲は３６０度回転することができたのですが、古い噂には真実の要素があったのです。

パーシバルは次に日本の指揮官、山下奉文（ともゆき）がどこに主攻撃を仕掛けてくるか予測しなければなりませんでした。最終的に、彼は北東に最も優秀な部隊を配備しました。これは大きな誤算で、日本軍はジョホール水道が一番狭くなっている北西から上陸してきました。日本軍はこの地区を守っていたオーストラリア軍を制圧し、すぐに市街地へ迫って来ました。２月13日、マレー軍第１連隊はパシール・パンジャンの尾根で決死の防衛戦に出ました。尾根にある植民地時代の平屋は現在、この最後の戦いを記念する博物館になっています（白兵戦の多くは博物館のすぐ下、現在の駐車場で行われました）。

この時点で、フォート・カニングの地下司令部を含む街の中心部は絶え間ない攻撃を受け、民間人の犠牲者も続出していました。状況は明らかに絶望的でした。２月15日、パーシバルはブキッ・ティマにあるフォード・モーター社の工場に車で向かい、降伏条件について山下と自ら話し合いました。パーシバルはこの会合に向かうために、バタ靴製造会社から車を借りていました。これは当時の悲惨な状況を物語っています。こうして、日本のシンガポール占領が始まりました。特に中国系住民にとっては非常に苦しい時代となりました。インド人も苦難に直面しましたが、彼らにとってこの時代はまた違った意味を持っていました。同じ歴史でも民族が違えば異なる意味を持つことがあるのです。

インド国民軍

第二次世界大戦が勃発すると、イギリスは再びインドに部隊や支援を求めました。そしておよそ250万人のインド人が連合軍の戦争に参加しました。しかし、先の大戦の経験から学んだマハトマ・ガンディーとインド国民会議は植民地政府に協力しないことにし、非暴力のクイット・インディア運動を展開しました。インド人指導者全員がクイット・インディア運動の開始決定に賛同していたわけではなく、反ファシズム運動をより重視していた者もいたのでご注意ください。なお、その他の者はこの戦争は武装蜂起を通じて植民地支配から脱却する第二の好機だと考えていました。この頃になると、先の戦争を担った革命運動の幹部指導者たちは、ほとんどが殺害されたり投獄されたりしていたので、ネタジ・スバス・ボースがこの運動の再開を担うことになりました。

スバス・ボースは議会から離れていましたが、イギリスは依然として彼を危険な指導者とみなし、カルカッタの自宅に軟禁していました。1941年初頭、彼は劇的な逃亡を果たし、変装してアフガニスタン、ソ連を経由しドイツへ渡りました。そこで彼はナチス政権に援助を要請したのです。彼は手厚い待遇を受け、辛抱強く話は聞いてもらえましたが、ドイツは彼の活動に多額の資金を投入する気がない、もしくはできないことをやがて悟りました。

ネタジが次の行動について考えを巡らせていると、シンガポール陥落の知らせが届きました。すぐにネタジは歴戦の革命家ラス・ビハリ・ボースが降伏したインド兵をインド国民軍（INA）に入れ、日本とともに戦うと聞きつけました（ラス・ビハリがガダル蜂起後の1915年に日本へ亡命していたことを思い出してください）。次にネタジは潜水艦で喜望峰を回り、シンガポールへ渡りました。1943年7月4日、スバス・ボースはシンガポールで先輩のラス・ビハリ・ボースからＩＮＡの指揮権を譲り受けました。引き渡し式はキャセイ・シネマ劇場で行われ、ネタジは熱弁をふるいました。翌日、彼は街の中央にあるパダン・グラウンドでＩＮＡの部隊を観閲しました。シンガポールで降伏したインド兵４万人のうち大半がＩＮＡに入りました*16。将来のシンガポール大統領、Ｓ・Ｒ・ナザンは少年の頃、こうした出来事の多くを目撃していたのです*17。

ネタジがシンガポールに滞在していた頃の名所で今も残っている所があります。キャセイ・シネマ劇場はショッピングモールになっていますが、一部昔の外観が残されています。パダンのグラウンドや周辺の建造物の中には、まだ残っているものがあります。彼がよく瞑想をしていたのはラムクリシュナ・ミッションの旧施設でした。メイヤー通り61番地にあった、ネタジが住んでいた小さな平屋は取り壊され、高層マンションになっています。ネタジが自由インド仮政府の宣言書を記したのはここでした。この近辺は今日、在外インド人に人気があります。おそらく歴史がらみの潜在記憶か何かがあるのでしょう。

一方、日本軍はアンダマン・ニコバル諸島を占領し、ネタジに法律上の支配を任せました。ここはインド領土内で唯一、仮政府が支配した場所でしたが、革命家との関連性を考えると、象徴的であり大きな価値を持っていました。ＩＮＡは日本軍に加わりビルマを通過しインド東部の国境まで進撃しました。イギリスはこの国境を守るため、大至急大軍を向かわせました。１９４４年夏、両者はコヒマ（現在のナガランド州の州都）、インパール（マニプール州の州都）で同時に猛烈な戦いを繰り広げました。これらは第二次世界大戦で最大規模の激戦と考えられています*18。戦いはコヒマのテニス・コートをめぐる激しい白兵戦で最高潮を向かえました。日本軍は敗北し、戦局は連合国側に傾いたのです。この作戦で日本側が５万３０００人の死者・行方不明者を出した一方で、連合国側の犠牲者は１万６５００人でした。

インド人の観点から見ると、こうした戦闘の悲劇は、インド兵士が両陣営で勇敢に戦い、他国のために自らの命を犠牲にしたことでした。更に悪いことに、１９４３年ベンガルで飢饉のため３００万人が死亡しました。凶作とビルマから米の供給が途絶えたことがそもそも問題の発端でしたが、イギリスの植民地政府はほとんど救援活動を行いませんでした。それどころか、侵略軍から川を渡る手段を奪うため、あらゆる船を徴用したのです。そのため、地元の住人は漁すら行うことができませんでした。

作家、マドゥスリー・ムカジー氏の綿密な調査によると、チャーチルはこの凄惨な事態を十分に把握していながら、日本の進軍に対する焦土作戦の一環として、故意に物資を遅らせたり迂回させたりしたことを明らかにしています*[19]。インド人は「野蛮な宗教の粗暴な連中」であり、飢饉は「兎のように繁殖した」ベンガル人のせいだと発言したことが報告されています。これはまさしく、ジェノサイドと言うべき事件でした。

日本軍が撤退すると、ＩＮＡはビルマで連合軍の進撃に対し戦闘を行いましたが、１９４５年初頭には事実上崩壊していました。日本が降伏した8月15日の翌日、スバス・ボースはシンガポールから台湾へ飛びました。その後、何が起きたのかは謎です。公式には、彼は台湾の飛行機事故で死んだことになっていますが、この話には初めから様々な議論がありました。様々な説の是非について論証するのはこの本の範疇ではありませんが、今日に至るまで論争の的になっているとしか言いようがありません。

枢軸国に援助を要請したネタジの判断もまた議論を呼びましたが、これは不当です。第一に、ジャリヤーン・ワーラーの虐殺からベンガルの飢饉まで、イギリスは残酷な振る舞いをしていました。インド人からすれば、連合国と枢軸国を道義的に区別するものはほとんど無かったのです。どちらも2つの邪悪な帝国に過ぎず、囚われの国民を解放するために手に入った機会全てを利用しようとしたネタジを非難することなどできないのです。

第二に、彼は一世代前の革命家たちが築き上げた国際支援ネットワークを踏襲していました。１９３０年代後半、スバス・ボースは一時出所したサチン・サンヤルとたびたび会談していたことが分かっています。両者の関係はあまり広く知られていませんが、当時10代だったサチン・サンヤルの息子はこうした秘密裏の会合を目撃し、彼本人が私に教えてくれたのです。ある時には、日本人の弁護士も同席していました。つまり、ネタジの行動やＩＮＡの結成は、革命運動の長い歴史や、ドイツや日本との長期に渡る関係性を考慮に入れずして判断することができないのです。ファシズムへの情熱は急激に台頭したわけではなかったのです。

大反乱

革命家たちは大英帝国が依存していたインド人部隊の内部で、ガダル計画からＩＮＡに至るまで、何度も反乱を扇動しようとしました。これまで成功には至りませんでしたが、彼らの努力はついに実を結びました。ＩＮＡの活動については、戦時中の検閲のせいでほとんど一般には知られていませんでした。しかし戦犯が連れ戻され裁判にかけられると、大騒ぎとなりました。部隊内に彼らの話が広まるにつれ、不満の声が嵐のように巻き起こり始めました。それは１９４６年２月18日から23日の間に起きたインド海軍の反乱で最高潮に達しました*20。

インド海軍の反乱は、ボンベイで水兵に提供されていた食事の質をめぐり起きた些細な口論が発端でした。しかしその全体的な雰囲気から、あっという間に本格的な反乱へと発展しました。水兵たちは上官に従わなくなり、船舶や沿岸施設の多くを占領しました。水兵たちは素人ではなかったことを思い出してください。これは終戦のたった数か月後のことで、イギリスは百戦錬磨のベテランを相手にしていたわけです。すぐに彼らは船の無線通信設備を接収し、行動を調整し始めました。この知らせが市中に広まると、学生、生産労働者などがストライキを起こし、反乱軍を支持して行進しました。次に、カルカッタとカラチの水兵もまた暴動を起こしました。この暴動の最高潮には、78の船舶と20の沿岸施設、2万の水兵が関わっていました。カラチのバローチ軍やグルカ兵の部隊が反乱の鎮圧に向けて派遣されましたが、彼らは水兵への発砲を断固拒否しました。インド空軍の将校やパイロットも同様に、当局への協力を拒否しました。


不幸にも、反乱軍は当時のインド政治指導者から支援を受けることができませんでした。インド国民会議もムスリム連盟も、彼らに降伏を要請しました*21。スバス・ボースを欠き、このような反乱の引き金をやっきになって引こうとしていた革命の幹部指導者ハル・ダヤル、ラス・ビハリ・ボース、そしてサチン・サンヤルはもはや生きてはいませんでした。政治的統率力を欠いていたため、やがて水兵たちは降伏しました。数々の保証が謳われていたにもかかわらず、多くの水兵が軍法会議にかけられ、懲戒免職を受けました（免職を受けたものは誰一人、独立後のパキスタンやインド政府へ復職させてはもらえませんでした）。

今回の話は平和のうちに終わりを迎えましたが、イギリスの植民地政府は、インド兵への支配力が急速に失われつつあることに気づいたに違いありません。海軍の反乱からわずか1週間後、ジャバルプールの陸軍信号部隊も反乱を起こしました*22。また大反乱が起きるのは時間の問題でした。大英帝国の砦の一つ、インド兵の忠誠心が損なわれたとたん、大英帝国はインド亜大陸だけでなく世界の中で崩壊していったのです。革命家たちはついに成功したのです。

言うまでもなく、インド自由闘争で革命家が果たした役割は、正式なインド史の脚注にすらめったに登場しません。１９４７年に政権をとったインド国民会議は、その役割に専ら焦点を当て歴史が語られるように仕向けたのです。海軍の反乱についてはほとんど触れられず、これについては私も偶然、ムンバイのコラバで隅に追いやられた記念碑を見つけて学びました。会議派の説明が優勢だったのは、それは面子を保ちたかったイギリスの言い分に一致していたからです。彼らは「文明化」の使命を成功させた結果、平和のうちにインドに自由をもたらしたというわけです。マハトマ・ガンディーとインド国民会議が重要な役割を果たしていなかったというのではありません。ただ、インド自由闘争には多くの流れがあったのだと、私は言いたいのです。

マジャパヒトの夢

日本が東インド諸島の植民地を侵略すると、オランダはほとんど抵抗することなく崩壊してしまいました。日本は自国の利益のため、占領中にスカルノのような民族主義者を次々と支援していきました。そして日本が降伏した2日後、インドネシアの指導者たちは独立を宣言したのです。イスラム教や共産主義者など様々なグループがこの政治的空白状態の中に現れましたが、一番強かったのはスカルノの共和党でした。問題だったのは、オランダがことごとく植民地の返還を要求するつもりだったことです。しかし、当面の間オランダには島を再占領する資金がなく、スラバヤ付近にインド軍の大艦隊を上陸させていたイギリスに援助を求めました＊23。その結果激しい戦闘が起き、イギリス軍司令官のマラビー将軍は暗殺されました。インドネシア軍はとうとう撤退しましたが、両軍に甚大な被害が出ました。このエピソードは、インド軍の内に、なぜこのような事態に命を危険にさらさなければならないのかという不満をさらに募らせました。中には寝返る者も出てきました。島には不穏な空気が流れ、連合国は支配を継続するため降伏した日本兵を配備する始末でした＊24。

インドネシアの決断を後押ししていたのは、古代の予言が的中したかのような出来事があったからです。12世紀のジャワ王ジャヤバヤは、白人による3世紀にわたる支配は、背の低い黄色人種の到来により終わりを迎え、収穫を一度だけ迎え去るであろう、と予言したと言われています。日本人は3年も収穫期を迎えたという些細な違いを除けば、この予言は的中しているように見えます。

１９４６年初頭、オランダは航空支援を受けてバリ島へ数千名の部隊を上陸させ始めました。彼らはングラ・ライが急遽編成した小規模なゲリラ軍から激しい抵抗にあいました。とうとうゲリラ軍は追い詰められ、ングラ・ライはププタンを命じました。またしてもバリ人は最後の一人になるまで戦ったのです。バリにある国際空港は、最後の戦いで戦死したこのゲリラ軍指導者の名をとって、ングラ・ライ国際空港と名付けられています。

数カ月間、オランダは連合国軍の支援を得て多くの主要都市を占領しましたが、共和党軍が引き続き地方を実効支配していました。共和党が非常に根強く、根絶は困難と悟ったオランダはついに、１９４６年11月15日、スマトラ島、ジャワ島、マドゥラ島の権限を共和党に与えるというリンガジャティ協定を受諾しました。両者はまた、インドネシア合衆国建国に向けて尽力することにも合意しました。残念ながらこれは、オランダが軍の組織化に向けて時間稼ぎをしていたに過ぎませんでした。１９４７年5月、オランダ軍はジャワ島とスマトラ島の大部分を占領し、共和党軍を狭い領域へ追い込んでいきました。そしてインドネシアは戦争に突入しました。アメリカは和解を迫ろうとしましたが失敗に終わりました。

混乱の最中、オディィシャ州出身のパイロット、ビジュー・パトナイクが無謀にも極秘任務でジャワへ飛び、捕らえられていたインドネシア反乱軍のリーダー二名を救出しました（彼は後にオディィシャ州首相となりました）＊25。一方、ネルー首相はニューデリーでアジア会議を開催し、国連安全保障理事会にオランダに対する措置をとるよう圧力をかけました。新たに独立したインドがとった初の対外政策がインドネシアの独立運動支援だったことは注目に値します。さながら古代文明の血縁関係が再燃したかのようです。また、カリンガ出身者が一連の出来事に重要な役割を演じたことも功を奏しました。スカルノは自分の娘をメガワティと名付けました。それはサンスクリット語で「雲の女神」を意味し、ビジュー・パトナイクが空で見せた勇姿を讃えたと言われています。

国連は停戦を迫りましたが、オランダは撤退の準備をしていませんでした。彼らは共和党に対抗し、ジャワの支配という目標を掲げて島の様々な地域を扇動しようとしていました。とうとうアメリカはマーシャル・プランの援助を打ち切るとオランダを脅し、１９４９年12月27日、スカルノを大統領、モハマッド・ハッタを首相とする臨時政府を承認させました。スカルノはその後数十年を費やし、分離主義者や共産党の反乱、絶え間ないオランダの介入から、誕生して間もない国家の領有権を守るため尽力することになるのです。彼はマジャパヒト王国の再建構想を持っていたと言われ、彼の執務室には中世の帝国地図が掛けられていました＊26。何世紀も埋もれていた文明の記憶が現在の出来事に影響を与えることはよくあり、これはその一例だと言えます。

決着

1947年にインドが独立すると、インド洋における植民地計画は全て崩壊しました。この地域の全国家が次々と独立を宣言し、ヨーロッパ人はやがて最後の抵抗に出るはめになりました。彼らの地位は低下し、1956年のスエズ危機でこれが露わになりました。この出来事は、エジプトの指導者ガマル・アブデル・ナセルがスエズ運河会社を国有化したことが発端でした。イギリスは、フランスとイスラエルの支援を受け、スエズ運河の支配権を獲得するためエジプトへ侵攻しました。侵略軍は軍事的には成功を収めましたが、アメリカとソ連軍から厳しい批判を受け、大人しく撤退せざるを得なくなりました。このエピソードは、世界の覇者イギリスの統治が終わりを迎えたことを告げていました*27。

その後15年のうちに、イギリスや他の植民地国家は事実上、環インド洋の全植民地を解放することになります。撤退は平和的だったとは言えず、マラヤでの反共運動や、ケニアのマウマウ団の乱など多くの闘争がありました。そして数万のヨーロッパ人が「母国」へと向かっていったのです。中には植民地で生まれた者や、混血の者も多くいました。とはいえ、例外もありました。南アフリカやローデシア（現在のジンバブエ）では、少数派の白人が優勢で、植民地の後ろ盾がなくなった後も数年にわたって権力を握り続けていました。もちろんオーストラリアでも、ヨーロッパ系の人々が先住民に代わって多数派となっていました。

おそらく最も頑なに植民地を維持しようとしたのはベトナムのフランス軍でした。日本の降伏により生じた政治的空白の中、ホー・チ・ミン率いるベトミンはハノイを占領し、独立を宣言したのです。しかし、ベトナムは連合国軍に占領され、南部はイギリス、そして北部は中国が支配しました。そしてすぐにフランスが政権に返り咲いたのです。フランスは自由を認めると繰り返し約束していましたが、立ち去るつもりがないことは明らかでした。事態は１９５４年まで長引き、フランスは大軍を編成して航空支援を受け、ベトミンを北ベトナムから追放しようとしました。しかし、ベトナム軍はディエンビエンフーの戦いで、植民地軍の裏をかき策にはめて大敗させました。この後、フランスは直ちに撤退し、北ベトナムはホー・チ・ミンの手中に、南ベトナムはアメリカの後援する傀儡政権の手に渡りました。

ヨーロッパ人がいなくなったとはいえ、残念ながら環インド洋がポストコロニアルのユートピアになったわけではありませんでした。それどころか、この地域は何年もの間戦争と虐殺に見舞われることになるのです。１９７５年4月、北ベトナム軍の戦車がサイゴンの首相官邸の門を突破するまで、ベトナム戦争はこの国を蝕みました。隣国のカンボジアでは、１９７５年から１９７８年の間、クメール・ルージュ政権が共産党の農業天国を創り出そうと残虐な政策に走り、およそ２００万の人々が犠牲になりました。東パキスタンでは、西パキスタン軍が大量虐殺を行い、３００万人ものベンガル人が殺害され、１０００万人が難民となってインドへ流入しました。こうして１９７１年、印パ戦争が勃発し、バングラデシュが誕生しました。インド洋西部では、エチオピアとエリトリアが長期にわたって熾烈な戦争を繰り広げ、１９９１年にようやく終結しました。イエメンは南北間の内戦に煩わされることになります。

エチオピアのソロモン王朝は、アラブやヨーロッパの拡張主義を切り抜けてきましたが、近代化により解き放たれた社会的な力にはかないませんでした。老齢のハイレ・セラシエは１９７４年、陸軍のクーデタにより王座を追われました。ポーランドのジャーナリスト、リシャルト・カプシチンスキは、名著「The Emperor」の中で、時代の変化に奮闘する中世の宮廷最後の日々を克明に描いています＊[28]。数年後、カプシチンスキはイラン革命を目の当たりにし、イラン最後のシャー、モハンマド・レザー・パフラヴィーの失脚について執筆することになります。

ヨーロッパ帝国が瓦解すると、植民地の傘下で生み出された経済的・人的ネットワークも崩壊してしまいました。この地域に散在していたインド人コミュニティは特に被害を受けました。例えば、ビルマには100万人以上のインド人が暮らし、1930年代にはラングーンの人口の半分以上を占めていました。1962年の軍事クーデタ後、彼らの職は強制的に国有化され、大勢が追放されました。ウガンダのインド人も同様に1972年、イディ・アミンにより90日の猶予を与えられ、荷物をまとめ退去するよう命じられました。彼らが持ち出しを許されたのは、たった55ポンドだけでした。インドに戻った者もいましたが、多くはイギリスへ向かい、生活を再建しました*29。

フランス統治時代のサイゴンにも、かなりのインド人が暮らしていました。彼らは追放されはしませんでしたが、戦時中経済状況の悪化に伴い徐々に離れていきました。サイゴン（現在のホー・チ・ミン市）の中部には、今も有名なヒンドゥー教の寺院が2箇寺あります。どちらも政府が維持しており保存状態は良好です。2015年に私がマリアマン寺院を訪れた際には、女性の職員が聖職者の任にあたっていました。彼女は言語の壁をものともせず真摯に職務をこなし、ヒンドゥー教の儀式を彼女なりに解釈し、厳かに執り行っていました。もしかしたら、彼女はカウンディニヤとナーガ王女の子孫だったのかもしれません。

唯一の国、シンガポール

環インド洋で初めて急速な経済の変化が起きた地域はペルシャ湾でした。1908年、イランのマスジッド・イ・スレイマン第1坑で、初めて商業利用可能な原油が発見されたのです。1932年にはバーレーン、続いて1938年にはサウジアラビアのダンマーム、クウェートで石油が生産されるようになりました[30]。1970年代には石油の輸出から蓄積した富が、この地域の経済的・社会的構造を一変させました。このブームにより建設業者、エンジニア、事務員、企業経営者、看護師、教師、その他サービス業者が世界中、特にインド亜大陸から引き寄せられていきました。かつて真珠貿易で知られた小さな港町ドバイは、あまり石油を保有していませんでしたが、それでもこの地域の重要な商業拠点として位置づけられ、数十年かけて今日私たちの知る、きらびやかな都市へと発展していきました。しかしながら、湾岸国家の石油がもたらした繁栄とは対照的に、環インド洋で最もめざましい経済変化を遂げたのは間違いなく、天然資源がほとんどなく、水さえ輸入しなければならない小さく過密な島、シンガポールでした。

1963年、イギリス領シンガポール、サラワク、北ボルネオ（サバ）は、マレーシア建国のため、マレー半島の各州とともに連邦政府に加わることに合意しました[31]。これに主だって反対したのはインドネシアのスカルノで、これを「ネオ・コロニアル」的な陰謀であり、彼のマジャパヒト帝国再建計画を脅かすものと見ていました。クアラルンプールのマレー人政治家が扇動的社会主義者、リー・クアン・ユー率いる人民行動党（PAP）に疑いの目を向け始めると、その後すぐに問題が起こり始めました。彼らはリー・クアン・ユーがシンガポールを拠点に、サバ、サラワク、そして半島の中国系住民に浸透してくるのではと懸念していました。シンガポールで人種差別による暴動が広範に発生し、23人が犠牲となったことにより事態は複雑化しました。当時若手議員だったマハティール・モハマド博士は、PAPを「積極的な反マレー団体」として非難しました[32]。このマレー人の人権活動家自身が純粋なマレー人ではなくインド系だったことを知れば、多くの読者方は驚かれることだと思います。ナンディ・ヴァルマンの逆だったのです。

疑惑の空気が流れる中、マレー人の政治家らはシンガポールを連邦政府から切り離すことを決定し、1965年8月9日の朝、都市国家の独立宣言がラジオで放送されました。その日、リー・クアン・ユーは後の記者会見で感涙にむせびました。スラムに囲まれた小さな島の未来は厳しいと見えました。イギリスは軍事基地を閉鎖すると発表してこの予測に追いうちをかけました。もはや大英帝国はなく、マラッカ海峡を支配する必要はなかったのです。

リー・クアン・ユー首相は、この都市国家に新たな経済的原動力を早急に見いだす必要があることを認識していました。彼は法の支配、ビジネスのしやすさや税の低さを提示して、多国籍企業の生産拠点をシンガポールに置いてもらうことにしました。これは、彼がかつて掲げていた社会主義理念から脱却したばかりでなく、当時独立して間もない新国家が行っていたこととはまるで違っていました（そしてまさしくスタンフォード・ラッフルズの理念と一致していました）。既成衣料品から石油の精製まで、様々な部門の生産に外資が融資されました。またシンガポール人はイギリスが放棄した海軍施設を、造船、修理施設群に造り替えました。この経済戦略は1974年オイル・ショックで停滞するも成功し、やがてシンガポールは労働者を国外から受け入れる必要が出てきました。

しかし、オイル・ショックの経験から、政府は経済を多様化、高度化させる必要性を実感していました。こうして1980年代には電子工業や製薬業などの新産業が導入されました。一方で政府は最高品質の公共設備と公営住宅へ投資を行いました。こうしてリー・クアン・ユーが総理の職を辞任（彼は内閣に指導役として残りました）した1990年には、シンガポールは世界一の国へと変貌していました。これは実に目を見張る成果でした。

物事は順調に運んでいましたが、１９９７年のアジア通貨危機で東南アジア経済は壊滅状態に陥りました。シンガポール自体は危機を免れましたが、この地域における経済の中枢だったため影響を受けました。これにさらなる危機が続きました。２０００年のＩＴバブル崩壊、9・11同時多発テロ、２００２年のＳＡＲＳ（重症急性呼吸器症候群）の流行などです。こうした出来事はシンガポールに打撃を与え、シンガポールの命運は尽きた、長い不況に直面するだろうと論じる者は大勢いました。シンガポールは従来のほとんどの部門で競争するにはコストがかかりすぎ、新しい成長の原動力を必要としていました。

そこで政府はシンガポールをアジアの「国際都市」に変えるという賭けに出たのです*33。これはかなり大胆な発想でした。ロンドンやニューヨークのような他の国際都市は長い時間をかけて体系的に発展してきました。しかしシンガポールは高等教育、エンターテイメント、国際金融部門を戦略的に奨励することで、計画的に国際都市への変貌を試みたのです。10年の間に、シンガポールの地上には象徴的なタワーや「スーパー・ツリー」が現れ、景観が一変しました。それと同時に、新しい部門へ専門家が流入したことで、人口は５５０万人（独立時の１９０万人の倍以上）にまで増加しました。この計画はどうにかうまくいきました。２０１５年にリー・クアン・ユーが亡くなった時、彼はおそらく世界で最も先進的な都市を後に遺して逝ったのです。シンガポールの歴史を知らない人は、シンガポールは大掛かりな計画を効率的に実施したために成功したと思いがちです。そうではなく、現代のシンガポールは、複雑に進化し続ける世界に常に適応し、手を加え続けてきた結果なのです。

新たな夜明け

１９９０年から１９９１年、世界史に大きな転機が訪れました。それまで超大国と考えられてきたソビエト連邦が戦火を交えることなく崩壊したのです。環インド洋地域も大きな変化を迎えました。ネルーが導入した社会主義的経済モデルに数十年阻まれてきたインドは、ついに経済の自由化に乗り出しました。私が初めて出した著書「The Indian Renaissance」でも述べましたが、これはインドの経済・社会的軌跡の上で大きな意味を持っていました*[34]。一方南アフリカでは、アパルトヘイト政権がついに崩壊し始めました。ネルソン・マンデラは１９９０年２月、28年ぶりに釈放されました。彼は１９６２年に収監され、武装蜂起を扇動した罪で一時は死刑を言い渡されていました。それでも彼は長い年月信念を貫き、条件付きで釈放するという申し出を三度断りました。釈放後、彼はアフリカ民族会議の指導者に就任し、少数派の白人統治を終わらせるという困難な交渉を進めました*[35]。

私が初めて南アフリカを訪問したのは、１９９３年、波乱の夏でした*[36]。当時オックスフォード大学の学生だった私はどうにか資金を集め、人里離れた部族の「ホームランド」で三カ月間開発プロジェクトに携わることになったのです。インド政府がほんの数週間前に制限を解除したにもかかわらず、私のパスポートには「南アフリカ共和国においては無効」と書かれていました。私のビザはパスポートに捺印されず、別紙で渡されました。私の訪れた南アフリカはまだ、アパルトヘイト時代の余韻が色濃く残っていました。人種隔離が廃止されたのはほんの数カ月前のことでしたが、公衆トイレにはまだ「白人用」、「有色人種用」と書かれていました。ネルソン・マンデラは釈放されましたが、白人の政権はまだ存続していました。私はスワジランド国境付近にある部族のホームランド、カングワネに住み働いていました。黒人住民のために名目上創られた、数ある特別自治区のうちの一つでした（現在のムプマランガ州の一部）。しかし、僻地であるサバンナの草原や丘陵地帯ロー・ベルドにも、はっきりと緊張感が漂っていました。

外の世界から見れば、南アフリカ内部の緊張は黒対白の構図に見えますが、現地の状況はもっと複雑でした。白人は変革に賛成する者と、何らかの形で隔離状態に戻したいという者に分かれていました。また、英語を話すイギリス系白人と、アフリカーンス語を話すオランダ系ボーア人の間には昔から確執がありました。１８８０年～１８８１年、そして１８９９年～１９０２年に起きたボーア戦争の傷はまだ完全には癒えていなかったのです。黒人住人も同じように部族の血縁によって分離していました。ズールー族の民族主義政党、インカタ自由党はアフリカ民族会議を疑問視していました（ネルソン・マンデラやアフリカ民族会議の指導者の多くは、対立するコーサ族出身でした）。アパルトヘイト政権が崩壊するにつれ、このような対立は流血の惨事へと発展していきました。こうした出来事の一つ、ボイパトンの虐殺という事件では、40人が殺害され、さらに多くの負傷者が出ました。１９９３年の夏にはどの集団も武器を備蓄するようになりました。私が滞在していたキャンプはモザンビーク付近から武器を密輸するルートにあり、ある時、私のピックアップ・トラック（そこではバーキーと呼ばれていました）は銃を突き付けられハイジャックされてしまいました。幸いその時私はこの車を運転していませんでしたが、私の同僚はキャンプまで何マイルも歩いて帰るはめになりました。この車は数日後、乗り捨てられているところを発見されました。おそらく銃を密輸するのに使われたのでしょう。

これだけでも十分複雑なのに、さらにインド人や混血人種などのグループがありました。後者は国の西半分を占める大きな一派を形成していましたが、文化的、政治的には無人地帯に封じ込められた状態でした。インド人住民は散在していましたが、東部の町ダーバンにはかなりの人口が密集した集団がありました。このコミュニティはアパルトヘイト下で差別を受けていましたが、勤勉で、国内の小売り、卸売業の大部分を牛耳るようになり、大変な繁栄を遂げていました。当然、他の集団は反感を持ちました。事実、ほとんどのグループはインド人が敵に融資しているのではないかと疑っていたのです。

その夏、私はヨハネスブルグのウィットウォーターズランド大学で暴動を目の当たりにしました。怒りに沸くタウンシップの政治集会に参加すると、遠くでかすかに銃声が響きました。白人至上主義者のグループが、多党交渉が行われていたケンプトン・パークのワールド・トレード・センターを一時占拠したことさえありました。南アフリカはまさに沸き立つ国家でした。私が出会ったある白人の一家は、憂慮のあげく国を離れ、アメリカかイギリス、もしくはオーストラリアへ渡る計画を立てていました。

この時代を振り返ると、この国がいかに暴力と報復の連鎖に陥りやすいかということが分かります。私たちの知る今日の南アフリカは、哲学的な進化と、一個人による偉業の賜物なのです。南アフリカは、ジンバブエや、さらにはソマリアのようになる可能性はほとんどありませんでした。ネルソン・マンデラの並外れた功績は、国内に数ある対立を何とか調停し、彼のもとで人々を一つにしたことです。国を解放した大抵の新指導者とは違い、彼は死ぬまで権力にしがみついたり、王朝を始めたりする誘惑に屈しなかったという事実もまた賞賛に値します。彼は１９９４年に大統領となり、１９９９年、たったの1期で退任しました。現代の歴史家は、歴史の「グレートマン理論」に否定的な傾向がありますが、マンデラやリー・クアン・ユーらは個人が重大な役割を果たしていたことを証明しています。両者とも非常に強い決意を持った指導者でしたが、状況の変化に応じて自身の哲学や思想を発展させていったことは注目に値します。そこに成功の秘訣があるのかもしれません。

ボンベイからムンバイへ

ムンバイの発展は、独立以来インドが経験してきた社会的・経済的な変化を象徴しています。１９５０年にインドが共和国になった時、もはやカルカッタは首都ではありませんでしたが、それでも最も重要な商業、文化の中心地でした。カルカッタは２６０万人の人口を抱える国内最大の都市で、ボンベイは人口１５０万人ほどの、インド第二の大都市でした。マドラスはもっと小さく、人口は80万人ほどでした*37。

ボンベイは第一次世界大戦中にバラード・エステートという形で拡大したものの、金融、商業の中心地はまだ旧フォート地区と周辺地域にありました。さらに北では、ローワー・パレルの紡績工場は活気にあふれ賑わい、移民たちを惹き付けていました。電話や車といった現代的な技術革新でビジネスの在り方は変化しましたが、これはまだプレームチャンド・ロイチャンドにもなじみのある世界だったのでしょう。１９７０年代、島の南端付近、要塞からそう遠くない埋め立て地に、ナリマン・ポイントが建設されたことで初めて大きな変化を迎えました。この時期は歴史上、建設ブームには不遇の時代で、ナリマン・ポイントには極めて不格好なオフィスが林立していましたが、比較的近代的な企業街が創り出されていきました。オフィスの誘致が成功したのは、カルカッタの衰退が原因でした。１９７０年代から１９８０年代にかけて、カルカッタは左翼過激派（ナクサライトと呼ばれます）の暴動や、過激派労働組合主義の暴動で壊滅状態にあったのです。旧首都が衰退したため、企業は次々と本社をボンベイに移していきました。ボンベイでも労働争議の時代があり、ローワー・パレル地区で多くの製造工場が閉鎖しましたが、商業文化自体が損なわれることはなく、ボンベイはインドの商業を代表する都市となったのです。

１９９０年から１９９１年、インドの社会主義的経済モデルは崩壊し、この危機からインドは経済を自由化せざるを得なくなりました。腐敗した産業許可制度は廃止され、外国資本の投資に関する法律は緩和されました。外国の銀行や多国籍企業がインド国内に進出してきたため、インドは限られた商業用不動産の株価をせり上げ、数年後ナリマン・ポイントには世界最高額クラスの不動産がありました。皮肉にもオフィスの多くは見掛け倒しでぼろぼろでした。エレベーターは遅すぎて使い物にならず、煙草のヤニが染みついた階段を使った方がむしろましなことさえありました。この国のビジネスを担うエリートはまだわずかであり、１９９０年代には、重要人物はみなボンベイの南端部に住み働いていました。ナリマン・ポイントのオベロイ・ホテルのロビーに座っていれば、インドの有力者が外国の投資家と取引する様子を誰でも目にすることができました。もったいぶったコンサルタントが、手に入れたばかりの真新しいノキア社製の携帯電話で話しながら、きちんと閉じられたプレゼン資料を抱えて急ぎ足で会議に向かって行っていたのです。

社会主義の時代には美辞麗句が掲げられていましたが、少数派エリートの特権が事実上続いていました。このエリートたちはデリーでもルーティンス・デリーと呼ばれる街の中心部に住んでいました。ボンベイでは、こうしたエリートたちは南端部のマラバー・ヒル、カフ・パレード、マリン・ドライブに住んでいました。これはみなナリマン・ポイントやフォート地区のすぐ近くにありました。つまり、バーやレストラン、植民地時代のクラブ、学校など、良い施設もまた南端に集中していたのです。すると、これによって住んでいる場所とナリマン・ポイントからの距離によって優劣の順位が決まるという、独特の社会経済的な階級制度が町に生まれました。（ボリウッドだけは例外で、バンドラからジュフに独自の町がありました）。

不動産価格が高騰していたことを考えると、貧しい移民はスラムに住むしかありませんでした。しかし高給取りでホワイト・カラーの新入りですら、「下宿人」として部屋を借りるか、はるか北のボリバリやカンディバリのような田舎を選んで住むしかありませんでした。職が南端に集中していたので、会社勤めの一日は、ぎゅうぎゅう詰めの電車に乗り、続いて「シェア・タクシー」で会社へ向かう長い旅から始まり、晩には同じことを逆に繰り返していました。この過酷な通勤は未だに多くの人が経験していることですが、ここに私は重大な人生訓を学びました。バンドラまでしか行かないのなら、決してビラール急行に乗ってはいけません。ムンバイの読者方なら、私の言う意味がお分かりだと思います。

しかし21世紀になろうという頃には、街の様子は変わり始めました。ローワー・パレルの古い廃工場は次第にオフィスや分譲アパート、ショッピングの拠点として人気を集めていきました。フェニックス・ミルズは現在、エンターテイメント、ショッピングモールへと姿を変えています。この施設はこうした変化をいち早く経験していました。さらに北では、バンドラからクルラにかけて新たな金融街が現れました。こうして、街の中心部に新たな活動拠点が誕生したのです。さらに北の国際空港付近にまで会社のビルや五つ星ホテルが急増していきました。10年もたたないうちに、ほとんどの銀行や企業はナリマン・ポイントから、こうした新しいガラスとクロム合金のタワー群へ移っていきました。このような様々な変化により従来のエリート層が自信に満ちた中産階級に変わったため、街は民主化していきました。南ボンベイ訛りはたいして重要視されなくなったのです。こうして、ボンベイはムンバイへと変貌していきました。

激動の歴史

インド洋の長い歴史は、無数の要素が複雑に絡み合い展開してきたものです。モンスーン、地理、人間の移住、技術、宗教、文化、個人の業績、そして時には神の気まぐれもあったのかもしれません。それはあらかじめ定められた道や壮大な計画に沿ったものではありませんでした。行き詰まりや予期せぬ結果に巡らされた長い物語であり、人間の勝利と並外れた勇気、そして裏切り、筆舌に尽くしがたい人間の残酷さの物語でもあります。その道のりの中には、白黒の付けられない灰色の影がたくさんありました。

複雑適応性という性質を持つ歴史は、一元的な構造に基づく直線的な歴史物語にしてしまうと、必然的に誤解を招くことを警告しています。歴史物語が遺伝子などの「科学的」根拠に基づいていたとしても同じです。例えば今日、遺伝子データだけをたよりにイギリス領インド帝国の歴史を再構築しようとするなら、イギリスにグジャラートやパンジャーブの遺伝的根拠を発見することはできますが、インドにはイギリスのＤＮＡはほとんど見られないことになります。研究者が無精者だったなら、イギリスを植民地化したのはインドだという結論に飛びついてしまうことになりかねません。

ここから導き出される結論は、歴史の流れはユートピアから流れては来ることはなく、ユートピアへも向かわないということです。実際に、他者を「文明化」しようとしたり、ユートピアを押し付けようとするのは人間の不幸の根源であり、ほとんどが歴史の一元的な解釈に基づいているのです。本書はインド洋沿岸地域が植民地化、戦争、飢饉の世紀を経て、平和と繁栄を享受している時代に書かれました。しかし、ソマリアの破綻やイエメンで再燃した対立によって、この平和がいかにもろいものであるかを思い知らされます。

また、幾世紀と変化を受けても、多くの関連性が存続してきたことは注目に値します。モンスーンはもはや船の進む方向を定めるものではないのかもしれませんが、今でも経済生活には欠かせないものであり、毎年降るこの雨に依存する人々は何億人もいるのです。その関連性があまりに深く、私たちが気付かないこともあります。例えば、古代の文化的思想の中には、後世に重ねて影響を受けつつも、今日まで私たちに影響を与え続けているものがあります。インド洋東部沿岸地域では、母系制の慣習が歴史上重要な側面を持っていたことをこれまで見てきましたが、西部ではそうではありませんでした。フィリピンからインド亜大陸にわたる国々に、数多くの女性指導者が誕生したのはこのためなのかもしれません。数例を挙げると、コラソン・アキノ、メガワティ・スカルノプリ、アウン・サン・スー・チー、インディラ・ガンディー、シェイク・ハシナ、シリマヴォ・バンダラナイケなどです。この女性指導者たちが民族、文化、宗教に関係なく権力の座を手に入れたことに注意してください。多くが地位を継承していたことは事実ですが、ペルシャ湾からスワヒリ海岸を南下して南アフリカに至る環インド洋西部地域には女性の指導者がほとんどいなかったことと対比すると、その差は歴然としています。マダガスカル、モーリシャスといった国々は例外ですが、インド洋東部に文化的ルーツがあるため、この法則に則っていることが分かります。

この本を執筆するにあたって調査を進めるうちに、インド洋の人々や帝国の激流が、一般市民の生活に影響を与えた事例をたくさん目にすることになりました。１９２７年8月15日にムンダパラム（現在のケララ州）に誕生したオダッカル・モハマドの例を挙げます。オダッカル・モハマドの家族は14世紀にこの地に定住したイエメン商人の子孫だそうです。１９４２年、わずか15歳だった彼は、マハトマ・ガンディーの逮捕に反対し黒いバッジをつけていたことで学校を退学になりました。この件で父親に叱責されることを恐れた彼は家出し、インド海軍に電気技師として入隊することにしました。

当時第二次世界大戦が起きていて、モハマドは何度も戦闘に参加しました。戦後、彼はボンベイに配属され、そこで１９４６年に海軍の反乱に参加することになります。反乱が鎮圧されると、彼は「帝国海軍の名誉を汚したかどで免職とする」と書かれた通知書を渡され、海軍を解雇されました。モハマドはその紙を破ってイギリス人将校に投げつけました。翌年、彼の20歳の誕生日にインドは独立しました。反徒が海軍に再入隊することはできなかったので、マハマドは様々な職を転々とし、１９５５年、ゴアでポルトガルの統治に対する抗議運動に参加するようになりました。彼はポルトガル人に逮捕され、しばらく刑務所で過ごし釈放されました。自転車でインド横断の冒険などをしてアグラのツアーガイドになり、そこで１９６４年８月15日、キリスト教徒の看護師マリアマと出会い結婚しました。数十年後にこの本が執筆されているころ、彼はケララ州にある故郷の村へ帰ることになったのです。この数奇な物語は、彼の息子、オダッカル・ジョンソン准将が私に語ってくれたものでした。それは激しいモンスーンの雨の中、第一次世界大戦で戦い、ほとんど忘れ去られてしまった水兵の記念碑を、ムンバイの旧港地区で探し回っていた時のことでした。

この本は過去を題材にしていますが、歴史の車輪は容赦なく前へと進み続けています。その先には何があるのでしょうか。この本が終わりを迎えようとしている間にも、インド洋は印中間の新たな地政学的対立の舞台となりそうな兆候が見えています。インド洋にはかつて、ラジェンドラ・チョーラや鄭和のような人々がいたという歴史を覚えている方もいらっしゃるでしょう。そして予想外の事件が起きることもご存知だと思います。鄭和の壮大な宝船艦隊を見た者は、数十年後にイベリア半島の小さな国が、何世紀もインド洋を支配することになるとは考えもしなかったでしょう。この歴史から教訓があるとすれば、「時は偉大な人間、そして強大な帝国ですら蝕んでいく」ということなのです。

訳者あとがき

チャウ・カウ

２０１９年7月、ベトナム人の同僚が故郷で結婚式を挙げることになり、ベトナムのニンビン省へ招待してもらいました。バイクの大群が走り抜けるハノイの都心部を過ぎると、次第に水牛が田園を歩くのどかな田舎町になります。土の道を車で走り続けると、やがて道路に面した家々の前に、花やリボンで装飾したテントがたくさん並んでいるのが見えてきました。なんでも、その日はとても縁起の良い日だったそうで、村のあちこちで結婚式が挙げられていました。特設テントの下にはテーブルとご馳走が並べられ、新郎新婦にゆかりのある人々が集いました。テントの下ではベトナムの熱い風をなんとか吹き飛ばそうと、巨大な扇風機が回っていました。会場が自宅前の特設会場だという他は、日本の結婚式と大きな違いはありません。結婚式がお開きになると、新郎新婦が客の一人一人に何かを手渡して見送っていました。小さなミカンのような実と植物の葉で、不死鳥をかたどったものでした。私はしばらく小さな不死鳥を手にして眺めていました。この鳥の飾りに何か重要な意味があるように思えて、写真に収めて帰国しました。

半年後、夫に海外転勤の辞令が出ることになります。行き先がまだ分からず、どこだろうねと楽しみにしていました。アジアではないかという話になり、インドネシアあたりかと見当を付けていました。知っていそうな方々に行き先はインドネシアですかと尋ねてみると、教えては下さらなかったものの、「お、いい線いってるね！」という反応だったようで、すっかりその気になっていました。蓋を開けてみれば転勤先は南インド、タミル・ナードゥ州です。確かにいい線は行っていました。ネシアがねえし、という洒落にならない事態です。辞令の内容は、南インドの大学へ一年の留学でした。入校までに読んでくるようにと、本のリストが添付してありました。取り寄せた洋書の山の中にあったのが、本書です。これは面白い本だと思いました。12歳の少年が遠国で王となるまでの冒頭や、インド洋という広い視野で見る歴史は、今までにある本とは全く違うものでした。作者の革命家一族としての視点も興味深いものでした。しかし、コロナウィルスの流行により、留学計画は延期に延期を重ね、結局は取りやめとなってしまいました。

檳榔と蒟醤

ベトナムで見た飾りの正体は本書を読んで気付くことになります。あのミカンのような実は本書に登場する檳榔であり、不死鳥の羽に見立てられた葉が蒟醤だったのです。ベトナムではこれをチャウ・カウと言います。チャウは蒟醤を指し、カウは檳榔を意味しています。檳榔の実、檳榔子を細かく切り、少量の水で溶いた石灰と一緒に蒟醤の葉で包んで噛むと唾液が真っ赤になり、ある種の酩酊感が得られるそうです（檳榔子には依存性、喉頭ガンの危険性があります）。

ベトナムの結婚式で檳榔と蒟醤が重要な意味を持つようになったのは、ある伝説に謂われがあるからです。「Trâu Cau　The Story of Betel and Areca」という童話によれば、昔、タンとランという双子の兄弟がいました。二人は外見がそっくりで、二人とも容姿端麗で努力家、そして才能に溢れていました。兄のタンは明るく闊達で、弟のランは思慮深く控えめでした。早くに親を亡くした二人は高名なルウ道士に弟子入りし、兄のタンはルウ導士の娘と結婚しました。しかし、ある時娘は兄・タンと間違えて弟・ランの方に飛びついてしまい、これを目撃してしまったタンは激怒しました。この事件がきっかけで、今まで居心地の悪さを感じていたランは家を去りました。やがて森をさまよい歩き続けた彼は川に辿り着き、川岸で命を落とします。これを哀れんだ精霊は弟を石灰石に変えました。一方、兄のタンは些細な口論でかけがえのない弟を追い詰めたことを悔いていました。弟を捜しに森へ入り、やがて力尽きて川岸の石灰石の前で死んでしまいます。それは奇しくも、弟のランが死んだのと同じ場所でした。精霊はタンを檳榔に変えました。そしてご明察です、妻もタンを探しにやって来て、同じ場所で死んでしまいます。精霊は、今度は妻を蒟醤に変えました。ベトナムで干ばつが起こったときもこの檳榔と蒟醤は枯れず、時の王がこの噂を聞きつけ、確かめにやって来ました。碑文を読んで感動した王は、檳榔子と蒟醤、石灰をいっしょに口にいれて噛んでみました（なぜ口に入れてしまったのでしょうか）。すると今まで口にしたどんな物とも違う感覚に驚き、また唾液も血のように真っ赤になっていたことに衝撃を受けたそうです。以来、ベトナムでは檳榔と蒟醤、石灰は夫婦愛、家族愛の象徴となったそうです。

いかがでしょうか。感動的でしたでしょうか。それにしても誰か途中で書き置きぐらい、残しておいて欲しかったものです。「まずいぞ、道に迷った—ラン」「来るな、石か植物にされるぞ—タン」というふうに。そうすれば3人目の犠牲者はでなかったでしょうに。

一方、日本には檳榔と蒟醤を噛む習慣はありませんでした。大正十年に柳田國男が「阿遅摩佐の島」の中で、檳榔は沖縄の島でも首里の円覚寺に二、三本あるくらいで、内陸では成長しないと書いています。さらに古代の日本人は、違う植物である蒲葵（ビロウ）を檳榔と混同していたようです。「結局は檳榔という異国情緒の豊かな文字に絆されて、千年前の古人もなお誤りを残したのであります」と柳田は綴っています。

また、香川漆器には「蒟醤(きんま)」という技法が残っています。檳榔子(びんろうじ)や蒟醤(きんま)を入れる容器に施された線刻模様のことを、「蒟醤(きんま)」と呼んでいるのです。「蒟醤(きんま)」の技法が伝来した室町時代、日本人の心を掴んだのはこのエキゾチックな箱の方だったのかもしれません。

ナーガ

本書に繰り返し登場するナーガは、仏教の伝播とともに中国の翻訳僧たちによって竜と訳されました。やがて厳格な階級社会であった中国で、同じ発音でも形が厳めしく立派な龍の字も好んで使われるようになりました。ナーガは仏教と深い関係にあるのです。

『仏教説話体系11　比喩と因縁』に収められている説話の中に、蛇が登場する話があります。昔、インドのバラナシに黄金をこよなく愛する一人の男がいました。彼は猛然と働いては黄金を甕(かめ)に貯めて悦に入っていましたが、やがて長年の無理がたたり死んでしまいました。後に、この男は蛇に生まれ変わります。蛇に生まれ変わってもなお黄金に執着があった彼は、自分が人間だった頃隠しておいた瓶にとぐろを巻いて離れられないでいました。その蛇も死に、やがて生まれ変わりますが、何度生まれ変わっても蛇に生まれてしまいます。そしてはたと、自分が蛇の姿にしか生まれることができないのは、黄金に対する異常なまでの執着心のせいだ、と気がつくのです。蛇は通りかかった男を呼び止め、何生もしがみついてきた自分の黄金を修行僧たちへ寄付してもらいました。後に、それぞれ生まれ変わった二人は再会を果たします。この男は後世のブッダであり、蛇は智慧第一と称される弟子シャーリプトラ（舎利子）だったと言うことです。

また、大乗仏教の開祖、龍樹菩薩はサンスクリット語でナーガールジュナと言います。つまり、ナーガ

（蛇）とアルジュナ（人物名）を併せ持っているのです。さらに、仏陀の「仏」という字は旧字体で「佛」と書きます。人偏は人を、「弗」は否定を表します。つまり人ではないもの。この話を知って思い当たるふしがありました。「陀」という字です。漢字を分解してみると、こざと偏は「阜」の象形文字で、「おか、大きい、豊か」の意があります。では右の「它」は？　これは象形文字で、舌をチロリと出した頭の大きな蛇、つまりコブラを表しているのです。つまり、人では無い、山のように大きな、蛇。蛇は仏教を守護するものと考えられ、悟りを開こうと瞑想する仏陀の頭上にコブラが現れ、雨露から守ったとされています。確かに頭が平べったく広いので傘くらいにはなりそうです。そもそも漢字の蛇という字の成り立ちを見ると、虫偏の甲骨文字が「頭の大きな蛇」、つまりコブラであり、さらに右側「它」も「頭の大きな蛇」、コブラなのです。蛇という字にはナーガが二匹も隠れていたのです。このように、ナーガは私たちの身近で、至る所にじっと身を潜めているのです。

二人のボース

ラス・ビハリ・ボースと、スバス・チャンドラ・ボースを混同してしまう方のために、二人を簡単にご紹介します。まずはラス・ビハリ・ボースですが、この名を聞いたことが無い方でも、新宿中村屋のカレーをご存知の方は多いでしょう。日本に亡命していたラス・ビハリは中村屋に匿われ、創業者、相馬愛蔵と黒光（こっこう）の娘、俊子と結婚します。一男一女を授かりますが、イギリス大使館が雇った探偵の追跡を逃れるため転居を繰り返す地下生活を送り、俊子は二十八歳で死去します。ラス・ビハリは日本でインド独立運動に尽力し、また中村屋にカレーを伝えたことでも有名です。「父ボース　追憶の中のアジアと日本」という本に、ラス・ビハリ・ボースの娘、樋口哲子さんの手記が残っています。彼はユーモアのある暖かい人柄だったようです。母を亡くし革命家を父に持つ哲子さんは強烈な祖母黒光に育てられることになります。黒光はインドの革命家ラス・ビハリをイギリス当局から匿っただけでなく、ロシア人亡命者のバイオリン演奏を聴き、感動のあまりその人を連れ帰ってしまったこともありました。そして近所に家を買い与えて住まわせたそうです。哲子さんの兄の進学先を巡って黒光とラス・ビハリの意見が合わなくなった時も、ラス・ビハリは（１９１２年に起きた「ハーディング総督爆殺未遂事件」の首謀者だったにもかかわらず）黒光を前に無条件降伏するしか無かったようです。しかし黒光は心に決めたことを全力で追い求める信念を持った人であり、ラス・ビハリとは信頼の絆で結ばれていたようです。この人ありきのラス・ビハリ・ボースだったのでしょう。激動の人生を送った彼ですが、死を目前に娘に残した言葉は、「平凡に暮らせよ」だったそうです。

一方、もう一人のボース、スバス・チャンドラ・ボースは反英的な革命運動を理由に逮捕され、１９４０年、入獄中に断食を行い重体となりました。イギリスはスバス・チャンドラを再逮捕するつもりで一時釈放しましたが、スバス・チャンドラは監視の目をかいくぐって脱出を果たしました。その後ドイツに協力を求めますが、ドイツとの連携には失敗しました。ならばと、スバス・チャンドラはＵボートと日本の潜水艦を乗り継いで東京に辿り着きます。日本軍はインド国民軍とともにビルマに迫るも、インパール作戦は大失敗に終わります。日本が敗戦すると、彼はソ連に目を向けました。ソ連との接触を狙い満州国へ向かおうとしますが、台湾から大連へ向かう途中の飛行機事故で死んだとされています。しかし、あまりに出来すぎたタイミングで起きた事故に、スバス・チャンドラ・ボースは逃亡し生きているのではないかとする生存説などが様々にささやかれました。

橋渡し

本書第2章のテーマは遺伝子です。「純血の人種」など存在しないと本文中にあるように、「生粋の日本人」というものも存在しません。例えば私の祖先は知りうる限り全員日本人ですが、私のＤＮＡを調べても当然１００パーセント日本人という結果にはなりません。テキサスの研究所に私のＤＮＡのサンプルを送り調査してもらうと、私のＤＮＡのうち、90パーセントは日本、韓国に由来するものだということが分かりました。その他は、

中国、ベトナム、６パーセント。
中央アジア、２パーセント。
フィンランド、２パーセント。

フィンランドは予想外でしたが、北欧の先住民サアミと同じハプログループＺに属す日本人は日本人人口の約１パーセント存在するので、母系祖先の中にサアミに繋がる者がいたのかもしれません。東アジアから中央アジアのどこかで生まれたこの集団は、北極海に面した先住民の集団を介して極北ルートという予想外のルートでヨーロッパ人との架け橋となっていたことが分かっています。予想もしていなかった様々な人々が私に命のバトンを渡してくれていたのです。

この本もまた、さらに予想外の人物達が渡してくれた橋を渡って、私の手元にやってきました。今から79年前、いつ死んでもおかしくない状況に置かれた二人の人物がいました。一人目の人物、夫の祖父は第二次世界大戦中、ラバウル（パプア・ニューギニア）に赴任していました。ラバウルの戦場では極限まで食べるものがなく、ある日彼は部下が持ってきてくれた犬の肉を食べたそうです。その翌日、彼はひどい腹痛に見舞われます。尋常ではない腹痛に、軍の上層部だった彼はラバウルから送り返されることになりま

した。数日後起きた戦闘で、残っていた部下全員が亡くなったということです。

二人目は私の祖父にあたる人物です。1945年8月6日、彼は広島で被爆しました。この原稿を書いている時点で96歳です。当時彼は赤紙を受け取っており、数日後徴兵されることになっていました。原爆投下時、彼は学徒動員で広島市内から少しだけ離れた瀬戸内海の金輪島にいました。島に着いた途端、まぶしい閃光を目撃します。当日、学徒動員に来なかった学友たちはこの時亡くなりました。待てど暮らせど帰ってこない弟を案じた祖父は放射能に汚染された広島市内に入り、被爆しました。大火傷を負った弟を連れ、田舎の家へ帰ったそうです。重傷を負った弟は奇跡的に回復し、その生涯を89歳で終えるまで長生きすることができました。地獄のような経験など微塵も感じさせない穏やかな人でした。

もし、一人がラバウルで犬を食べず、一人が学徒動員に行っていなかったなら、この本は存在しなかったかもしれません。一見何の関係性もない出来事の数々に見えますが、歴史は無数の微細な要因から絶え間ない相互作用を受けて成り立っています。パスカルが「パンセ」で言ったように、「もしクレオパトラの鼻がもう少し低かったら、世界の歴史は変わっていた」でしょうし、気の毒にも「絶世の不美人」だったとしたら、歴史の流れは激変したことでしょう。絨毯の中からカエサルの前に現れた彼女を前にして、カエサルは逃走してしまったかもしれないのです。

バタフライ・エフェクト

蝶の羽ばたきほどの些細な出来事が嵐のように大きな事件を巻き起こす現象、これはバタフライ効果と呼ばれています。タミル・ナードゥへの転勤が決まった頃、インドに日本人が行くと必ずお腹を壊すだとか、インド旅行で入院するはめになったという恐ろしい話をたくさん聞きました。しかし恐れていては何事も前に進みません。私は大事には至らないはずさと心配事を考えないようにしていました。そんな時、夫は子ども達に絵本を読んでやっていました。なぜかシンデレラです。こどもたちが「継母(ままはは)ではなくて、もしお父さんがよその人ならなんて呼ぶの」と夫に聞いていました。夫は、「さあ」と考えていましたが、やがて閃いたかのように、「もしかして、チチパパかな?」と答えました。これは死ぬかもしれんな、と私は思いました。

こうして私はたっぷり時間のあった留学延期中に、本書の全訳に挑むことになりました。これも「チチパパ」のためです。本書の刊行に尽力してくださった平澤様、心から感謝いたします。インドとの交渉についてはなかなかうまく連絡がつきませんでした。万事休す、かくなる上は、インドにある出版社の社長と会ったことも無い高名な作者に私が手紙を出すしかありませんでした。さすがに向こう見ずな私も気が引けました。なんとか仕上げた手紙を、後は出すだけです。

そんな時、フィリピン人の知人Eさんと、日本人の奥様Mさんが励まし、翻訳について相談にのってくださいました。相手がどんなに偉い人だろうと、君は正しい努力をしたじゃないか。大丈夫、うまくいくさ、と。南国の太陽のようなお二人の言葉に後押しされて、私はおそるおそるインドへ向けて手紙を出したのでした。

また、オーストラリアのAさん、ご多忙の中、私がどうしても分からなかった一文を教えてくださって、ありがとうございました。

さらに出版について相談に乗ってくださった先輩方へ、この場をお借りして感謝申し上げます。

手紙を出してから数日後、作者サンヤル氏から連絡がありました。「この話、前に進めましょう」。私は心底思うのです。この大勢の蝶の、誰か一人が欠けてもこの本は出せなかったでしょう。天も人も一丸となって応援してくれたとしか私には思えなかったのです。

さて、せっかくなのでサンヤル氏に質問もしてみました。「もしビラール急行に乗ってバンドラまで行ってしまったらどうなるのでしょうか？　ものすごく混んでいるのだろうと予想していますが。」すると、答えは「チャーチゲート駅からビラール急行に乗ってしまうと、混雑のため降りられない可能性が高いですよ。ボリバリで降りるはめになり、もう一度列車に乗って戻らなければならなくなります。」とのことでした。これで疑問もすっきり解決しました。

最後まで支えてくれた私の両親・一族・家族には格別の感謝を捧げます。特に、どんな波がやって来ても、常に笑顔でいてくれた夫には心から感謝しています。幸せな家庭だけでなく、冒険と挑戦の人生を共にしてくれて、ありがとう。それから、「母の夫で、血の繋がっていない父親」はチチパパではなく、実は、「継父（ままちち）」なんです。

令和六年一月

中西仁美

脚注一覧

第1章　導　入

1. D. Dennis Hudson, *The Body of God: An Emperor's Palace for Krishna in Eighth Century Kanchipuram* (OUP, 2008).
2. K.A. Nilakanta Sastri, *A History of South India* (New Delhi: OUP, 1975).
3. ナーガ王女をスリランカ出身とする見解は、パラッヴァ朝の王の中にライオンを王家の紋章とした者がいたことと何か関係があるのかもしれません。ライオンの紋章はシンハラ人との関係を示すと考えられています。しかし、ライオンは世界各地で王家の紋章に起用されているので、特別な意味を持たないのかもしれません。いずれにせよ、パラッヴァ朝の王の中には雄牛など他の紋章を好む者もいたのです。
4. T. S. Subramanian, 'Remnants of a Relationship', *The Hindu* (20 August 2010).
5. Robert D. Kaplan, Monsoon: *The Indian Ocean and the Future of American Power* (Random House, 2011).（ロバート・D・カプラン著、奥山真司・関根光宏訳『インド洋圏が、世界を動かす：モンスーンが結ぶ躍進国家群はどこへ向かうのか』インターシフト、2012年）。
6. Tim Mackintosh-Smith (ed.), *The Travels of Ibn Battutah* (Picador, 2002).
7. Shaman Hwui Li, *The Life of Hiuen-Tsiang*, translated by Samuel Bean (1911, reprinted by Asian Education Services, 1998).
8. John Reader, *Africa: A Biography of the Continent* (Penguin, 1998).
9. Eric Hobsbawm, *On History* (Abacus, 1997).（エリック・ホブズボーム著、原剛訳『ホブズボーム歴史論』Minerva 歴史・文化ライブラリー；1、ミネルヴァ書房、2001年）
10. マーク・トウェインが本当にこう述べたのかどうかは疑わしいところですが、この引用は私が言いたいことをよく表しています。
11. T. Ramachandran, 'Indian Death Toll Highest in UN Peacekeeping Operations', *The Hindu* (30 October 2014). http://www.thehindu.com/opinion/blogs/blog-datadelve/article6547767.ece.Notes264
12. Alexander Stark, 'The Matrilineal System of Minangkabau and Its Persistence through History', *South Asia: A Multidisciplinary Journal* (2013).
13. D. G. E. Hall, *A History of South-East Asia* (Macmillan, 1981).
14. Nicholas Tarling (ed.), *The Cambridge History of South-east Asia*, Vol. 1, Part 1 (CUP, 1999).

第2章　遺伝子と氷

1. Subir Bhaumik, 'Tsunami Folklore Saved Islanders', BBC News (20 January 2005). http://news.bbc.co.uk/2/hi/south_asia/4181855.stm.
2. John C. Briggs, 'The Biogeographic and Tectonic History of India', *Journal of Biogeography* (2003).
3. Helen Shen, 'Unusual Indian Ocean Earthquakes Hint at Tectonic Breakup', *Nature* (Sepember 2012). http://www.nature.com/news/unusual-indian-ocean-earthquakes-hint-at-tectonic-breakup-1.11487.
4. The Commonwealth Scientific and Industrial Research Organisation (CSIRO) data. http://www.cmar.csiro.au/sealevel/sl_hist_intro.html.
5. Yuval Noah Harari, *Sapiens: A Brief History of Humankind* (Harvill Secker, 2014).（ユヴァル・ノア・ハラリ著、柴田裕之訳『サピエンス全史：文明の構造と人類の幸福』河出書房新社、2023年）。
6. Yu-Sheng Chen (et al.), 'mtDNA Variation in the South African Kung and Khwe—and Their Genetic Relationships with Other African Populations', *American Journal of Human Genetics* (2000). http://www.ncbi.nlm.nih.gov/pmc/articles/PMC1288201/.
7. Nicole Maca-Meyer (et al.), 'Major Genomic Mitochondrial Lineages to Delineate Early Human Expansions', BMC Genetics (2001).
8. Rakesh Tamang (et al.), 'Complex Genetic Origin of Indian Populations and Its Implications', *Journal of Biosciences* (2012).
9. Jeffrey Rose, 'New Light on Human Prehistory in the Arabo-Persian Gulf Oasis', *Current Anthropology* (Chicago University, 2010).
10. Stephen Oppenheimer, 'Out-of-Africa, the Peopling of Continents and Islands: Tracing Uniparental Gene Trees across the Map', *Philosophical Transactions of the Royal Society* (2012).
11. Clive Finlayson (et al.), 'Gorham's Cave, Gibraltar—the Persistence of a Neanderthal Population', *Quarterly International* (2008).
12. 'Neanderthal DNA Hides in Genes Dictating Our Hair, Skin', Associated Press (29 January 2014); Sriram Sankararaman (et al.), Notes 265. 'The Genomic Landscape of Neanderthal Ancestry in Present-Day Humans', *Nature* (January 2014).
13. Yuval Noah Harari, *Sapiens: A Brief History of Humankind* (Harvill Secker, 2014).（ユヴァル・ノア・ハラリ著、柴田裕之訳『サピエンス全史：文明の構造と人類の幸福』河出書房新社、2023年）。
14. *Guardian*, http://www.theguardian.com/science/2014/oct/08/cave-art-in

donesia-sulawesi

15. *Telegraph*, http://epaper.telegraphindia.com/details/112778-173917265.html
16. Findings of the Human Genome Organization's Pan-Asian SNP Consortium: http://www.hugo-international.org/blog/?p=123.
17. Rakesh Tamang, Lalji Singh and Kumarasamy Thangaraj, 'Complex Genetic Origin of Indian Populations and Its Implications', published online by Indian Academy of Sciences (November 2012).
18. *Nature*, http://www.nature.com/ejhg/journal/v23/n1/full/ejhg201450a.html
19. John Reader, *Africa: A Biography of the Continent* (Penguin, 1998).
20. John Reader, *Africa: A Biography of the Continent* (Penguin, 1998).
21. Ainit Snir (et al.), 'The Origin of Cultivation and Proto-Weeds, Long Before Neolithic Farming', Israel Science Foundation (July 2015). http://journals.plos.org/plosone/article?id=10.1371/journal.pone.0131422.
22. Max Engel (et al.), 'The Early Holocene Humid Period in North-West Saudi Arabia—Sediments, Microfossils and Paleo-hydrological Modelling', *Quarterly International* (July 2012). http://www.sciencedirect.com/science/article/pii/S1040618211002424.
23. Report of Dr S. Badrinarayan, National Institute of Ocean Technology. http://archaeologyonline.net/artifacts/cambay.
24. Shi Yan (et al.), 'Y Chromosomes of 40% Chinese Descend from Three Neolithic Super-Grandfathers', *Quantitative Biology* (2013).
25. Peter Underhill (et al.), 'The Phylogenetic and Geographic Structure of Y-chromosome R1a', European Journal of Human Genetics (2014). http://www.nature.com/ejhg/journal/vaop/ncurrent/full/ejhg201450a.html.
26. *Nature*, http://www.nature.com/ejhg/journal/v23/n1/full/ejhg201450a.html
27. Peter Underhill (et al.), 'Separating the post-Glacial Coancestry of Europeans and Asian Y Chromosomes within R1a', *European Journal of Human Genetics* (2010). Notes266.
28. Viola Grugni (et al.), 'Ancient Migratory Events in the Middle East: New Clues from the Y-Chromosome Variation of Modern Iranians', University of Cambridge (2012), Creative Commons.
29. Marc Haber (et al.), 'Afghanistan's Ethnic Groups Share a Y-Chromosomal Heritage Structured by Historical Events', *PLoS ONE 7 (3)* (March, 2012). http://journals.plos.org/plosone/article?id=10.1371%2Fjournal.pone.0034288.

30. Gerard Lucotte, 'The Major Y-Chromosome Haplotype XI—Haplogroup R1a in Eurasia', *Hereditary Genetics* (2015). http://www.omicsonline.org/open-access/the-major-ychromosome-haplotype-xi--haplogroup-r1a-in-eurasia-2161-1041-1000150.pdf.
31. 'Europeans Got Fair Skin Only 7000 Years Ago: Study', IANS, *Times of India* (27 January 2014).

第３章　メルッハの商人

1. Upinder Singh, *A History of Ancient and Early Medieval India* (Pearson, 2009).
2. Upinder Singh, *A History of Ancient and Early Medieval India* (Pearson, 2009).
3. Upinder Singh, *A History of Ancient and Early Medieval India* (Pearson, 2009).
4. Upinder Singh, *A History of Ancient and Early Medieval India* (Pearson, 2009).
5. Nick Brooks, 'Cultural Responses to Aridity in the Middle Holocene and Increased Social Complexity', *Quarterly International* (2006). http://www.academia.edu/463993/Cultural_responses_to_aridity_in_the_Middle_Holocene_and_increased_social_complexity.
6. サラスヴァティに関する議論に関心のある方は次をご覧ください。*Michel Danino's The Lost River: On the Trail of the Sarasvati* (Penguin, 2010).
7. Rohan Dua, 'Haryana's Bhirrana Oldest Harappan Site, Rakhigarhi *Asia's Largest: ASI*', Times of India (15 April 2015). http://timesofindia.indiatimes.com/city/chandigarh/Haryanas-Bhirrana-oldest-Harappan-site-Rakhigarhi-Asias-largest-ASI/articleshow/46926693.cms.
8. Anindya Sarkar (et al.), 'Oxygen Isotope in Archaeological Bioapatites from India: Implications to Climate Change and Decline of Bronze Age Harappan Civilization', Scientific Reports, *Nature* (2016). http://www.nature.com/articles/srep26555. Notes 267.
9. Mary R. Edward, *Maritime Heritage of Gujarat, Kathiawad and Kutch*, Maritime History Society (2013).
10. Penn Museum, http://www.penn.museum/research/research-near-east-section/804-the-jiroft-civilization-a-new-culture-of-the-bronze-age-on-the-iranian-plateau.html
11. Massimo Vidale and Dennys Frenez, 'Indus Components in the Iconography of a White Marble Cylinder Seal from Konar Sandal South (Kerman, Iran)', *South Asian Studies* (Routledge, 2015).

12. Edward Alpers, *The Indian Ocean in World History* (OUP, 2014).
13. Rajiv Rajan and Anand Prakash, 'Internationalisation of Currency: The Case of the Indian Rupee and Chinese Renminbi', RBI Staff Studies (2010).
14. Massimo Vidale, 'Growing in a Foreign World: For a History of the "Meluha Villages" in Mesopotamia in the 3rd Millennium bc', Proceedings of the Fourth Annual Symposium on Assyrian and Babylonian Intellectual Heritage Project, A. Panaino and A. Piras (eds) (October 2001).
15. Upinder Singh, *A History of Ancient and Early Medieval India* (Pearson, 2009).
16. Ralph Griffith, *The Hymns of the Rig Veda* (Motilal Banarasidass, 2004).
17. Yama Dixit (et al.), 'Abrupt Weakening of the Summer Monsoon in Northwest India 4100 Years Ago', Geology, (February 2014). http://geology.gsapubs.org/content/early/2014/02/24/G35236.1.full.pdf+html.
18. 以下より引用。http://faculty.washington.edu/lynnhank/The_Curse_of_Akkad.html
19. Anindya Sarkar (et al.), 'Oxygen Isotope in Archaeological Bioapatites from India: Implications to Climate Change and Decline of Bronze Age Harappan Civilization', Scientific Reports, Nature (2016). http://www.nature.com/articles/srep26555.
20. Priya Moorjani (et al.), 'Genetic Evidence for Recent Population Mixture in India', *American Journal of Human Genetics* (2013).
21. Priya Moorjani (et al.), 'Genetic Evidence for Recent Population Mixture in India', *American Journal of Human Genetics* (2013).
22. Analabha Basu (et al.), 'Genomic Reconstruction of the History of Extant Populations of India Reveals Five Distinct Ancestral Components and a Complex Structure', National Institute of Bio-medical Genomics (January 2016). Notes268.
23. B. R. Ambedkar, Castes in India: Their Mechanism, *Genesis and Development* (Columbia University, 1916). http://www.columbia.edu/itc/mealac/pritchett/00ambedkar/txt_ambedkar_castes.html.
24. Jhimli Mukherjee Pandey, 'Varanasi Is As Old As Indus Valley Civilization, Finds IIT-KGP Study', *Times of India* (25 February 2016).
25. Siddharth Tadepalli, 'Rare Discovery Pushes Back Iron Age in India', *Times of India*, 18 May 2015.

26. George Rapp, *Archaeomineralogy* (Springer, 2009).
27. Vibha Tripathi, *History of Iron Technology in India* (Rupa and Infinity Foundation, 2008).
28. Priya Moorjani (et al.), 'Genetic Evidence for Recent Population Mixture in India', *American Journal of Human Genetics* (2013).
29. Payam Nabarz, *The Mysteries of Mithras: The Pagan Belief that Shaped the Christian World* (Inner Traditions, 2005). Also see, http://www.historytoday.com/matt-salusbury/did-romans-invent-christmas.
30. Val Lauder, *When Christmas was against the law*, CNN (24 December 2014). http://edition.cnn.com/2014/12/24/opinion/lauder-when-christmas-was-against-law/.
31. Robert Hoyland, *Arabia and the Arabs* (Routledge, 2001).
32. Edward Alpers, *The Indian Ocean in World History* (OUP, 2014).
33. John Reader, *Africa: A Biography of a Continent* (Penguin, 1998).
34. Rebecca Morelle, 'Ancient Migration: Genes Link Australia with India', BBC World Service (January 2013). http://www.bbc.com/news/science-environment-21016700.
35. Pedro Soares (et al.), 'Climate Change and Postglacial Human Dispersals in South east Asia', *Molecular Biology and Evolution* (Oxford Journals, 2008). http://mbe.oxfordjournals.org/content/25/6/1209.long.
36. インド北東部へはチベット・ビルマ語族など後期移民が大勢流入することになります。この移民はインド洋というよりヒマラヤ地域の歴史へ影響を与えたため、本書では簡略化のため省略しています。
37. Yves Bonnefoy, *Asian Mythologies* (University of Chicago Press, 1993).
38. Patrick Nunn and Nick Reid, 'Indigenous Australian Stories and Sea-Level Change', Proceedings of the 18th Conference of the Foundation for Endangered Languages (2014).
39. Gyaneshwer Chaubey (et al.), 'Population Genetic Structure in Indian Austroasiatic Speakers: The Role of Landscape and Sex-Specific Notes 269. Admixture' (May 2012). http://www.ncbi.nlm.nih.gov/pmc/articles/PMC3355372/.
40. 現在ナガランド州に住む部族はさらに時代が下ってからこの地域に来たと見られ、ウルーピーのナーガ族とは関係がないとされています。しかし、古来より「ナーガ」や「蛇」という言葉は、広く東南アジア出自の人々を指す言葉としてインドや当グループ双方の人々に使われてきました。

第４章　カーラヴェーラの逆襲

1. *The Origins of Iron-Working in India*, Report of Rakesh Tewari, Director,

UP State Archaeological Department (2003). http://antiquity.ac.uk/projgall/tewari/tewari.pdf.

2. Sanjeev Sanyal, *Land of the Seven Rivers* (Penguin, 2012).
3. Sushanta Patra and Benudhar Patra, Archaeology and the Maritime History of Ancient Orissa, *OHRJ*, Vol. 2. http://orissa.gov.in/e-magazine/Journal/Journal2/pdf/ohrj-014.pdf.
4. Lanka Ranaweera (et al.), 'Mitochondrial DNA History of Sri Lankan Ethnic People: Their Relations within the Island and with the Indian Subcontinental Population', *Journal of Human Genetics* (2013). http://www.nature.com/jhg/journal/v59/n1/full/jhg2013112a.html.
5. 'Simplified Version of *Mahavamsa*', http://mahavamsa.org/mahavamsa/simplified-version/princess-of-vanga/
6. Robert Knox, *An Historical Relation of the Island Ceylon*, in the East Indies, published by Joseph Mawman (1817); reprinted by Asian Educational Services (2011). (ロバート・ノックス著、浜屋悦次訳 『セイロン島誌』平凡社、1994年)。
7. Herodotus, *The Histories* (Wordsworth Classics, 1996).
8. A. Azzaroli, *An Early History of Horsemanship* (E.J. Brill Leiden,1985). 初期のインド式鐙は革紐製で、騎手は鐙に足の親指を入れて使用していたと考えられています。これは数々の彫刻に描かれています。今のような鐙は数世紀後になって中央アジアで発明されました。
9. Agnes Savill, *Alexander the Great and His Time* (Barnes & Noble, 1993).
10. Konstantin Nossov, *War Elephants* (New Vanguard, 2008).
11. Charles Allen, *Ashoka* (Little Brown, 2012).
12. Nayanjot Lahiri, *Ashoka in Ancient India* (Permanent Black, 2015). Notes270.
13. Prafulla Das, 'Exploring an Ancient Kingdom', *Frontline* (September 2005). http://www.frontline.in/static/html/fl2220/stories/20051007000106500.htm.
14. Upinder Singh, *A History of Ancient and Early Medieval India* (Pearson Longman, 2009).
15. John Strong, *The Legend of King Asoka: The Study and Translation of the Asokavadana* (Princeton University Press, 2003).
16. 詳細についてはこちらをご覧ください。'Ashoka, the Not So Great', Sanjeev Sanyal, Swarajya magazine (22 November 2015). http://swarajyamag.com/culture/ashoka-the-not-so-great.
17. これについて詳しくはこちらをご覧ください。'Why India Needs to No Longer Be an Ashokan Republic, but a Chanakyan One', Sanjeev Sanyal,

Economic Times (26 January 2016). http://blogs.economictimes.indiatimes.com/et-commentary/why-india-needs-to-no-longer-be-an-ashokan-republic-but-a-chanakyan-one/.

18. Kautilya, *The Arthashastra, L.N. Rangarajan* (trans.) (Penguin, 1987).（カウティリヤ著、上村勝彦訳『実利論：古代インドの帝王学』岩波書店、1984年）
19. Ashoka's Edict XIII, Routledge online resources, http://cw.routledge.com/textbooks/9780415485432/5.asp.
20. ナヤンジョット・ラヒリら作家の中には、アショーカはバラバーやナガルジュニなどの洞窟をアージーヴィカ教徒のために建設しており、これはアージーヴィカ教徒に対する援助を示していると主張する者もいます。しかしながら、碑文に示されているのはダシャラタ王の名だけであり、アショーカ王については触れられていないことに注意が必要です。ダシャラタ王が前王と非常によく似た言葉を用い、アショーカ同様に自身を「神に愛された者」と称していたことから混同されがちです。アージーヴィカ教徒と関係のあったアショーカの父ビンドゥサーラ王もまたこの一般称号を使っていた可能性があります（この場合、バラバー洞窟はビンドゥサーラ王統治時代から存在する唯一の構造物となります）。たとえアショーカがアージーヴィカ教徒のためにバラバー洞窟を建設していたとしても、この洞窟が未完成で、後に碑文の「アージーヴィカ」という言葉が故意に破壊されていることは事実です。そこには明らかに宗教対立があったのです。要するにこの問題は歴史家主派の主張へと決着がついておらず、解釈の問題によるところが多いのです。ラヒリについてはこちらをご覧ください。Nayanjot Lahiri, *Ashoka in Ancient India* (Permanent Black,215)
21. Upinder Singh, *A History of Ancient and Early Medieval India* (Pearson Longman, 2009). Notes 271.
22. *The Hindu*, http://www.thehindu.com/features/friday-review/history-and-culture/satvahana-site-to-be-reexcavated/article6842796.ece?ref=sliderNews
23. 'Translation of Hathigumpha Inscription', *Epigraphica Indica*, Vol. XX (1933). http://www.sdstate.edu/projectsouthasia/upload/HathigumphaInscription.pdf.
24. カーラヴェーラはジャイナ教とヴェーダの両様式に従っていたと見られています。彼はジャイナ教の伝統的な定型句を使っていましたが、ラジャスヤなど炎の儀式についても記していました。面白いことに、仏教については何も記されていません。おそらくオディヤ人は、まだアショーカの押し付けた仏教に憤慨していたのでしょう。

第５章　カウンディニヤの結婚

1. Nicholas Tarling (ed.), *The Cambridge History of Southeast Asia*, Vol. 1 (CUP, 1999).
2. D. G. E. Hall, *A History of South-East Asia* (Macmillan, 1981).
3. Karuna Sagar Behera (ed.), *Kalinga–Indonesia Cultural Relations* (Orissan Institute of Maritime and South East Asian Studies, 2007).
4. Nicholas Tarling (ed.), *The Cambridge History of South-east Asia*, Vol. 1 (CUP, 1999).
5. 次に示されている通り。Upinder Singh, A *History of Ancient and Early Medieval India* (Pearson Longman, 2009).
6. A. Shrikumar, ‘A Dead City Beneath a Living Village’, *The Hindu* (19 August 2015).
7. K. A. Nilakanta Sastri, *A History of South India* (OUP, 1975). サンスクリット語の文法を形式化したのもガンジス川流域の者ではなく、現在のパキスタン北西辺境州やアフガニスタン東部から来たパニーニという「部外者」であったことを指摘しておきます。
8. K. A. Nilakanta Sastri, *A History of South Indi*a (OUP, 1975).
9. K. M. de Silva, *A History of Sri Lanka* (Penguin, 2005).
10. 次より引用。Senake Bandaranayake, *Sigiriya* (Central Cultural Fund publication, 2005).
11. Wilfred Schoff (trans.), *The Periplus of the Erythraean Sea* (Longmans, Green & Co, 1912). Notes272.
12. Raoul McLaughlin, *The Roman Empire and the Indian Ocean* (Pen and Sword, 2014).
13. P.J. Cherian (et al.), ‘Interim Report of the Pattanam Excavations/ Explorations 2013’ (Kerala Council of Historical Research, 2013).
14. K. A. Nilakanta Sastri, *A History of South India* (OUP, 1975).
15. Pius Malekandathil, *Maritime India* (Primus Books, 2015). 聖トマスの伝説は、より情報の信憑性が高かったカナのトマスと混同された可能性があります。
16. Raoul McLaughlin, *The Roman Empire and the Indian Ocean* (Pen and Sword, 2014).
17. Sanjeev Sanyal, *Are We Entering a Post-Dollar World?*, The Wide Angle Series (Deutsche Bank, 2011); Sanjeev Sanyal, *Thc Agc of Chinese Capital*, The Wide Angle Series (Deutsche Bank, 2014).
18. Raoul McLaughlin, *The Roman Empire and the Indian Ocean* (Pen and Sword, 2014).
19. Murray Cox (et al.), ‘A Small Cohort of Island South-east Asian Women

Founded Madagascar' (The Royal Society, 2012).
20. Richard Hall, *Empires of the Monsoon* (HarperCollins, 1996).
21. Philip Beale, 'From Indonesia to Africa: Borobudur Ship Expedition', Ziff Journal (2006). http://www.swahiliweb.net/ziff_journal_3_files/ziff2006-04.pdf.
22. Sen Li (et al.), 'Genetic Variation Reveals Large-scale Population Expansion and Migration During the Expansion of Bantu-speaking People' (The Royal Society, September 2014). http://rspb.royalsocietypublishing.org/content/281/1793/20141448.
23. John Reader, *Africa: A Biography of the Continent* (Penguin, 1998).

第６章　アラビアン・ナイト

1. Upinder Singh, *A History of Ancient and Early Medieval India* (Pearson Longman, 2009).
2. Samuel Beal (trans.), *Travels of Fa Hian and Sung Yun* (reprinted by Asian Education Services, 2003).
3. *Times of India*, http://timesofindia.indiatimes.com/city/kolkata/Dum-Dum-mound-may-rewrite-Kolkata-history/articleshow/45244284.cms
4. Ramshankar Tripathi, *History of Ancient India* (Motilal Banarasidass, 1992). Notes 273.
5. Sandeep Unnithan, 'Feat Beneath the Ground', *India Today* (May, 2005). http://indiatoday.intoday.in/story/discovery-of-temples-at-mahabalipuram-gives-twist-to-seven-pagodas-folklore/1/193608.html
6. Ananth Krishnan, B*ehind China's Hindu Temples, a Forgotten History* (The Hindu, July 2013). http://www.thehindu.com/news/national/behind-chinas-hindu-temples-a-forgotten-history/article4932458.ece
7. Robert Hoyland, *Arabia and the Arabs* (Routledge, 2001).
8. Saheed Adejumobi, *The History of Ethiopia* (Greenwood Press, 2007).
9. Robert Hoyland, *Arabia and the Arabs* (Routledge, 2001).
10. Robert Hoyland, *Arabia and the Arabs* (Routledge, 2001).
11. Georg Popp and Juma Al-Maskari, *Oman: Jewel of the Arabian Gulf* (Odyssey Books, 2010).
12. 次より引用。in *Oman in History, Ministry of Information, Sultanate of Oman* (Immel Publishing, 1995).
13. Karen Armstrong, *Islam: A Short History* (Phoenix Press, 2000).（カレン・アームストロング著、小林朋則訳『イスラームの歴史： 1400年の軌跡』中央公論新社、2017年）。
14. Richard Hall, *Empires of the Monsoon* (HarperCollins, 1996).

15. Richard Hall, *Empires of the Monsoon* (HarperCollins, 1996).
16. このモスクはチョーラ朝最後の王にまつわる伝説にも関係があります。この伝説はおそらく事実ではありませんが、インドとアラビア間の海洋的な関連性が確立していたことを考えればモスク建設の時期が早かったのも頷けます。
17. Sir Richard Burton, *The Arabian Nights* (The Modern Library NY, 2001).
18. Mahomed Kasim Ferishta, *History of the Rise of Mahomedan Power in India, John Briggs* (trans.) (Sang-e-Meel Publications, 2004).
19. Shahpurshah Hormasji Hodivala (trans.), *The Qissa-i-Sanjan* (Studies in Parsi History, Bombay, 1920). http://www.avesta.org/other/qsanjan.pdf.
20. Niraj Rai (et al.), 'H1a1a-M82 Reveals the Likely Origin of the European Romani Population', *PLoS One* (November 2012).

第７章　商人に寺そして米

1. D. G. E. Hall, *A History of South-East Asia*, (Macmillan, 1981).
2. Nicholas Tarling (ed.), *The Cambridge History of South-east Asia*, Vol. 1, Part 1 (CUP, 1999).
3. D. G. E. Hall, *A History of South-East Asia* (Macmillan, 1981). Notes274.
4. VOA News, http://www.voanews.com/content/thailand-cambodia-clash-at-border-115266974/134501.html
5. D. G. E. Hall, *A History of South-East Asia*, (Macmillan, 1981).
6. Charles Higham, *The Civilization of Angkor* (Phoenix, 2003).
7. Charles Higham, *The Civilization of Angkor* (Phoenix, 2003).
8. Upinder Singh, *A History of Ancient and Early Medieval India* (Pearson Longman, 2009).
9. Herman Kulke, K. Kesavapany and Vijay Sakhuja (eds), *Nagapattinam to Suwarnadwipa* (ISEAS, 2009).
10. Herman Kulke, K. Kesavapany and Vijay Sakhuja (eds), *Nagapattinam to Suwarnadwipa* (ISEAS, 2009).
11. B. Arunachalam, *Chola Navigation Package* (Maritime History Society, Mumbai, 2004).
12. Upinder Singh, *A History of Ancient and Early Medieval India* (Pearson Longman, 2009).
13. Kanakalatha Mukund, *Merchants of Tamilakam* (Penguin, 2012).
14. K. M. de Silva, *A History of Sri Lanka* (Penguin, 2005).
15. 次より引用。Edward Alpers, *The Indian Ocean in World History* (OUP, 2014).

16. Edward Alpers, *The Indian Ocean in World History* (OUP, 2014).
17. John Reader, *Africa: A Biography of the Continent* (Penguin, 1998).
18. Maryna Steyn, 'The Mapungubwe Gold Graves Revisited', *South African Archaeological Bulletin* (2007). http://repository.up.ac.za/bitstream/handle/2263/5791/Steyn_Mapungubwe(2007).pdf?sequence=1
19. R. Coupland, *Kirk on the Zambezi* (Clarendon Press, 1928).
20. Nitish Sengupta, *Land of Two Rivers* (Penguin, 2011).
21. Nitish Sengupta, *Land of Two Rivers* (Penguin, 2011).
22. Marco Polo, *The Travels* (Penguin, 1958).
23. Upinder Singh, *A History of Ancient and Early Medieval India* (Pearson Longman, 2009).
24. Tim Mackintosh-Smith (ed.), *The Travels of Ibn Battutah* (Picador, 2003).
25. Tim Mackintosh-Smith (ed.), *The Travels of Ibn Battutah* (Picador, 2003).

第８章　宝物と香辛料

1. D. G. E. Hall, *A History of South-East Asia* (Macmillan, 1994); Nicholas Tarling (ed.), *The Cambridge History of South-east Asia*, Vol. 1 (CUP, 1999). Notes 275.
2. Louise Levathes, *When China Ruled the Seas* (OUP, 1994).
3. Louise Levathes, *When China Ruled the Seas* (OUP, 1994).
4. Louise Levathes, *When China Ruled the Seas* (OUP, 1994).
5. Robert Hefner, *Hindu Javanese* (Princeton University Press, 1985).
6. D. G. E. Hall, *A History of South-East Asia* (Macmillan, 1981).
7. サカヤ教授の正式なベトナム人名はトゥオン・ヴァン・モンですが、本人はチャム族名のサカヤを好んでいます。
8. Brendan Buckley (et al.), 'Climate as a Contributing Factor in the Demise of Angkor, Cambodia', (National Academy of Sciences, United States, 2009). http://www.pnas.org/content/107/15/6748.full.
9. Richard Hall, *Empires of the Monsoon* (HarperCollins, 1996).
10. Richard Hall, *Empires of the Monsoon* (HarperCollins, 1996).
11. Richard Hall, *Empires of the Monsoon* (HarperCollins, 1996).
12. 次より引用。Richard Hall, *Empires of the Monsoon* (HarperCollins, 1996).
13. Charles Corn, *The Scent of Eden* (Kodansha International, 1998).
14. 次より引用。Gillian Tindall, *City of Gold: The Biography of Bombay* (Penguin, 1992).

15. Jonathan Gil Harris, *The First Firangis* (Aleph, 2015).
16. William H. Rule, *The Brand of Dominic: Or Inquisition at Rome* (Carlton & Phillips, 1852).
17. http://verna.mahalasa.org/
18. William H. Rule, *The Brand of Dominic: Or Inquisition at Rome* (Carlton & Phillips, 1852).
19. Jonathan Gil Harris, *The First Firangis* (Aleph, 2015).
20. John Fritz and George Michell, *Hampi* (India Book House, 2003); Robert Sewell, *A Forgotten Empire* (Swan Sonnenschein & Co, 1900).
21. John Fritz and George Michell, *Hampi* (India Book House, 2003).
22. Extract adapted from John Fritz and George Michell, *Hampi* (India Book House, 2003).
23. Anish Shah (et al.), 'Indian Siddis: African Descendants with Indian Admixture', American Journal of Human Genetics (July, 2011). http://www.sciencedirect.com/science/article/pii/S0002929711002230
24. Robert Sewell, *A Forgotten Empire* (Swan Sonnenschein & Co, 1900). チェンナイという名は、現地の寺院名に由来するという説もあるのでご注意ください。しかし本文でご紹介した話の方が一般的となっています。
25. Archana Garodia Gupta, *The Admiral Queen, Swarajya* (October, 2015).
26. カンナダ語で書かれた歴史全書があるそうですが、英語やヒンディー語に翻訳されたものはありませんでした。

第９章　ナツメグとクローブ

1. Tirthankar Roy, *The East India Company* (Penguin, 2012).
2. John Keay, *The Honourable Company: A History of the English East India Company* (HarperCollins, 1991).
3. こちらに関する詳細は次をご覧ください。Giles Milton, *Nathaniel's Nutmeg* (Sceptre, 1999).
4. Charles Corn, *The Scent of Eden* (Kodansha International, 1999).
5. John Keay, *The Honourable Company* (HarperCollins, 1991).
6. Tirthankar Roy, *The East India Company* (Penguin, 2012).
7. Colin Woodard, *The Republic of Pirates* (Pan Books, 2007).（コリン・ウッダード著、大野晶子訳『海賊共和国史 :1696-1721年（フェニックスシリーズ；122)』Panrolling、2021年）。
8. Colin Woodard, *The Republic of Pirates* (Pan, 2007).（コリン・ウッダード著、大野晶子訳『海賊共和国史 :1696-1721年（フェニックスシリーズ；122)』Panrolling、2021年）。
9. Ashin Das Gupta, *India and the Indian Ocean World* (OUP, 2004).

10. Georg Popp and Juma Al-Maskari, *Oman: Jewel of the Arabian Gulf* (Odyssey Books, 2010).
11. Nitish Sengupta, *Land of Two Rivers* (Penguin, 2011).
12. K.M. de Silva, *A History of Sri Lanka* (Penguin, 2005).
13. Ashin Das Gupta, *India and the Indian Ocean World* (OUP, 2004).
14. Jonathan Gil Harris, *The First Firangis* (Aleph, 2015).
15. John Keay, *The Honourable Company* (HarperCollins, 1991).
16. 次より引用。Nitish Sengupta, *Land of Two Rivers* (Penguin, 2011).
17. 次より引用。S. Balakrishna, *Tipu Sultan: The Tyrant of Mysore* (Rare Publications, 2013).
18. Francois Gautier, *The Tyrant Diaries, Outlook* (15 April 2015); Mir Hussein Ali Khan Kirmani, Neshani Hyduri (W.H. Allen & Co.).
19. J. A. Grant, *Madras Gazette*, 1799; S. Balakrishna, *The Tyrant of Mysore* (Rare Publications, 2013)より引用。

第10章　ダイヤモンドとアヘン

1. Charles Corn, *The Scent of Eden* (Kodansha International, 1998).
2. Giorgio Riello and Tirthankar Roy, *How India Clothed the World: The World of South Asian Textiles, 1500–1850* (Brill, 2009). Notes 277.
3. Julia Lovell, *The Opium War* (Picador, 2011).
4. Nigel Barley, *In the Footsteps of Stamford Raffles* (Penguin, 1991).
5. Nigel Barley, *In the Footsteps of Stamford Raffles* (Penguin, 1991).
6. K.M. de Silva, *A History of Sri Lanka* (Penguin, 1981).
7. Julia Lovell, *The Opium War* (Picador, 2011).
8. Julia Lovell, *The Opium War* (Picador, 2011).
9. *The Hindu*, http://www.thehindu.com/features/friday-review/history-and-culture/the-forgotten-history-of-indian-troops-in-china/article2208018.ece
10. Tirthankar Roy, *The East India Company* (Penguin, 2012).
11. Lakshmi Subramanian, *Three Merchants of Bombay* (Penguin Allen Lane, 2012).
12. Amar Farooqui, Opium City (Three Essays Collective, 2006).
13. Lakshmi Subramanian, *Three Merchants of Bombay* (Penguin Allen Lane, 2012).
14. Gillian Tindall, *City of Gold: The Biography of Bombay* (Penguin, 1992).
15. Diane Mehta, 'Kings Have Adorned Her', Paris Review (7 November 2013). http://www.theparisreview.org/blog/2013/11/07/kings-have-adorned-her/.
16. Sachin Mampatta and Rajesh Bhayani, 'How Abraham Lincoln

Triggered India's First Stock Market Crash' Business Standard, 11 July 2015. http://www.business-standard.com/article/beyond-business/150-years-later-115071001354_1.html.

17. Georg Popp and Juma Al-Maskari, *Oman: Jewel of the Arabian Gulf* (Odyssey Books, 2010).
18. *Oman in History* (Ministry of Information, Sultanate of Oman, 1995).
19. Anne de Courcy, *The Fishing Fleet: Husband Hunting in the Raj* (Weidenfield & Nicholson, 2012).
20. Brij Lal (ed.), *The Encyclopedia of the Indian Diaspora* (Didier Millet and NUS, 2006).
21. Brij Lal (ed.), *The Encyclopedia of the Indian Diaspora* (Didier Millet and NUS, 2006).
22. 次より引用。John Reader, *Africa: A Biography of the Continent* (Penguin, 1998).
23. John Reader, *Africa: A Biography of the Continent* (Penguin, 1998).
24. John Reader, *Africa: A Biography of the Continent* (Penguin, 1998).
25. Anthony Kenny (ed.), *The History of the Rhodes Trust* (OUP, 2001). Notes278.
26. ビスマルクは遠方の植民地構築に反対していたことが分かっていますが、ドイツの民衆や皇帝の圧力によってバランスが崩れたのでしょう。皮肉にも、このように遠く離れた植民地を管理するための行政、財政的な負担が彼を辞職へ追い込む要因の一つとなったのです。
27. Richard Hall, *Empires of the Monsoon* (HarperCollins, 1996).
28. John Reader, *Africa: A Biography of the Continent* (Penguin, 1998).
29. John Reader, *Africa: A Biography of the Continent* (Penguin, 1998).
30. オランダは既に島の北側に進出していたようです。

第11章　黄昏から新たな暁へ

1. Nitya Menon, '100 Years On: Remembering Emden's Generous Captain', *The Hindu*, 24 September 2014. http://www.thehindu.com/news/cities/chennai/chen-society/100-years-on-remembering-emdens-generous-captain/article6439360.ece.
2. 'The Exploits of the Emden', Advertiser (10 November 1928); '100th Anniversary of the HMAS Sydney Sinking SMS Emden in Battle of Coco Islands', Australian War Memorial (October 2014). https://www.awm.gov.au/media/releases/100th-anniversary-hmas-sydney-i-sinking-german-raider-sms-emden-battle-cocos-island/.
3. Christian Bartolf, *Gandhi and War: The Mahatma Gandhi—Bart de*

Ligt Correspondence, (Satyagraha Foundation for Non-violence Studies).
4. Shashi Tharoor, 'Why the Indian Soldiers of WW1 Were Forgotten', *BBC Magazine* (July, 2015).
5. Peter Hopkirk, *On Secret Service East of Constantinople* (John Murray, 1994).
6. Peter Hopkirk, *On Secret Service East of Constantinople* (John Murray, 1994).
7. Dennis Kincaid, *Shivaji: The Grand Rebel* (Rupa, 2015).
8. Peter Hopkirk, *On Secret Service East of Constantinople* (John Murray, 1994).
9. Sho Kuwajima, 'Indian Mutiny in Singapore 1915: People Who Observed the Scene and People Who Heard the News', *New Zealand Journal of Asian Studies* (2009). シンガポールの反乱はどこまでガダル蜂起と関係があったのか、またムスリム兵士は中東に暮らす同胞との戦いへ派遣されるのを良しとせず反乱を起こしましたが、この反乱自体は一体どこまでだったのか、未だに不明です。
10. P.C. Mitra, 'A Forgotten Revolutionary', *Sunday Amrita Bazar Patrika* (11 September 1983).
11. Peter Hopkirk, *On Secret Service East of Constantinople* (John Murray, 1994).
12. Barindra Kumar Ghosh, *The Tale of My Exile* (Arya Office, 1922).
13. Timothy Hall, *The Fall of Singapore* (Mandarin Australia, 1990).
14. Srinath Raghavan, *India's War* (Penguin, 2016).
15. Timothy Hall, *The Fall of Singapore* (Mandarin Australia, 1990).
16. 大勢のインド兵士が寝返りを拒否したことは特筆に値します。彼らは戦争捕虜として過酷な扱いを受けるか、処刑されるかという危機に瀕していたのです。ニューギニアのキャンプに送られ、生きたまま練習射撃用の標的にされた者もいたという報告があります。http://timesofindia.indiatimes.com/india/Japanese-ate-Indian-PoWs-used-them-as-live-targets-in-WWII/articleshow/40017577.cms.
17. *Netaji Subhas Bose: The Singapore Saga*, (Nalanda-Sriwijaya Centre, ISEAS, Singapore, 2012).
18. 'Britain's Greatest Battles: Imphal & Kohima', National War Museum website, http://www.nam.ac.uk/exhibitions/online-exhibitions/britains-greatest-battles/imphal-kohima.
19. Madhusree Mukerjee, *Churchill's Secret War: The British Empire and the Ravaging of India during WWII* (Basic Books, 2010).
20. Ajeet Jawed, 'Unsung Heroes of 1946', *Mainstream Weekly* (1 October

2008); Dhananjay Bhat, 'RIN Mutiny Gave a Jolt to the British', *Tribune*, 12 February 2006; G.D. Sharma, *Untold Story 1946 Naval Mutiny: Last War of Independence* (VIJ Books, 2015).
21. 暴徒に対し限定的支援を行ったのは共産党だけだったようですが、共産党は当国の主要政治勢力ではありませんでした。
22. Saikat Dutta, 'Radioactive Rebels', Outlook (20 April 2009).
23. D.G.E. Hall, *A History of South-East Asia* (Macmillan, 1981).
24. Christopher Bayly and Tim Harper, *Forgotten Wars* (Penguin, 2008).
25. 'Biju Patnaik: Obituary', *The Economist* (April, 1997).
26. D.G.E. Hall, *A History of South-East Asia* (Macmillan, 1981).
27. Richard Hall, *Empires of the Monsoon* (HarperCollins, 1996).
28. Ryszard Kapuscinski, *The Emperor* (Penguin, 1983). Notes280.
29. Brij Lal (ed.), *The Encyclopedia of the Indian Diaspora* (Didier Millet, 2006).
30. Edward Alpers, *The Indian Ocean in World History* (OUP, 2014).
31. C.M. Turnbull, *A History of Modern Singapore 1819–2005* (NUS Press, 2009).
32. C.M. Turnbull, *A History of Modern Singapore 1819–2005* (NUS Press, 2009).
33. Sanjeev Sanyal, 'Singapore: The Art of Building a Global City' (IPS Working Paper, January 2007). http://lkyspp.nus.edu.sg/ips/wp-content/uploads/sites/2/2013/06/wp17.pdf.
34. Sanjeev Sanyal, *The Indian Renaissance: India's Rise After a Thousand Years of Decline* (Penguin, 2008).
35. 略歴はネルソン・マンデラ財団の略歴参照。 https://www.nelsonmandela.org/content/page/biography.
36. 本項の説明は以下に出版されています。 Sanjeev Sanyal, 'Great Men Do Make History', *Business Standard* (8 December 2013).
37. *Lands and Peoples*, Vol. 4 (The Grolier Society, 1956).

《著者》

サンジーブ・サンヤル　Sanjeev Sanyal

1970年生まれ。作家、経済学者、都市計画研究者。コルカタで育ち、デリー大学を経て、ローズ奨学生としてオックスフォード大学へ留学。その後20年間国際金融市場で勤務。ヨーロッパ最大手の銀行で経営責任者に就任し、国際戦略を担当。2010年、世界経済フォーラムにて「ヤング・グローバル・リーダー」に選出される。また、シンガポール在住中には都市研究に尽力し、アーバン・ダイナミクスに関する研究でアイゼンハワー・フェローシップを授与される。2017年、インド政府主席経済顧問に就任。2022年、ナレンドラ・モディ首相の経済諮問委員会に参画する。G20 枠組み作業部会の共同議長を5年間務めるなど、数々の国際会議にインド代表として出席。ベストセラーとなった著書に、本書 *The Ocean of Churn: How the Indian Ocean Shaped Human History* のほか、*Land of the Seven Rivers: A Brief History of India's Geography*, *Life over Two Beers* などがある。

《訳　者》

中西仁美（なかにし ひとみ）

1986年生まれ。2010年防衛大学校国際関係学科卒。海上自衛隊幹部候補生学校中退。スナップカメラマン、外国人技能実習生監理団体職員として勤務後、現在に至る。2021年、人民中国主催の Panda 杯全日本青年作文コンクール佳作受賞。2022年、米国アカデミー賞公認国際短編映画祭 ショートショートフィルムフェスティバル&アジア短編小説「公募」「創作」プロジェクト、ブック・ショート・アワードにて『ジャック・アマノ』を発表し優秀賞受賞。遊心書道協会十段。

The Ocean of Churn: How the Indian Ocean Shaped Human History
by Sanjeev Sanyal
First published in Viking by Penguin Random House India 2016
Published in Penguin Books 2017

インド洋を翔(か)けた人類史
—激動の海へ挑んだ人々—

2024年5月20日　第１刷発行

著　者
サンジーブ・サンヤル

訳　者
中西(なかにし)　仁美(ひとみ)

発行所
㈱芙蓉書房出版
（代表　平澤公裕）
〒113-0033東京都文京区本郷3-3-13
TEL 03-3813-4466　FAX 03-3813-4615
http://www.fuyoshobo.co.jp

印刷・製本／モリモト印刷

ISBN978-4-8295-0881-7

インド・太平洋戦略の地政学
中国はなぜ覇権をとれないのか

ローリー・メドカーフ著　奥山真司・平山茂敏監訳　本体 2,800円

“自由で開かれたインド太平洋”の未来像とは……強大な経済力を背景に影響力を拡大する中国にどう向き合うのか。*INDO-PACIFIC EMPIRE: China, America and the Contest for the World Pivotal Region* の全訳版。✺インド太平洋というグローバル経済を牽引する地域のダイナミズムが2020年代以降の世界情勢にどのように影響するのかを、地政学的観点から説明する／✺インド太平洋地域を独占しようとする中国の挑戦に断固とした態度で臨むことの重要性を、国際政治、外交・安全保障、経済、技術など多角的観点から説く

〔訳者〕髙橋秀行・後瀉桂太郎・長谷川淳・中谷寛士

インド太平洋をめぐる国際関係
理論研究から地域・事例研究まで

永田伸吾・伊藤隆太編著　本体 2,700円

錯綜する国際政治力学を反映した「インド太平洋」概念の形成・拡大のダイナミズムを多角的アプローチから考察した６人の研究者の共同研究の成果。◎国際秩序とパワーの相克からインド太平洋戦略の将来を考察／◎中国と日本を対象に、言語行為、認知、情報戦・政治戦などに注目し、理論的に「インド太平洋」を考察／◎ NATOの対中戦略、欧州諸国のインド太平洋関与などの事例を分析／◎台頭する中国にどのように対峙すべきか。

執筆者／墓田桂・野口和彦・岡本至・小田桐確

国際政治と進化政治学
太平洋戦争から中台紛争まで

伊藤隆太編著　本体 2,800円

社会科学と自然科学を橋渡しする新たな学問「進化政治学」の視点で、国際政治における「紛争と協調」「戦争と平和」を再考する！気鋭の若手研究者７人が“方法論・理論”と“事例・政策”のさまざまな角度から執筆した新機軸の論文集。執筆者／長谷川眞理子・蔵研也・永田伸吾・須田道夫・岡山幸弘・中村康男